Noch nie war Kommunikation so einfach und dabei so komplex wie heute. Wir können auf Knopfdruck eine Nachricht verschicken, und sie kommt fast im gleichen Moment beim Adressaten an. Aber versteht er sie auch so, wie sie der Absender gemeint hat?

Die Möglichkeiten, mit anderen Menschen in Kontakt zu treten, haben sich seit Dale Carnegies Zeit nicht nur vervielfältigt, sondern so drastisch verändert, wie er selbst es sich nie hätte träumen lassen. Aber obwohl er die digitale Revolution nicht voraussehen konnte, sind seine Ratschläge und Weisheiten heute so aktuell und relevant wie zu seiner eigenen Zeit und vielleicht sogar noch wichtiger als damals. Auch heute geht es in erster Linie um den richtigen Umgang mit den Mitmenschen.

Dieses Buch hilft Ihnen u. a., mit Takt und Diplomatie zu kommunizieren, sprachliche Nuancen richtig einzuordnen, anderen mit Respekt zu begegnen, Vertrauen zu schaffen, sich ein Netzwerk aufzubauen und sich in der komplexen digitalen Welt des 21. Jahrhunderts zurechtzufinden.

Dale Carnegie, geboren 1888, ist der Inbegriff des erfolgreichen amerikanischen Selfmade-Mannes. Aufgewachsen in sehr bescheidenen Verhältnissen, erkämpfte er sich Schulunterricht und Pädagogikstudium. Kurz vor Ausbruch des Ersten Weltkrieges begann er in New York mit großem Erfolg Seminare durchzuführen. Ab den 1930er Jahren erschienen seine Bücher, die zu Bestsellern wurden, u. a. ›Wie man Freunde gewinnt‹ und ›Sorge dich nicht – lebe!‹ Weltweit wurden bisher über 50 Millionen Exemplare seiner Bücher in 38 Sprachen verkauft. Dale Carnegie starb 1955, sein Erbe aber lebt weiter. Mit mehr als sieben Millionen Teilnehmern gehört das Dale Carnegie Training heute weltweit zu den führenden Trainingsunternehmen. www.dalecarnegie.de.

Dale Carnegie & Associates

Die Kunst, Vertrauen zu schaffen

Wie man Freunde gewinnt in Zeiten des Internet

Aus dem Amerikanischen
von Carolin Skiba

FISCHER Taschenbuch

Die amerikanische Ausgabe erschien 2011
unter dem Titel »How to Win Friends & Influence
People in the Digital Age« bei Simon & Schuster, Inc.

Erschienen bei FISCHER Taschenbuch
Frankfurt am Main, Oktober 2013

Die amerikanische Ausgabe erschien 2011 unter dem Titel
»How to Win Friends & Influence People in the Digital Age«
bei Simon & Schuster, Inc.
Original edition © 2011 by Donna Dale Carnegie
All Rights Reserved
Published by arrangement with the original publisher
Simon & Schuster, Inc.
Für die deutschsprachige Ausgabe
© S. Fischer Verlag GmbH, Frankfurt am Main 2012
Satz: Dörlemann Satz, Lemförde
Druck und Bindung: CPI books GmbH, Leck
Printed in Germany
ISBN 978-3-596-19509-1

Inhalt

Vorwort

Warum Dale Carnegies Empfehlungen nach wie vor aktuell sind

Im Jahr 1936 schrieb Dale Carnegie: »Der Umgang mit anderen Menschen ist wahrscheinlich das heikelste Problem, das wir zu lösen haben.« Dieser Satz bildet das Fundament seines Buches *Wie man Freunde gewinnt*. Er ist heute noch genauso zeitgemäß wie damals. Allerdings ist es zu Beginn des 21. Jahrhunderts weitaus schwieriger, effektive Strategien für den Umgang mit anderen Menschen zu entwickeln, als zu jener Zeit.

Nachrichten werden mit atemberaubender Geschwindigkeit übermittelt. Unzählige Kommunikationsmedien stehen uns zur Verfügung. Das weltweite Netz überschreitet Grenzen, erstreckt sich über Branchen und schließt unterschiedliche Wertevorstellungen mit ein. Dale Carnegies Empfehlungen sind dadurch aber keineswegs veraltet. Sie sind sogar wichtiger denn je, da sie die Grundlage jeder effektiven Strategie für den Umgang mit Menschen bilden – egal, ob man ein Produkt vermarkten, sich bei seinem Partner entschuldigen oder die Aktionäre eines Unternehmens überzeugen will. Fehlt diese Grundlage in der Kommunikation mit anderen, sendet man schnell die falsche Botschaft, stößt Menschen vor den Kopf und erreicht seine Ziele nicht einmal ansatzweise.

»Genauigkeit in der Kommunikation«, schrieb der amerikanische Schriftsteller James Thurber, »ist wichtiger denn je in unserer hektischen Zeit, in der ein falsches oder missverstandenes Wort genauso viel Schaden anrichten kann wie eine plötzliche, unbedachte Handlung.«[1]

Thurber schrieb diese Zeilen vor über 50 Jahren. In unserer jetzigen, noch sehr viel hektischeren Zeit haben seine Worte nach wie vor Gültigkeit, denn es steht noch viel mehr auf dem Spiel. Im Durcheinander der modernen Medien fällt es zunehmend schwer, sich Gehör zu verschaffen. Gleichzeitig wird jedes Wort, jede nonverbale Regung, jeder stumme Blick genauestens unter die Lupe genommen. Eine falsche Bewegung kann fatale Folgen haben. Dennoch: Jede Begegnung mit anderen Menschen ist eine Chance, neue Freunde zu gewinnen und andere positiv zu beeinflussen. Wem das gelingt, der ist im Leben erfolgreich. Dieser Erfolg aber hat einen Preis, den nicht jeder zu zahlen bereit ist: Man muss sich *wirklich* für andere Menschen interessieren. Dafür ist weit mehr notwendig als nur ein kluger Umgang mit den digitalen Medien.

»Die Kunst der Kommunikation ist die Sprache der Führung«, schrieb der politische Redenschreiber James Humes.[2] Anders ausgedrückt: Sozialkompetenzen, mit denen Menschen an Einfluss gewinnen, haben genauso viel mit dem Überbringer einer Botschaft zu tun wie mit dem Medium selbst. In diesem Buch erfahren Sie, auf welche Weise dies geschieht und warum das so ist. Das haben bereits 50 Millionen Leser weltweit erfahren, darunter einflussreiche Politiker, Medien- und Businessexperten sowie Bestsellerautoren. Sie alle haben gesehen, dass neutrale Kommunikation im Grunde nicht existiert. Nach einem Gespräch fühlt sich der Gesprächspartner entweder besser oder schlechter als zuvor.[3] Wer die Kunst der Kommunikation beherrscht, gibt ihm mit jedem Nicken, jeder Betonung, jedem Kontakt ein gutes Gefühl. Im täglichen Umgang angewendet, führt schon diese eine Strategie zu signifikanten Ergebnissen. Sie wird Ihre Beziehungen zu anderen Menschen verbessern und Ihren Einfluss auf andere stärken. Dazu müssen Sie jedoch bereit und in der Lage sein, sich in andere Menschen hineinzuversetzen. Freuen wir uns nicht alle darüber, wenn andere Menschen uns ehrliches, aufrichtiges Interesse entgegenbringen?

»Sie werden innerhalb von zwei Monaten mehr Freunde finden, wenn Sie sich für andere interessieren, als in zwei Jahren, wenn Sie nur versuchen, das Interesse der anderen für sich selbst zu wecken.« Dieser Satz von Dale Carnegie gilt nach wie vor, denn er erinnert uns daran, dass das Geheimnis erfolgreicher zwischenmenschlicher Beziehungen weniger mit uns, sondern in erster Linie mit unseren Mitmenschen zu tun hat. Leider ist dieser Grundsatz im digitalen Zeitalter nahezu in Vergessenheit geraten.

In der heutigen Zeit geht es mehr denn je um Selbsthilfe und Selbstvermarktung. Auf YouTube werden Videoclips wie das Lied *Double Rainbow* in wenigen Wochen millionenfach angeklickt. Menschen erzielen innerhalb kürzester Zeit weltweite Aufmerksamkeit in einem Ausmaß, für das man früher jahre- oder sogar jahrzehntelang hart arbeiten musste. Vermeintlich heimlich aufgenommene Sexvideos machen Menschen über Nacht zu Stars. TV-Moderatoren und Politkritiker demontieren ihre Konkurrenten und treiben so die Quoten in die Höhe. Tagtäglich bekommen wir den Eindruck, die beste Strategie, schnell berühmt zu werden, sei eine Mischung aus Werbegags und Parodien, die mit atemberaubendem Tempo durch die Medien gejagt werden. Dieser Versuchung widerstehen nur wenige. Wer jedoch die Grundlagen für erfolgreiche Beziehungen zu anderen Menschen verinnerlicht hat, wird auf ernsthaftere und nachhaltigere Strategien setzen.

Selbsthilfe und Selbstvermarktung sind an sich keine

schlechten Ziele. Probleme treten immer dann auf, wenn unser Drang nach Selbstverwirklichung dazu führt, dass wir uns nur noch auf uns konzentrieren. Denn jeder von uns ist Teil von sieben Milliarden Menschen, und unsere Handlungen haben immer auch Auswirkungen auf andere.

Je eher Sie bereit sind, diese Tatsache zu akzeptieren und sie in der Kommunikation mit anderen zu berücksichtigen, desto eher werden Sie erkennen, dass die effektivste Strategie für persönlichen und beruflichen Erfolg nicht darin besteht, sich selbst zu vermarkten, sondern darin, die eigenen Talente und Fähigkeiten mit anderen zu teilen. Diese Strategie hat kein Autor so eindrucksvoll und klar beschrieben wie Dale Carnegie. Damals konnte er sich sicherlich nicht vorstellen, wie wichtig seine Empfehlungen auch Jahrzehnte später noch sein würden.

Mehr als nur clevere Kommunikation

Kontakte zwischen Menschen laufen heute in atemberaubender Geschwindigkeit ab. Um andere Menschen positiv zu beeinflussen, reichen jedoch ein paar schnelle, einfache Kommunikationsstrategien nicht aus.

Kommunikation bedeutet letztlich, dass wir unsere Gedanken, Absichten und Schlussfolgerungen über die Menschen um uns herum an unsere Gesprächspartner weitergeben: »Wes des Herz voll ist, des geht der Mund über.«[4] Die inneren Motive machen den Unterschied aus zwischen echten Führungskräften und Menschen, die lediglich ihren eigenen Vorteil im Blick haben.

Den größten Einfluss auf andere haben Sie, wenn Menschen Ihnen erstens aufgrund dessen folgen, was Sie für sie getan haben, und zweitens wegen Ihrer Persönlichkeit. Anders ausgedrückt: Sie sind dann am einflussreichsten, wenn

Sie anderen Menschen gegenüber großzügig sind und deren Vertrauen gewinnen. Das ist der Preis, den Sie für positiven, dauerhaften Einfluss auf andere bezahlen müssen – egal, ob es sich dabei um zwei oder zwei Millionen Menschen handelt. Doch dieses Prinzip ist nur dann zum Vorteil aller Beteiligten, wenn Sie anderen Ihre Großzügigkeit und Vertrauenswürdigkeit authentisch vermitteln können.

Wir leben in einer Zeit, in der man über Nacht zum Star wird und sich im Handumdrehen auf den Titelbildern von Magazinen wiederfindet. Daher ist es umso wichtiger, dass Sie in jedem von Ihnen genutzten Medium Botschaften vermitteln, die Vertrauen aufbauen, Dankbarkeit zeigen und für den Empfänger einen Nutzen bieten. Eines nämlich hat sich seit der Zeit Dale Carnegies nicht geändert: Es gibt einen klaren Unterschied zwischen erkauftem Einfluss (den man nur schwer aufrechterhalten kann) und ehrlich verdientem Einfluss (der von Dauer ist). Dale Carnegie hatte eine klare Vorstellung davon, wie man einen dauerhaften, ehrlichen Einfluss auf andere Menschen gewinnt.

Dazu gehören zum Beispiel folgende einfache Empfehlungen: Kritisieren, verurteilen und klagen Sie nicht! Sprechen Sie vor allem von Dingen, die die anderen interessieren! Wenn Sie unrecht haben, geben Sie es schnell und offen zu! Lassen Sie andere ihr Gesicht wahren! Diese Empfehlungen machen aus Ihnen noch keinen klugen Gesprächspartner oder einfallsreichen Geschichtenerzähler. Sie erinnern Sie aber daran, an die Bedürfnisse der anderen zu denken, bevor Sie zu sprechen beginnen. Sie ermutigen Sie, schwierige Themen ehrlich und freundlich anzusprechen. Sie motivieren Sie, ein freundlicherer, bescheidenerer Manager, Partner, Kollege, Verkäufer, Vater oder eine freundlichere, bescheidenere Mutter zu sein. Und schließlich fordern sie Sie heraus, positiven Einfluss auf das Leben anderer Menschen zu gewinnen – und zwar nicht dadurch, dass Sie eine Show abziehen, sondern indem Sie ihnen ehrlich und aufrichtig Respekt, Empathie und Freundlichkeit entgegenbringen.

Welchen Lohn erhalten Sie dafür? Erfüllende sowie stabile Freundschaften, vertrauensvolle Geschäftspartnerschaften, Respekt als Führungskraft und Eigenschaften, mit denen Sie sich in unserer egoistisch geprägten Welt deutlich von anderen abheben.

Dale Carnegies *Wie man Freunde gewinnt* wird als das meistverkaufte Selbsthilfe-Buch aller Zeiten bezeichnet. Aus heutiger Sicht ist diese Bezeichnung sicher nicht richtig. Dale Carnegie sprach keineswegs über »Selbsthilfe«. Sein Bestseller begründete aber ein Genre, das unter diesem Begriff bekannt ist. Die Ironie dabei ist, dass Dale Carnegie keineswegs alle Ratschläge der heutigen Selbsthilfe-Literatur unterstützt hätte. Der Kern seiner Botschaft war das Interesse an anderen Menschen. Seine Empfehlungen gründeten auf der ehrlichen Freude, anderen zu helfen. Treffender wäre es, das Buch als einen Beststeller in Sachen Hilfe für unsere Mitmenschen zu bezeichnen. Denn im Grunde ging es um die praktische Anwendung der *Goldenen Regel*, die von Dale Carnegie in konkrete Empfehlungen für zwischenmenschliche Beziehungen übersetzt worden war.

Die Empfehlungen in diesem Buch sind mehr als bloße Tipps und Tricks zur Selbsthilfe oder Selbstvermarktung. Es geht um wirksame Strategien für dauerhafte, effektive Fortschritte in Gesprächen, in der Zusammenarbeit mit anderen Menschen und in Unternehmen. Die Wirkung ist signifikant.

Wenn Sie diese Empfehlungen anwenden, treten Sie nicht nur überzeugender auf, sondern bewirken auch jeden Tag etwas Gutes für Ihre Mitmenschen. Stellen Sie sich die enorme Wirkung vor, wenn Sie die Empfehlungen bei jedem der unzähligen Kontakte mit anderen Menschen aus dem digitalen Zeitalter beherzigen. Stellen Sie sich vor, was geschieht, wenn zahlreiche Menschen in einem Unternehmen sie anwenden.

Freunde und Einfluss zu gewinnen ist heutzutage keine einfache Angelegenheit. Aber es ist zugleich die beste und nachhaltigste Möglichkeit, mit Hilfe anderer Menschen erfolgreich zu sein. Erfolge beginnen immer mit Beziehungen zu anderen Menschen.

»Soft« anfangen

In der heutigen Geschäftswelt werden Soft Skills, wie man Dale Carnegies Empfehlungen auch nennt, zuweilen geringschätzig betrachtet. Bestenfalls gesteht man ihnen zu, sie seien eine nette Ergänzung zu den sogenannten Hard Skills. Dieses Denken ist jedoch nicht besonders fortschrittlich. Um wirklich mehr aus Kontakten mit anderen Menschen zu machen, ist beides notwendig.

Nur mit Hilfe von Soft Skills wie Mitgefühl und Empathie sind Hard Skills wie fachspezifische Arbeitsprozesse und Fertigkeiten effektiv. Erst durch die Soft Skills ergeben sich aus den Hard Skills produktive Abläufe, Synergien und wirtschaftlich bedeutsame Produkte und Dienstleistungen. Denn für all diese Dinge ist das Engagement der beteiligten Personen entscheidend. Ein Manager, der jede Menge Fachwissen vorweisen kann, aber nur in seinem Vorstandsbüro über seinen Berichten brütet, ist ganz sicher nicht erfolgreicher als ein Manager, der ebenfalls über Hard Skills verfügt, dafür aber bei seinen Mitarbeitern präsent ist und von ihnen respektiert wird. Ersterer mag eine Zeitlang Erfolge verzeichnen, indem er andere unter Druck setzt, aber sein Einfluss wird schnell schwinden, wenn er ihn sich nicht ehrlich bei seinen Mitarbeitern verdient hat. Diese Art von Einfluss ist nur eine Fassade, die rasch bröckelt.

In seinem Buch *Derailed* beschreibt der Unternehmenspsychologe Tim Irwin detailliert das Scheitern sechs bekannter CEOs während der letzten zehn Jahre. Jedes Mal war der Grund die Unfähigkeit der Führungskräfte, mit den Mitarbeitern eine enge, besondere Beziehung aufzubauen. Oder anders ausgedrückt: Jede Niederlage war das Ergebnis eines Zuviel an Hard Skills, gekoppelt mit einem Zuwenig an Soft Skills, also ein hervorragendes Wissen über wirtschaftliche Kennzahlen minus die Fähigkeit, Menschen zu motivieren. Wir alle machen solche Fehler. Auch wenn unsere Fehler normalerweise nicht in der Öffentlichkeit breitgetreten werden: Für unser Umfeld sind sie nicht weniger offensichtlich.

Wir verlieren das Vertrauen unserer Freunde, Familienmitglieder und anderer Menschen, wenn wir die Empfehlungen für erfolgreiche Beziehungen rein mechanisch anwenden und darüber vergessen, was grundlegend für gute Beziehungen ist: das Erkennen und Erfüllen menschlicher Bedürfnisse.

Warum passiert das so vielen Menschen, obwohl sie eigentlich die besten Absichten hatten? Vielleicht führt uns die Tatsache, dass Soft Skills scheinbar nicht greifbar sind, auf eine falsche Fährte. Wir verlassen uns dann zu sehr auf das, was wir messen können.

Hard Skills können geprüft, gelehrt und auf konkrete Sachverhalte übertragen werden. Die meisten Businessbücher basieren darauf, weil wir Fortschritte in Bezug auf Hard Skills bei einzelnen Personen und ganzen Unternehmen klar festmachen können – mit Tabellen, Kennzahlen und Berichten.

Ganz anders verhält es sich mit den Soft Skills. Es fällt schwer, sie in einzelne Schritte zu zerlegen. Sie lassen sich nur ungenau definieren und sind nur schwer anhand von besseren Handlungsweisen und stabileren Beziehungen quantifizierbar. Letztlich sind diese Messungen aber die einzig entscheidenden. Denn was sind alle wirtschaftlichen Erfolge wert, wenn sie auf Kosten anderer Menschen eingefahren oder wenn sogar Beziehungen durch sie zerstört werden? Kein Erfolg, der lediglich durch Selbstvermarktung und Selbstbeweihräucherung erzielt wurde, kann von Dauer sein.

Im Kleinen halten wir selten Kontakt zu Freunden, die uns regelmäßig das Gefühl geben, sie seien nur an sich selbst interessiert. Erfahren wir, dass eine Person nur auf ihren eigenen Vorteil aus ist, dann ist jegliches Vertrauen zu ihr dahin. Sie hat dann weniger Einfluss auf uns als jemand, den wir zum ersten Mal sehen. Die Beziehung ist so lange schwer beschädigt, wie sie ihre wahren Gründe nicht zugibt und ihr Verhalten nicht ändert. Aber auch dann bleibt immer ein Rest Misstrauen zurück.

Im Großen bleiben wir keinem Unternehmen treu, das uns regelmäßig zeigt, dass es nicht in der Lage oder nicht bereit ist, auf unsere Bedürfnisse und Wünsche einzugehen. Die Zeiten, in denen ein Unternehmen seinen Kunden erklärte, was sie brauchen, sind lange vorbei. In der heutigen Zeit treffen die Kunden ihre Entscheidungen in Bezug auf Design, Herstellung und Vermarktung eines Produkts selbst. »Jute statt Plastik« war einst eine kleine, gutgemeinte Werbekampagne für eine Handvoll umweltfreundlicher Produkte. Durch das gestiegene Umweltbewusstsein der Kunden sind solche Produkte mittlerweile vom Markt nicht mehr wegzudenken.

Menschen und Unternehmen, welche die Bedeutung der Soft Skills nicht verstanden haben, werden heute ganz sicher ihre Ziele verfehlen.

Zuweilen wird behauptet, Soft Skills könne man niemandem beibringen. Das stimmt, wenn man versucht, Soft Skills auf die gleiche Weise wie Hard Skills zu lehren. Dale Carnegie beging diesen Fehler nicht. Er erkannte, dass man nicht durch ausgefeilte, mehrstufige Prozesse ein Gespür für andere Menschen entwickelt, sondern dadurch, dass unsere grundlegenden Bedürfnisse und Wünsche angesprochen werden: Wenn wir uns so verhalten, dass wir Freunde gewinnen und andere

Menschen positiv beeinflussen, sind wir inspiriert, fühlen uns angenommen und sind kreativ.

Jeder Mensch hat ein angeborenes Bedürfnis nach guter Kommunikation – danach, andere zu verstehen und von ihnen verstanden zu werden. Darüber hinaus hat jeder Mensch den Wunsch nach einem echten Kontakt zu anderen Menschen – danach, andere Menschen zu kennen und von ihnen akzeptiert und geschätzt zu werden. Und jeder Mensch wünscht sich, mit anderen Menschen erfolgreich zusammenzuarbeiten und gemeinsame Erfolge zu erzielen – sei es im Verkauf, für das Unternehmen oder in einer Freundschaft. Dies spielt sich entlang eines Spektrums ab, das von freundlichem Kontakt zu anderen Menschen bis zu positivem Einfluss bei ihnen reicht.

»Die einzige Hoffnung auf Freude liegt in den menschlichen Beziehungen«[5], schrieb der französische Pilot und Autor Antoine de Saint-Exupéry.

Wie erwirbt man die Fähigkeiten, durch die man effektive Kommunikation, stabile Beziehungen und gute Zusammenarbeit mit anderen erreicht?

Zunächst sollten wir uns in Erinnerung rufen, dass das Maß erfolgreicher Beziehungen keineswegs die modernen Medien sind – es geht nicht darum, welche dieser Medien wir für uns nutzen und wie viele Freunde, Fans oder Anhänger wir mit ihrer Hilfe gesammelt haben. Echte Beziehungen werden daran gemessen, welche Bedeutung sie haben. Sorgen Sie dafür, dass Ihre Kontakte zu anderen Menschen für diese bedeutsam sind, und Sie erreichen schneller und nachhaltiger Ihre Ziele. Warum ist das so? Menschen nehmen wahr, was um sie herum vorgeht. Menschen erinnern sich. Menschen spüren, wenn eine Begegnung ihnen ein positives Gefühl gibt.

Sobald Sie anderen etwas anbieten, was für sie einen Nutzen hat, ist es egal, welches Medium Sie dafür wählen. Ziehen Sie jedoch das Medium dem Inhalt vor, dann ist Ihre Botschaft in Gefahr. Um es mit den Worten von Shakespeares Macbeth auszudrücken: Sie ist dann »ein Märchen, erzählt von einem Idioten, voll mit Schall und Wahn, das nichts bedeutet«.[6] Einerseits bieten Twitter-Nachrichten und Status-Meldungen komfortable Möglichkeiten, Freunde, Familienmitglieder und Kollegen auf dem Laufenden zu halten, andererseits haben diese auch zu einem Übermaß an solchem Schall und Wahn geführt. Aber nicht nur Nachrichten mit 140 oder weniger Zeichen bergen das Risiko, inhaltsleer zu sein. Kein Medium, das eine Botschaft ohne Inhalt vermittelt, erreicht sein Ziel – egal, ob es sich dabei um einen Werbespot, ein Memo innerhalb einer Abteilung, eine E-Mail an einen Kunden oder eine Geburtstagskarte handelt.

Zur Zeit Dale Carnegies standen weitaus weniger Medien zur Verfügung. Er musste daher nicht beide Seiten der Gleichung berücksichtigen, sondern konnte sich darauf konzentrieren, wie man anderen Menschen im persönlichen Kontakt, am Telefon und in Briefen etwas Nützliches mitgibt. Heutzutage müssen wir sowohl über den Inhalt unserer Botschaft als auch über das Medium nachdenken, über das wir die Botschaft vermitteln.

Wie Sie sofort Erfolge im Umgang mit anderen Menschen erzielen

»In der Einfalt finden wir Entspannung nach großen Spekulationen«[7], schrieb der französische Schriftsteller Vauvenargues. Der Grund, warum *Wie man Freunde gewinnt* auch heute noch ein Bestseller ist, der sich in den USA allein im Jahr 2010 über 250 000-mal verkaufte, ist, dass die darin beschriebenen Empfehlungen sehr einfach, aber zeitlos sind. Die dem Buch zugrunde liegende Weisheit ist leicht verständlich und universell gültig. Seit dem ersten Dale-Carnegie-Kurs im Jahr

1912 zeigen seine jedem verständlichen Wahrheiten die effektivsten Wege auf, wie man ein Mensch wird, den andere um Rat bitten, dessen Meinung sie hören wollen und von dem sie sich führen lassen.

Die vorliegende Neufassung von *Wie man Freunde gewinnt* hat keineswegs die Absicht, Dale Carnegies Ratschläge neu zu schreiben oder zu ersetzen, sondern sie verfolgt ein ganz anderes Ziel: Die Empfehlungen von Dale Carnegie werden in den Kontext der heutigen Zeit gestellt. Das heißt, die gleichen zeitlos gültigen Empfehlungen durch eine moderne Brille zu betrachten und vor dem Hintergrund des globalen, digitalen Zeitalters zu beschreiben. Die Anzahl der Möglichkeiten, Freunde zu gewinnen und andere Menschen positiv zu beeinflussen, ist seit den Zeiten Dale Carnegies exponentiell gewachsen. Reduziert man all diese Möglichkeiten jedoch auf das Wesentliche, dann hat sich das eigentliche Thema kaum verändert, denn »das gesamte Universum, mit einer unbedeutenden Ausnahme, besteht [immer noch] aus anderen«.[8]

Tom Butler-Bowdon schrieb in seinem Buch *50 Self-Help Classics* (dt. *Fünfzig Lebenshilfe-Klassiker*) über *Wie man Freunde gewinnt*: »Es stimmt, dass ein merkwürdiger Widerspruch zwischen dem peppigen Titel und dem eigentlichen Inhalt des Buches existiert.«[9] Betrachtet man den Titel durch die skeptische Brille der heutigen Zeit, dann könnte es sein, dass seine Magie gänzlich verlorengeht. Denn das Buch ist in erster Linie eine Abhandlung darüber, wie man ehrliche Empathie mit einem strategischen Aufbau von Beziehungen verbindet.

Man sollte sich ins Gedächtnis rufen, dass zu Lebzeiten Dale Carnegies die Vielzahl von Medien, mit denen wir uns geschönte Identitäten aufbauen (Webseiten, Facebook, LinkedIn, Twitter) und trickreiche Überzeugungsstrategien anwenden (Pop-up-Anzeigen, Werbung durch Prominente,

Fernsehprediger) können, noch gar nicht existierten. Das Gewinnen von Freunden reduzierte sich noch nicht darauf, eine Freundschaftsanfrage zu bestätigen, indem man auf »Annehmen« klickte. Menschen positiv zu motivieren hatte vor über einem halben Jahrhundert nichts zu tun mit den heutigen Strategien aufgeblasener Werbekampagnen. Dale Carnegie wählte den Titel seines Buches rein intuitiv.

Damals war es nahezu unmöglich, Menschen positiv zu beeinflussen, ohne Freundschaften zu pflegen. Social Media waren wie das Internet überhaupt gänzlich unbekannt. Man machte selten Geschäfte mit Menschen, die man niemals persönlich kennengelernt hatte. Man hatte drei Möglichkeiten, mit anderen in Kontakt zu treten: persönlich, per Brief oder über das Telefon. Ein persönliches Treffen war üblich und wurde erwartet. Heute ist es die absolute Ausnahme.

Zwar hatten bestimmte Personen auch damals aufgrund ihrer Berühmtheit oder ihres sozialen Status indirekten Einfluss. Aber dieser stellte sich nicht sofort und mit derart atemberaubender Geschwindigkeit ein wie heute. Freundschaft war die Brücke, um einflussreich zu werden. Man gewann Freunde mit einem kräftigen Händedruck, einem warmen Lächeln und durch selbstlosen Einsatz für andere. Solchen Einfluss musste man sich hart erarbeiten. Heute sind Ursache und Wirkung nicht so klar voneinander zu trennen.

Denken Sie zum Beispiel an die Ausgabe des Nachrichtenmagazins *Time* mit den »100 einflussreichsten Menschen der Welt« des Jahres 2010. Lady Gaga führte die Liste mit mehr als sechs Millionen Twitter-Anhängern an.[10] Es steht außer Frage, dass sie Einfluss auf ihre riesige Fangemeinde hat, die seit damals auf über zehn Millionen Menschen angewachsen ist. Bewirbt sie eine bestimmte Schuhmarke oder ein Mineralwasser, dann schnellen die Verkaufszahlen des Produkts in die Höhe. Es darf jedoch durchaus in Frage gestellt werden, welchen Nutzen sie ihren Anhängern bringt und welches

Ziel sie damit verfolgt. Sollte sie bei beiden Produkten höhere Ziele im Sinn haben, dann ist ihr Einfluss eine starke Kraft. Sollte es ihr jedoch ausschließlich darum gehen, Produkte erfolgreich zu machen, dann verdient sie damit zwar jede Menge Geld, hat aber nicht mehr Einfluss als jede andere Werbekampagne auch.

Nach wie vor ist der Wert positiven Einflusses auf andere unbestritten. Er ist die Währung, mit der Erfolg im Umgang mit Menschen gehandelt wird. Dennoch hat das Überangebot an Kommunikationsmöglichkeiten dazu geführt, dass man Gefahr läuft, die billige Variante zu kaufen.

Wir leben in einer Zeit, in welcher der Grundsatz: »Laut plus nackt gleich berühmt« zu regieren scheint. In diesem Buch geht es nicht darum, aus Freundschaften und Einfluss auf andere den größtmöglichen Nutzen für sich selbst zu ziehen – eine Vorgehensweise, die Dale Carnegie als »bloßes Lippenbekenntnis« beschrieb.[11] In diesem Buch geht es darum, Beziehungen zu anderen Menschen aufzubauen, die »aus dem Herzen kommen«. In gleicher Weise, wie unser Großvater einst das Herz unserer Großmutter erobert hat – durch aufrichtiges Interesse, ehrliche Empathie und echte Anerkennung. Und es geht darum, den auf diese Weise gewonnenen Einfluss zum Nutzen beider Seiten einzusetzen.

Dafür gibt es eine richtige und effektive Methode, die Dale Carnegie in herausragender Weise beschrieben hat. 75 Jahre danach sind seine Empfehlungen nach wie vor gültig, wobei die Anwendungsmöglichkeiten noch zahlreicher geworden sind. Ziel dieses Buch ist daher, neue Erklärungen zu liefern und neue Anwendungsgebiete zu beschreiben: Wie wendet man Dale Carnegies Empfehlungen in der digitalen Welt an? Einige Hinweise darauf geben uns Listen, die zu Dale Carnegies Zeiten noch nicht existierten, wie *Forbes'* »Die bewundernswürdigsten Unternehmen der Welt«; »Die besten CEOs der Welt« der *Harvard Business Review* und die bereits erwähnte Liste der »100 einflussreichsten Menschen der Welt« der Zeitschrift *Time*. Diese Hinweise gelten heute als Anhaltspunkte für Erfolg im Umgang mit Menschen. Das vorliegende Buch folgt der Tradition von *Wie man Freunde gewinnt*. Es möchte daran erinnern, dass die Gründe, warum wir etwas tun, wichtiger sind als das, was wir tun.

Um die Empfehlungen von Dale Carnegie in der heutigen Zeit anzuwenden, muss man keineswegs den Stecker des Computers ziehen und zu Telegramm, Telefon oder persönlichem Kontakt zurückkehren. Aber es ist auch nicht damit getan, lediglich eine kleine Prise Menschlichkeit in die alltäglichen digitalen Kontakte einzustreuen. Die richtige Mischung aus persönlichem Kontakt und digitalem Austausch macht den Unterschied.

Dafür sollten Sie zunächst Ihre aktuelle Situation analysieren. Erst dann werden Sie auf Ihrem Weg zu mehr Erfolg im Umgang mit anderen Menschen Fortschritte machen.

In welchem Verhältnis stehen bei Ihnen persönliche und digitale Kontakte? Für die meisten Menschen sind E-Mails, SMS, Blogs, Twitter- und Facebook-Nachrichten die am häufigsten genutzten Arten der Kommunikation. Das bringt gewisse Hindernisse mit sich, eröffnet aber auch neue Chancen.

Wenn wir uns in solchem Maße auf die digitale Kommunikation verlassen, fällt ein wichtiger Aspekt zwischenmenschlicher Beziehungen komplett unter den Tisch: die nonverbale Kommunikation. Beim Überbringen schlechter Nachrichten kann man Mitgefühl und Unterstützung zum Beispiel sehr gut dadurch ausdrücken, dass man die Hand auf die Schulter seines Gesprächspartners legt. Bei der Präsentation einer neuen Idee vermittelt man sehr viel mehr Begeisterung und wirkt überzeugender, wenn man tatsächlich zum Publikum spricht, als bei einer Telefonkonferenz. Wie oft haben Sie schon eine E-Mail verschickt, woraufhin der Empfänger Sie anrufen musste, um die Situation zu besprechen, obwohl Sie dachten, es sei alles geklärt?

Gefühle lassen sich ohne nonverbale Signale nur schwer vermitteln. Die Einführung von Videokonferenzen hat einige Hindernisse beseitigt, aber nur in wenigen Fällen wird in der digitalen Kommunikation mit Videokonferenzen gearbeitet. Und auch im Rahmen einer Videokonferenz gelingt es nicht, die Würde des Gegenübers in gleichem Maße zu wahren wie bei einer persönlichen Begegnung. Der preisgekrönte Film *Up in the Air* beschreibt das:

Ryan Bingham (George Clooney) arbeitet als »Rausschmeißer«. Er fliegt durch ganz Amerika, um Menschen im Auftrag von Unternehmen zu entlassen, die diese Aufgabe nicht selbst übernehmen wollen. Bingham leistet hervorragende Arbeit in seinem Job. Er entlässt die Menschen auf würdevolle, sogar inspirierende Weise. Meisterhaft beherrscht er eine Rede, in welcher er seinen Gesprächspartner ermutigt, die neu gewonnene Freiheit anzunehmen. Er setzt sich sogar gegen seinen Chef durch, der ihn dazu bringen will, die Kündigungen zur Kostenersparnis via Videokonferenz durchzuführen. Paradox daran ist jedoch, dass Bingham ein Einzelgänger ist, der keine einzige echte Beziehung in seinem Leben hat, nicht einmal zu seiner kleinen Schwester, an deren Hochzeit er fast nicht teilgenommen hätte. Seine vermeintlich stark ausgeprägte Fähigkeit, sich in andere Menschen hineinzuversetzen und eine Beziehung zu den von ihm entlassenen Personen aufzubauen, zeugt in Wahrheit von einer großen Distanz zu seinen Mitmenschen. Erst als eine persönliche Erfahrung ihm zeigt, wie wichtig echte menschliche Beziehungen sind, erkennt er die Wahrheit. Aber auch dann kann er seine Erkenntnis nicht umsetzen.

Wir leben in einer rasend schnellen, digitalen Welt, wo der Nutzen einer zwischenmenschlichen Beziehung häufig daran gemessen wird, wie viele Geschäfte man durch sie machen kann. Viele beherrschen mittlerweile in geradezu paradoxer Weise die Kunst, zahlreiche digitale Kontakte zu knüpfen, während sie gleichzeitig jegliche Verbindung zu anderen Menschen verloren haben. Das Heilmittel hierfür ist weder der Rückzug auf die eigene Person (à la Ryan Bingham) noch ein Rückgriff auf auffällige, aber banale Verkaufstechniken.

Die Produktivität stößt in der heutigen Zeit an ihre Grenzen, und zwar genau da, wo Fortschritte im Umgang mit Menschen durch technologischen Fortschritt ersetzt werden. Häufig beeinflusst bereits allein die Geschwindigkeit der Kommunikation unser Urteil. Weil wir glauben, dass man von uns sofort eine Antwort erwartet (wie auch wir sofort Antworten erwarten), nehmen wir uns häufig nicht die Zeit, sie sorgfältig zu durchdenken. Wir lassen jegliche Feinheiten des guten Benehmens außer Acht, wir sagen uns: »Ich möchte mich für meine Einschätzungen eigentlich gar nicht in einem Blog-Kommentar, einer E-Mail oder bei einer virtuellen Konferenz stark machen, weil ich überhaupt nicht sicher bin, dass das alle mitbekommen.« Aber bei genau diesen Kontakten sind Dale Carnegies Empfehlungen am wichtigsten. Denn in diesen alltäglichen Situationen können wir uns durch selbstlosen Einsatz für andere am besten abheben.

Sowohl bei einem ersten Kennenlernen als auch bei einem Treffen mit einer Person, die wir bereits kennen, erwarten wir ein gewisses Maß an Höflichkeit. Wir nehmen wahr, wenn die gleiche Höflichkeit in einem wöchentlichen Bericht über die Fortschritte eines Mitarbeiters oder während einer gemeinsamen Fahrt im Aufzug gezeigt wird. Wir erwarten bescheidene Eloquenz in einer Werbekampagne oder bei einer Rede auf einer Hochzeit und sind inspiriert, wenn dieselbe bescheidene Eloquenz sich in einer E-Mail oder einer SMS über eine alltägliche Sache findet. Der Unterschied liegt, wie es so schön heißt, im Detail.

Warum sind solche Details im digitalen Zeitalter nach wie

vor wichtig? Weil der »den größten Erfolg haben wird, der über Fachwissen plus die Fähigkeit verfügt, Ideen zu vermitteln, Führung zu übernehmen und Begeisterung bei anderen zu wecken«. Es ist bemerkenswert, wie bedeutsam Dale Carnegies Worte gerade in der heutigen Zeit sind.

Erster Teil

Grundregeln für den Umgang mit Menschen

1
Hören Sie auf zu kritisieren

Sowohl Adolf Hitler als auch Martin Luther King jr. waren Menschen, die sehr viel Einfluss auf andere hatten. Die Art und Weise, wie sie diesen Einfluss genutzt haben, könnte jedoch kaum unterschiedlicher sein. Das zeigt sich bereits an ihrer Wortwahl.

Vergleichen Sie die Aussage »Was für ein Glück für die Regierenden, dass die Menschen nicht denken« mit dem Satz: »Ich bin nicht um der Macht willen an Macht interessiert, sondern ... ich möchte eine Macht erreichen, die moralisch, richtig und gut ist.« Der Unterschied dürfte offensichtlich sein.[1] Im ersten Satz wird Einfluss von einem durchtriebenen, herablassenden Zyniker missbraucht. Im zweiten wird Einfluss einem vertrauenswürdigen Vertreter des Allgemeinwohls geschenkt. Tagtäglich positionieren wir uns mit unseren Worten zwischen diesen beiden sehr unterschiedlichen Ansätzen. Die Geschichte zeigt deutlich, zu welchem Ergebnis beide führten: Mit unseren Worten können wir andere Menschen zerstören oder aufbauen.

Dale Carnegies Empfehlungen waren klar und präzise: Kritisieren, verurteilen und klagen Sie nicht! Das ist jedoch in der heutigen Zeit sehr viel schwieriger. Zu sagen, dass wir heutzutage unsere Worte sorgfältiger wählen müssen, wäre noch untertrieben. Die unzähligen Möglichkeiten, die eigenen Gedanken auf digitalem Wege mitzuteilen, bringen es mit sich, dass wir sehr viel mehr Verantwortung dafür haben, was wir anderen mitteilen, weil unsere Gedanken öffentlich zugänglich sind. »Die digitalen Kommunikationsmittel haben dazu geführt, dass wir mehr Menschen schneller und billiger erreichen können«, erklärte Guy Kawasaki, Autor des Bestsellers *Enchantment*, in einem Interview, »aber ein Versager ist immer noch ein Versager. Man könnte sogar sagen, dass diese Technologie es möglich gemacht hat, den Ruf eines Menschen billiger und schneller als jemals zuvor zu ruinieren.«

Das ist zweifellos wahr, und es ist das genaue Gegenteil von Dale Carnegies Erfahrung.

Was früher lediglich eine versteckte Kritik war, kann heute dazu führen, dass man vor Gericht gestellt wird. Zum Beispiel wurde Dr. Patrick Michael Nesbitt, ein kanadischer Arzt für Allgemeinmedizin, zur Zahlung eines Bußgeldes von 40 000 Dollar verurteilt, weil er auf Facebook »bösartige« und diffamierende Äußerungen über die Mutter seiner Tochter gepostet hatte.[2] Ryan Babel, niederländischer Stürmer des FC Liverpool, hatte nach einer Niederlage gegen Manchester United über Twitter einen Link zu einem verunglimpfenden Bild des Schiedsrichters Howard Webb mit folgendem Kommentar verbreitet: »Und so jemand gilt als einer der besten Schiedsrichter. Das ist wirklich ein Witz.« Er wurde zur Zahlung eines Bußgeldes von 10 000 Pfund verurteilt.[3] Darüber schrieb Ben Dirs in einem BBC-Blog: »Früher hätte Babels Freundin sich wahrscheinlich seinen Wutausbruch anhören müssen. Heute jedoch verfügt er über dieses sehr einfache – und enorm verführerische – Mittel, das es ihm ermöglicht, seinen Ärger der ganzen Welt mitzuteilen.«[4]

Was früher eine achtlose Bemerkung unter Freunden war, kann heute zum Jobverlust führen. Eine Studie von Proofpoint aus dem Jahr 2009 fand heraus, dass acht Prozent der US-amerikanischen Unternehmen mit tausend oder mehr

Angestellten schon einmal Mitarbeiter wegen ihrer Kommentare auf Seiten wie Facebook oder LinkedIn entlassen hatten.[5] Ein kürzlich online veröffentlichter Artikel der *Huffington Post* berichtet über 13 Facebook-Postings, die dazu führten, dass Menschen gefeuert wurden.[6] In der Liste finden sich folgende Vorfälle:

- Die Kellnerin einer Pizzeria, die sich in unanständiger Weise über zwei Gäste beschwerte, nachdem diese ihr nach einem dreistündigen Aufenthalt in dem Restaurant nur wenig Trinkgeld gegeben hatten. »Danke für Ihren Besuch bei Brixx«, stichelte sie und verspottete anschließend die Gäste, indem sie sie unter anderem als »Billigheimer« bezeichnete.[7]
- Eine an Spieltagen eingesetzte Aushilfskraft im Stadion der Philadelphia Eagles, die eine abfällige Statusmeldung postete und sich darüber beschwerte, dass das Team zugelassen hatte, dass ihr Spieler Safety Brian Dawkins von den Denver Broncos unter Vertrag genommen wurde. »Dan ist [Kraftausdruck] wütend darüber, dass Dawkins zu Denver wechselt … Die Eagles sind verdammte Vollidioten!!!!«[8]
- Sieben Angestellte einer kanadischen Lebensmittelkette namens Farm Boy, welche die Facebook-Gruppe »I got Farm Boy'd« gründeten, in welcher Kunden und Angestellte beschimpft wurden.[9]

Man muss sich tatsächlich fragen, ob Kritik mittlerweile in unseren Kommunikationsmedien verbreiteter ist als Empathie. Zweifellos sind schnippische Bemerkungen und Verunglimpfungen heutzutage an der Tagesordnung. Da es derart viele Möglichkeiten gibt, sich Gehör zu verschaffen, sind viele Menschen schnell bei der Hand, hämische Kommentare abzugeben, wenn andere Fehler gemacht haben. Genauso schnell aber berufen sie sich auf das Recht, von der Bildfläche zu verschwinden, wenn sie selbst Fehler gemacht haben. Viele pochen einerseits auf das Recht freier Meinungsäußerung und andererseits auf das Recht der Aussageverweigerung. Leider vergessen sie dabei, dass ein derartiges Verhalten menschliche Beziehungen auf einen Kriegsschauplatz reduziert. Diese Kultur der Kritik und Beschwerden ist mittlerweile leider zur unschönen Realität geworden.

Wer wirklich einflussreich ist, hat erkannt, dass derartige Taktlosigkeiten Beziehungen sehr schnell zerstören. Selbst wenn man im Recht ist, wirkt es auf den anderen oft verletzend. Es ist auch nichts damit gewonnen, wenn man dem anderen beweist, dass er im Unrecht ist. Das führt dazu, dass harmonische Beziehungen extrem angespannt werden. Es ist kein Wunder, dass heutzutage viele Menschen große Reden schwingen, statt andere wirklich zu führen. Auch wenn es immer um Einfluss geht, wollen Menschen dabei einfach nur ihren Standpunkt kundtun. So geben sie nicht nur ein sehr schlechtes Beispiel, sondern verstärken die Spannungen zwischen den Parteien und machen eine konstruktive Zusammenarbeit unmöglich.

Ganz anders ist das Ergebnis, wenn eine echte Führungspersönlichkeit kommuniziert. Nur wenige Menschen beherrschten die Kunst der Kommunikation überzeugender als der amerikanische Präsident Lincoln. Er war bekannt als eine Persönlichkeit, die schwierige Situationen mit Selbstsicherheit und Eleganz meisterte. Seine Reaktion auf einen schweren taktischen Fehler während einer entscheidenden Phase des amerikanischen Bürgerkriegs ist beispielhaft dafür.

Die Schlacht von Gettysburg fand in den ersten drei Tagen des Juli 1863 statt. In der Nacht zum 4. Juli begann General Robert E. Lee sich in südlicher Richtung zurückzuziehen, während stürmischer Regen das Land überflutete. Als Lee mit seiner geschlagenen Armee den Potomac erreichte, hatte er vor sich einen reißenden, unpassierbaren Fluss und die siegreiche Armee der Union im Rücken. Er saß in einer Falle, aus der es keinen Ausweg gab. Die Union Army hatte die außergewöhnliche Chance, Lees Armee zu schlagen und den Krieg unverzüglich zu beenden. Selbstsicher ordnete Lincoln an, General George Meade solle nicht erst den Kriegsrat einberufen, sondern Lee sofort angreifen. Der Präsident telegrafierte seine Anweisungen und schickte anschließend einen Sonderkurier mit dem Befehl zum sofortigen Angriff zu Meade. Meade aber berief dennoch eine Lagebesprechung ein. Er zögerte. Er schob die Entscheidung vor sich her. Er telegrafierte alle möglichen Ausflüchte an den Präsidenten. Schließlich ging der Fluss zurück, und Lee entkam mit seinen Streitkräften über den Potomac.

Lincoln tobte vor Wut. »Was soll das?«, schrie er seinen Sohn Robert an. »Warum in aller Welt hat er das getan? Sie waren doch in Reichweite, und wir brauchten nur die Hand ausstrecken, um sie zu schnappen. Aber ich konnte sagen und tun, was ich wollte: Die Armee rührte sich nicht. Unter diesen Umständen hätte beinahe jeder General Lee besiegen können. Wäre ich dort gewesen, ich hätte ihn höchstpersönlich von der Bildfläche verschwinden lassen.«

Bitter enttäuscht schrieb Lincoln einen Brief an Meade. Lincoln war zu dieser Zeit sehr zurückhaltend in seinen Formulierungen, daher bedeutete ein derartiger Brief einen sehr strengen Verweis:

Mein lieber General,

ich glaube nicht, dass Sie sich der Größe des Missgeschicks bewusst sind, welches Lees Entkommen für uns bedeutet. Lee war praktisch in unserer Hand, wir hätten bloß zupacken müssen, und in Anbetracht unserer sonstigen Erfolge wäre der Krieg beendet gewesen. So wie die Situation nun aber aussieht, wird der Kampf noch unbestimmte Zeit fortdauern. Wenn Sie am vergangenen Montag an einem sicheren Sieg über Lee gezweifelt haben, wie wollen Sie ihn dann südlich des Flusses besiegen, wohin Sie nur einen Teil, bestenfalls zwei Drittel der Truppen vom letzten Mal mitnehmen können? Es wäre unvernünftig, zu erwarten, und ich erwarte auch gar nicht, dass Sie dort viel erreichen. Ihre größte Chance ist vertan, und ich bin darüber zutiefst betrübt.

Es wäre absolut gerechtfertigt gewesen, Meade den Brief zu senden. Aber Lincoln verzichtete darauf. Man fand ihn nach seinem Tod in seinen Unterlagen.

Was glauben Sie, hielt den Präsidenten davon ab, seine große Enttäuschung und seine verständliche Kritik zu äußern?

Präsident Lincoln war ein Meister der diplomatischen Gesprächsführung. Vermutlich war Lincoln klar, dass das Verschicken des Briefes ihm zwar die Möglichkeit gegeben hätte, seiner Enttäuschung Ausdruck zu verleihen, gleichzeitig aber Widerstand bei General Meade geweckt hätte – was dessen Leistung als Kommandierenden negativ beeinflusst hätte. Lincoln wusste, dass Meade nur wenige Tage zuvor Kommandant der Armee am Potomac geworden war. Er wusste ebenfalls, dass Meade eine Reihe heldenhafter Siege vorzuweisen hatte. Ganz sicher wäre der Druck auf Meade enorm gewesen, zumal es auch noch Unstimmigkeiten zwischen ihm und einigen der ihm unterstellten Soldaten gab. Hätte Lincoln all diese Details unberücksichtigt gelassen und seinen Brief abgeschickt, hätte er zwar ganz sicher den Krieg der Worte gewonnen, aber er hätte eine Niederlage im Kampf um die Macht verzeichnen müssen.

Das bedeutet keineswegs, dass General Meade nicht über seinen Fehler informiert werden sollte. Es bedeutet auch nicht, dass es einen guten und einen schlechten Weg gab, ihn zu informieren. Lincoln teilte Meade seine Enttäuschung zwar dennoch mit, aber er tat es so, dass seine Würde gewahrt blieb. Indem er sich entschloss, den Brief mit den harten Worten zurückzuhalten, beschloss Lincoln auch, seinen Einfluss bei Meade zu behalten und sogar noch zu steigern. Meade diente bis zu seinem Tod im Jahr 1872 den Bürgern seiner Heimatstadt Philadelphia.

Lincoln hatte ein besseres Gespür als jeder andere amerikanische Präsident in der Wahl der richtigen Worte zur rechten Zeit. Er hatte ganz einfach eine der grundlegendsten Wahrheiten der menschlichen Natur verstanden: Jeder Mensch hat einen starken Selbsterhaltungstrieb und wird alles, was sein Wohlergehen bedroht, abwehren, leugnen oder weit von sich weisen. Das gilt auch, wenn die eigene Ehre in Gefahr ist. Denken Sie beispielsweise an den Dopingskandal in der Major League im Baseball: Von den 129 Spielern, die mittels positiver Tests überführt worden waren, entweder durch den Mitchell Report (*Untersuchungsbericht einer Kommission unter Leitung des Ex-Senators George Mitchell über Doping im Baseball; Anm. d. Übers.*) oder durch Aussagen von Mannschaftskollegen, gaben nur 16 zu, Steroide und menschliche Wachstumshormone eingenommen zu haben.[10]

Aber passieren solche Dinge wirklich nur berühmten Sportlern, die ein zu großes Ego haben?

Denken Sie zum Beispiel an das letzte Mal, als ein Kollege sich bei Ihnen über etwas beschwert hat, was Sie gesagt oder getan haben. Wollten Sie dem Kollegen dafür am liebsten um den Hals fallen und ihn zum Mittagessen einladen? Oder hatten Sie nicht eher den Drang, es ihm so richtig heimzuzahlen?

Nach Ansicht des Psychologen Hans Selye wird niemand gerne kritisiert, egal, ob er es verdient oder nicht. Unser Bedürfnis nach Lob und Anerkennung ist riesig, aber genauso groß ist unsere Angst, von anderen verurteilt zu werden.

Wenn wir andere kritisieren, um ein Streitgespräch zu gewinnen oder unsere Wünsche durchzusetzen, kommen wir ganz sicher nicht weiter. Das gilt sowohl für ein Gespräch unter vier Augen als auch für öffentlich geäußerte Kritik.

Auch wenn unsere Zeit geprägt ist von verleumderischen Kommentaren in Blogs, Talkshows und den digitalen Netzwerken: Sobald man eines dieser Medien einsetzt, um einen anderen Menschen zu kritisieren, zwingt man ihn, sich zu verteidigen. Und wenn Sie eine Person derart in die Defensive gedrängt haben, können Sie wenig tun, damit diese Person Ihnen wieder offen gegenübertritt. Alles, was Sie sagen, wird mit Skepsis oder Ungläubigkeit aufgenommen. Kritische Kommentare haben die Wirkung eines unsichtbaren Bumerangs: Er trifft früher oder später den, der ihn geworfen hat.

Und das geschieht umso schneller in einer Welt, in der nahezu jede unserer Äußerungen nur einen Klick, ein Mikrophon oder eine Webcam von einer weltweiten Veröffentlichung entfernt ist. Der Schauspieler Mel Gibson lernte diese Lektion auf schmerzhafte Weise. Nachdem er profane, rassistische Beschimpfungen auf der Mailbox seiner Exfreundin hinterlassen hatte, wurden sie öffentlich gemacht. Sein vormals guter Ruf war sehr schnell beschädigt.

Etwas Ähnliches geschah im Juli 2008, als ein Mikrophon der Fox News Kommentare aufnahm, die laut einem Posting in einem CNN-Blog »von Reverend Jesse Jackson gesagt wurden. Diese Aussagen waren nicht für die Öffentlichkeit bestimmt. Er verunglimpfte darin allem Anschein nach den designierten Präsidentschaftskandidaten der Demokraten, weil dieser von oben herab zu den Schwarzen Amerikas gesprochen habe.«[11] Obwohl sich Jackson sofort öffentlich entschuldigte, fügten seine Worte seiner Autorität bei den Schwarzen Amerikas beträchtlichen Schaden zu. Außerdem stellten sie seine Unterstützung für Barack Obama, den Senator von Illinois, der bald darauf der 44. Präsident der Vereinigten Staaten von Amerika werden sollte, empfindlich in Frage.

Natürlich versuchen die meisten Menschen, derartige verbale Ausrutscher in der Öffentlichkeit zu vermeiden. Dennoch täten wir gut daran, eine prominente Person, der ein solcher Fauxpas passiert ist, nicht vorschnell zu verurteilen. Wir sollten eher darüber nachdenken, was andere über unsere eigenen Ausrutscher sagen würden. Es ist immer noch am besten, im Umgang mit anderen Menschen das einfache Prinzip »kritisieren, verurteilen und klagen Sie nicht« zu befolgen. Denn wir leben in einer Zeit, in der selbst kleinste Fehlgriffe in der Kommunikation uns für immer und ewig verfolgen könnten.

Trotz des globalen Trends, sich unüberlegt und offenherzig zu jedem möglichen Thema zu äußern, ist es weder besonders klug noch notwendig, andere zu kritisieren, um eine Botschaft wirkungsvoller, bedeutsamer oder sensationeller erscheinen zu lassen. Das Ausmaß, in dem wir heute von anderen wahrgenommen werden, sollten wir idealerweise nicht als Bürde oder Segen, sondern als Verantwortung betrachten. Wer diese Verantwortung bescheiden, einfühlsam und vertrauenswürdig annimmt, ist erfolgreicher, weil andere Menschen ihm gerne zuhören werden. Menschen, die ihren eigenen Standpunkt klar vertreten und gleichzeitig die Gefühle Andersdenkender achten, gewinnen großen Respekt in ihrem Umfeld.

• Nutzen Sie Medien nicht in erster Linie dazu, gegen die Meinung anderer zu argumentieren, sondern um andere Menschen zu ermutigen und zu motivieren. Es ist völlig in Ordnung, Freunde und Fans über bestimmte Dinge zu informieren, auch darüber, was sie vermeiden sollten, aber der Ton macht die Musik. Wollen Sie anderen etwas mitteilen und sie dabei hart kritisieren? Das sollten Sie, wenn überhaupt, nur in einem persönlichen Gespräch mit Menschen tun, die Sie sehr gut kennen. Selbst wenn Ihr Gesprächspartner eigentlich auf Ihrer Seite ist, bringt es Sie nicht weiter, wenn Sie ihn von oben herab behandeln. Sondern es führt eher dazu, dass Ihr Gegenüber sich fragt, ob er Ihnen seine Fehler und Gedanken überhaupt anvertrauen kann.

- Lästern Sie nicht über andere, um sich von der Masse abzuheben. Langfristig richtet das nur Schaden an. In einer globalen Wirtschaft können Sie nie genau sagen, wann Ihr größter Konkurrent Ihr wichtigster Partner sein wird. Welche Handlungsmöglichkeiten haben Sie noch, wenn Sie wirtschaftliche Erfolge nur mit Hilfe einer Person erzielen könnten, zu der Sie bereits jegliche Brücken abgebrochen haben? Wettbewerb ist wichtig und muss möglich sein. Entscheidend aber ist eine gute Zusammenarbeit zwischen Menschen, die unbedingt erhalten werden sollte.

- Weniger ist mehr. Berücksichtigen Sie das, wenn Sie anderen etwas mitteilen wollen. Ob Sie einer großen Fangemeinde über Twitter tolle Neuigkeiten schicken oder dem Aufsichtsrat ein Statusupdate geben wollen: Niemand möchte mit nutzlosen Informationen bombardiert werden. Die Empfänger Ihrer Nachrichten erwarten einen klaren Mehrwert. Wenn Sie lediglich deren Ohren, Posteingänge und iPhones mit Beschreibungen Ihrer größten Probleme und Schwierigkeiten füllen, werden sie Ihnen nicht lange zuhören. Es gibt genügend positive Meldungen, als dass andere Menschen Lust hätten, sich lange mit negativen Nachrichten zu befassen.

- Atmen Sie tief durch, bevor Sie anderen etwas mitteilen. Wenn jemand Sie ungerecht behandelt hat, sind die ersten fünf Minuten die schlimmsten. Wenn Sie es schaffen, nicht spontan zu reagieren, ersparen Sie sich viele Stunden, in denen Sie zurückrudern, sich entschuldigen oder zu Kreuze kriechen müssen. Jeder von uns hat Momente, in denen er etwas Unüberlegtes tut. Aber kaum etwas ist schlimmer, als wenn ein solcher Moment öffentlich wird. Ersparen Sie sich den kleinen Ärger – und das möglicherweise folgende große Dilemma –, indem Sie sich zunächst auf den Boden der Tatsachen zurückholen, bevor Sie jemanden angreifen und es anschließend bitter bereuen.

Es stimmt: Man findet immer etwas, was man an anderen lobend erwähnen kann. Aber wir dürfen dabei nicht vergessen, dass auch wir selbst immer etwas Lobenswertes haben. Ein altes jüdisches Sprichwort sagt: »Du wirst von anderen so beurteilt, wie du sie beurteilst, und der Maßstab, den du an andere anlegst, gilt für dich selbst.«[12]

Zwar ist es manchmal extrem schwierig, nicht einfach das zu sagen, was uns in den Sinn kommt. Die Geschichte lehrt jedoch, dass zu allen Zeiten solche Menschen am erfolgreichsten waren, die im entscheidenden Moment den Mund halten und ihren Stolz herunterschlucken konnten, wenn negative Emotionen im Spiel waren. Mit Kürze, Bescheidenheit und Weisheit lässt sich letztlich nämlich mehr erreichen als mit wüsten Schimpftiraden.

Das vielleicht beste Beispiel dafür ist die Antwort des bekannten britischen Schriftstellers G. K. Chesterton auf eine Einladung der *Times*, einen Beitrag zum Thema »Was ist falsch an dieser Welt?« zu schreiben. Sie lautete folgendermaßen:

Sehr geehrte Damen und Herren,
ich bin es.
Mit freundlichen Grüßen,
G. K. Chesterton[13]

Es überrascht nicht, dass in einem Artikel in der *Time* von 1943 über sein Buch *Orthodoxie* berichtet wurde, sein bekanntester Gegenspieler, der irische Dramatiker George Bernard Shaw, habe ihn ein »geniales Genie«[14] genannt. In demselben Artikel wurde Shaw als »freundlich gesinnter Feind«

Chestertons bezeichnet. Sogar Chesterton selbst beschrieb die einzigartige Beziehung zwischen ihnen beiden als die »zwischen Cowboys in einem Stummfilm, der niemals gezeigt wurde«.[15] Die beiden hatten zu fast allen damaligen Themen gegensätzliche Ansichten, dennoch bekämpften sie einander niemals. Das war in erster Linie darauf zurückzuführen, dass Chesterton in der Lage war, sein Ego im Zaum zu halten und die Meinung seines Gegenspielers zu respektieren, obwohl sie kaum gegensätzlicher zu seiner eigenen hätte sein können. Dieses Verhalten war typisch für die Lebensweise des Schriftstellers.

Chesterton hatte nicht nur Einfluss auf George Bernard Shaw, sondern auch auf Oscar Wilde und H. G. Wells. Mit seinem Buch *Der unsterbliche Mensch* trug er zur Bekehrung des ehemaligen Atheisten C. S. Lewis zum christlichen Glauben bei. Seine Biographie über Charles Dickens war verantwortlich dafür, dass Dickens' Werk öffentlich wahrgenommen und wissenschaftlich rezipiert wurde. Sein Roman *Der Mann, der Donnerstag war* inspirierte Michael Collins, den Führer des irischen Unabhängigkeitskampfes, zu dem Satz: »Wo kein Versteck ist, da ist auch keine Jagd.« Chestertons Kolumne in der *Illustrated London News* vom 18. September 1909 hatte starken Einfluss auf das Wirken Mahatma Gandhis.[16]

Um in der heutigen Welt Freunde zu gewinnen und einflussreich zu werden, bedarf es keiner klugen Rhetorik. Sie sollten stattdessen bescheiden sein und über sich selbst lachen können. Denn wenn wir selbst das sind, was an dieser Welt nicht stimmt, und unsere Gesprächspartner ebenfalls, dann können beide Seiten aufhören, sich den Kopf zu zerbrechen, wer von beiden recht hat. Es wäre klüger, gemeinsam zu versuchen, die Welt besser zu machen.

2
Heben Sie das Positive hervor

Der mit einem Oscar ausgezeichnete Film *The King's Speech* erzählt, wie ein gewöhnlicher Mann mit ungewöhnlichen Eigenschaften einem stotternden Prinzen hilft, ein König zu werden, der eine ganze Nation einen sollte.

Prinz Albert, Herzog von York, hatte ein Sprachproblem, das sein ganzes Leben bestimmte. Sein Stottern machte ihm Schwierigkeiten, wenn er seinen Kindern Geschichten erzählte, wenn er Reden in der Öffentlichkeit hielt und wenn er im Radio (damals die neueste technische Errungenschaft) eine Ansprache hielt. Auf der Suche nach Heilung von seinem Leiden lernte der Prinz den aus Australien stammenden Sprachtherapeuten Lionel Logue kennen. Logues Methoden waren unkonventionell, und zwar in erster Linie deshalb, weil er glaubte, Stottern sei genauso ein seelisches wie ein körperliches Problem.

Der Film zeigt, wie der Prinz, von seiner Familie Bertie genannt, Logues Methoden abwehrt. Der größte Teil des Films handelt davon, wie sich die Spannungen zwischen den beiden Männern immer mehr verstärken, als die Situation angesichts des drohenden Zweiten Weltkriegs von Tag zu Tag schwieriger wird und Prinz Albert, Herzog von York, zu König George VI. gekrönt werden soll.

Der große Durchbruch gelingt schließlich bei den Vorbereitungen für die Krönungszeremonie: Der zukünftige König bricht zusammen und spricht all seine Ängste aus – dass er vor den Augen der versammelten Nation versagen und als Lachnummer in die Geschichte eingehen könnte.

»Bertie«, unterbricht Logue ihn, »du bist der tapferste Mensch, den ich kenne.«

Bertie hält inne und denkt über die Bedeutung dieser Worte nach. Sie sollten sein ganzes Leben verändern.

Wenn Emerson mit seinem Satz »Jeder Handlung geht ein Gedanke voraus« recht hat, dann wendete Logue die bestmögliche Strategie an, um seinen Gesprächspartner positiv zu beeinflussen.[1] Er präsentierte ihm einen Gedanken, den er nie zuvor gehabt hatte. Bertie, der stotternde Prinz, war kein schwacher Mensch. Er war kein Versager und auch keine Lachnummer. Das Bild, das er von sich selbst hatte, nachdem man ihn sein Leben lang gehänselt hatte, entsprach nicht der Wahrheit.

Bertie nahm Logues Worte an und wurde dadurch ein anderer Mensch. Logue besaß die Klugheit, ihm zu versichern, dass er über eine ganz besondere Eigenschaft verfügte, von der er selbst nichts gewusst hatte, weil andere nur über seine Schwächen sprachen.[2]

Vergleichen Sie Logues Vorgehen mit dem von Ron Schiller, entlassener stellvertretender Geschäftsführer des Senders NPR, dessen verunglimpfende Worte über Vertreter einer Partei auf Video aufgezeichnet worden waren. Der Hauptunterschied zwischen diesen beiden Ansätzen ist in erster Linie eine Frage der richtigen Wortwahl.

Weder Bertie noch irgendeine politische Partei ist unfehlbar. Lionel Logue hatte keineswegs einfach nur das Glück, dass sein Klient rechtschaffener war als die Partei, über die Ron Schiller sprach. Beide Männer hätten Gründe finden können, andere Personen an den Pranger zu stellen. Logue aber wählte den Weg, der mehr Erfolg versprach, den Weg, mit dem er die Würde seines Gegenübers respektierte. Schiller hingegen wählte einen Weg, bei dem er sich selbst und seine Mitmenschen komplett außer Acht ließ. Es ist offensichtlich, welcher der beiden Wege der klügere ist.

In einer alten jüdischen Parabel wird von einem Schäfer erzählt, der eine Herde von 100 Schafen besitzt. Er sorgt gut für seine Schafe und lässt sie nicht im Stich. Als er jedoch eines Abends die Herde zusammentreibt, stellt er fest, dass ein Schaf fehlt. Nur eines. 99 Schafe sind in Sicherheit. Was tut der Schäfer? Spricht er ein Gebet und hofft, dass das Schaf von selbst nach Hause findet, bevor der Wolf es erwischt? Nein. Er schließt die 99 anderen Schafe in ihr Gehege ein und sucht das eine Schaf. Denn dieses eine Schaf ist ihm so wichtig, dass er den Gedanken nicht ertragen kann, es könne alleine durch die Nacht irren.[3]

Welches Signal gibt er damit seinen Schafen, und zwar nicht nur dem einen Schaf, sondern auch den 99 anderen, die von ihrem Schäfer Nahrung und Fürsorge erwarten? Überlegen Sie, welche Botschaft Sie den Menschen senden könnten, die Sie beeinflussen wollen. Haben Sie ihnen schon einmal gezeigt, wie wertvoll sie für Sie sind?

Jeder Mensch hat das angeborene Bedürfnis, wertvoll und wichtig für andere zu sein. Und doch ist die Aufgabe, dieses Bedürfnis bei anderen zu befriedigen, eine der größten Herausforderungen unserer Zeit.

Häufig beschäftigen wir uns lieber mit unwichtigen, oberflächlichen Dingen in unserem Umfeld. Wochenlang wird über die neueste Kleidung eines Stars oder den letzten Fehltritt eines Sportlers getratscht. Stundenlang können wir uns über eine laut feiernde Studenten-WG aufregen. Selbst wenn wir uns nicht von den häufig aberwitzigen Gepflogenheiten der Pop-Kultur mitreißen lassen, sind die Anforderungen an unsere Zeit und Aufmerksamkeit doch so zahlreich, dass wir uns kaum mit mehr als den oberflächlichen Dingen beschäftigen können. Angesichts einer wahren Flut von SMS-Nachrichten, überquellenden E-Mail-Postfächern und Netzwerken, mit denen wir rund um die Uhr unsere Kontakte pflegen, wird zuweilen sogar unser eigener Partner, um dessen Liebe wir so lange gekämpft haben, zur lästigen Nebensache. Und dann gibt es noch die Kinder und Großeltern und Nachbarn und so weiter. Wer hat heute noch Zeit, sich auf das Positive zu konzentrieren, außer, es handelt sich dabei um das neue Auto oder die neue Küche der Nachbarn? Hauptsache, wir müssen uns keine tiefergehenden Gedanken über andere Menschen machen.

Das Problem dabei ist, dass dieses rein oberflächliche Interesse an anderen meistens bedeutet, dass wir uns mit den banalen, bedeutungslosen Dingen beschäftigen. Wir sollten uns stattdessen lieber auf die wirklich positiven Aspekte konzentrieren.

Das sollte jedoch auf gar keinen Fall mit billiger Schmeichelei verwechselt werden.

Was ist der Unterschied? Aufrichtiges Interesse an der anderen Person.

Einmal fragte ein junger, unerfahrener College-Student Muhammad Ali, was er mit seinem Leben anstellen solle. Er konnte sich nicht entscheiden, ob er sein Studium weiterführen oder hinaus in die Welt ziehen sollte, um woanders sein Glück zu suchen. Es war jedoch offensichtlich, dass er eher zu Letzterem tendierte. »Bleib am College und mach dein Studium fertig«, riet ihm Ali. »Wenn sie aus verschimmeltem Brot Penicillin machen können, dann können sie aus dir auch etwas machen!«[4]

Ali spielte die Situation absichtlich herunter. Denn er hatte verstanden, was man dem jungen Mann sein Leben lang gesagt hatte, und versuchte, ihm mit seiner flapsigen Formulierung einen wichtigen Punkt klarzumachen: Gib nicht so schnell auf. Verfolge deine Ziele. Egal, was man dir erzählt hat, du bist wichtig, und du kannst Großes vollbringen.

Für echte positive Bestärkung ist es – im Gegensatz zur Schmeichelei – notwendig, dass wir uns ganz genau überlegen, was wir der anderen Person Positives mitteilen können, und dass wir verstehen, was ihr wirklich wichtig ist. Schmeichelei ist normalerweise kein Zeichen einer vertrauensvollen Beziehung, sondern zeugt eher von mangelnder Sensibilität. Wir sagen das, was wir glauben sagen zu müssen, aber in Wirklichkeit denken wir dabei überhaupt nicht nach. Welche Botschaft sendet Schmeichelei einer anderen Person? »Du bist mir nicht wichtig genug, als dass ich viel über dich nachdenken würde.«

Wir müssen der Versuchung widerstehen, im Umgang mit anderen Menschen auf Autopilot zu schalten.

Der Bestseller-Autor Rick Warren schreibt:

»Wir verlassen das Haus und sagen: ›Hallo, wie geht es dir? Schön, dich zu sehen.‹ Wir sehen den Leuten dabei nicht einmal in die Augen. Wir sprechen nicht wirklich mit ihnen. Aber so übersehen wir natürlich auch, welches Potential unsere Mitmenschen haben. (…) Menschen lassen sich nicht formen wie Ton. Das ist auch gar nicht unsere Aufgabe. Denn es hat mehr mit Manipulation als mit Führung zu tun. Menschen können nicht beliebig geformt werden, sondern sie müssen die Möglichkeit erhalten, ihr Potential zu entfalten. Genau das tun erfolgreiche Führungskräfte: Sie helfen anderen, ihr wahres Potential zu entfalten.«[5]

Natürlich sind wir nicht immer in Bestform. Wir alle verpassen Gelegenheiten, die wir besser hätten nutzen können. Aber jeder kann kritisch über sein eigenes Verhalten nachdenken. Welchen Platz nehmen unsere Botschaften auf einer Skala ein? Gehen sie eher in die Richtung positive Bestätigung oder eher in Richtung Gleichgültigkeit? Je mehr Sie andere Menschen in positiver Weise wertschätzen, desto einflussreicher werden Sie sein.

Emerson schrieb: »Jeder Mensch sollte für seine besten Momente geschätzt werden.«[6] Überlegen Sie: Welche Ihrer Beziehungen ist derzeit von Spannungen geprägt? Wie wäre es, sich auf die besseren Zeiten der Person zu konzentrieren und diese positiv hervorzuheben? Das bedeutet nicht, dass die Person keine Fehler hat. Es bedeutet nicht einmal, dass sie mehr gute als schlechte Eigenschaften hat. Möglicherweise hat dieser Mensch Jahre voller Irrungen und Misserfolge hinter sich. Aber Sie können sich einer Sache sicher sein: Wenn Sie ihn zu Veränderungen motivieren wollen, ist es wenig vorteilhaft, ihn ständig mit einer Liste seiner Vergehen zu konfrontieren. Wenn Sie ihn stattdessen daran erinnern, was er bereits erfolgreich geleistet hat, dann können Sie ihn aufrütteln. Er wird anfangen, zu verstehen, was er in der Zukunft erreichen könnte. »Behandeln wir einen Menschen so, wie er ist, dann machen wir ihn schlechter, als er ist. Behandeln wir ihn aber so, als wäre er bereits, was er sein könnte, dann machen wir ihn zu dem, was er sein soll.«[7]

Wenige Menschen in der Geschichte beherrschten die Kunst, das Positive an anderen hervorzuheben, besser als der 16. Präsident der Vereinigten Staaten von Amerika: Präsident Lincoln. Allein durch diese Eigenschaft hielt er eine ganze Nation zusammen. Als er im März 1861 seinen Amtseid ablegte, war vollkommen unklar, ob jemals wieder ein US-amerikanischer Präsident dieses Amt innehaben würde.

Am Tage seiner Vereidigung wurde zum ersten Mal die Flagge der Konföderierten Staaten von Amerika in Montgomery, Alabama, gehisst. In den Monaten nach der Wahl Lincolns sagten sich sieben Staaten von der Union los. Jeder brannte darauf, zu erfahren, was der Präsident zu den abtrünnigen Staaten sagen würde.

Seine Rede ging als eine der besten Reden aller Zeiten in die Geschichte ein, und zwar deshalb, weil Lincoln sie im Geiste der Versöhnung gehalten hatte. Er zeigte keine Schwäche, denn er warnte eindringlich vor den Konsequenzen eines Angriffs auf die Union. Doch er hatte die Weitsicht, das Positive an der Situation hervorzuheben – was niemandem sonst gelang: »Wir sind keine Feinde, sondern Freunde. Wir dürfen keine Feinde sein.« Eine Menge Mut war dafür notwendig. Sieben Staaten waren bereits weggebrochen und hatten ihre Unabhängigkeit verkündet. Der Krieg stand kurz bevor. Freunde? Wie konnte er sie als Freunde betrachten?

Denken Sie an eine Situation, in der ein Kollege Sie enttäuscht, ein Kunde Sie angelogen oder ein Zulieferer eine Frist nicht eingehalten hat. War Ihre erste Reaktion, zu überlegen, was er trotz allem Gutes getan hat? Enttäuscht, im Stich gelassen oder verraten zu werden gehört zu unseren schlimmsten, ärgerlichsten Momenten. Und doch haben wir in genau diesen Momenten die seltene Gelegenheit, einen bleibenden Eindruck zu hinterlassen.

Erinnern Sie sich an eine Situation, in der jemand Sie mit unerwarteter Nachsicht überrascht hat? Dieser Vorfall kann viele Jahre zurückliegen oder aus der Kindheit stammen. Und doch werden Sie sich sehr wahrscheinlich an diese Person erinnern und können die Gefühle, die Sie damals hatten, wieder spüren.

Ob Sie Einfluss auf andere Menschen haben, hängt letztlich davon ab, ob Sie sich von anderen positiv abheben und in den Gedanken und Herzen anderer Menschen bleiben. Wenn Sie so reagieren und handeln wie jedermann, werden Sie sich niemals von anderen unterscheiden. Aus ganz einfachen Gründen:

Es ist extrem schwierig, im heutigen schnellen Wettbewerb echten Einfluss zu gewinnen. Dafür müssen Sie die Möglichkeit haben, zu zeigen, dass Sie sich für andere einsetzen und vertrauenswürdig sind. Dafür haben Sie in der Regel nur wenige Sekunden. Wären wir alle perfekt und fehlerlos, dann könnten Sie sich nur dadurch von anderen abheben, dass Sie noch etwas vertrauenswürdiger als andere sind. Das wäre aber immer noch extrem schwierig, wenn weder Sie noch andere Menschen Fehler oder Schwächen hätten. Dann würde der Kampf um Einfluss ablaufen wie ein Schönheitswettbewerb (und manche Menschen benehmen sich tatsächlich so).

Aber das ist nicht der Fall. Niemand ist perfekt. Wir alle haben Fehler und Schwächen. Damit haben wir alle aber auch genug Chancen, nach einer Meinungsverschiedenheit oder einer Enttäuschung das Positive an anderen hervorzuheben. Der Schlüssel ist, dieses Verhalten nicht nur hin und wieder an den Tag zu legen. Heben Sie stattdessen stets das Positive an anderen hervor, nicht nur ausnahmsweise, wenn Sie zufällig einen guten Tag haben.

Lassen Sie sich nicht täuschen: Trotz eines Fehlers das Positive an einer anderen Person hervorzuheben ist keinesfalls ein Zeichen von Schwäche. Es bedeutet nicht, dass Sie die Gerechtigkeit außen vor lassen. Lincoln blickte über den Tellerrand hinaus, erkannte die Zeichen der Zeit und folgte beharrlich seinem Weg:

»Die Leidenschaft mag die Bande unserer Freundschaft angegriffen haben, darf sie aber nimmer zerreißen. Die geheimnisvollen Saiten der Erinnerung, die jedes Schlachtfeld und jedes Patriotengrab mit jedem lebenden Herzen in diesen unseren Landen verknüpfen, werden noch als Saiten der Union erklingen.«

Um das Positive an anderen hervorheben zu können, müssen wir uns manchmal daran erinnern, was an ihnen positiv ist. Lincoln gab zwar zu, dass die Lage angespannt war, aber die Bande der Freundschaft waren aus seiner Sicht immer noch stärker. Die Nordstaaten und die Südstaaten hatten immer noch eine gemeinsame Geschichte. Sie hatten gemeinsam ihre

Unabhängigkeit erklärt, gemeinsam eine Nation aufgebaut, gemeinsam den Krieg durchlitten, und sie mussten an diese Gemeinsamkeiten erinnert werden:

»Sobald die besseren Engel unserer Naturen sie wieder berühren, wie sie es sicher tun werden.«

Diese abschließenden Worte waren das eigentlich Wichtige. Unter der Oberfläche gab es nicht nur Streit und Zwietracht, sondern eine bessere und wahrhaftigere Wirklichkeit, die den Menschen erneut in Erinnerung gerufen werden musste.

Sowohl das Beispiel des britischen Monarchen als auch das einer gespaltenen Nation zeigen, wie die Betonung des Positiven dazu führen kann, dass eine schwierige Situation gelöst und Menschen zu positiver Veränderung bewegt werden können. Das bedeutet aber keineswegs – wie man vielleicht vermuten könnte –, ein Problem zwischen zwei Menschen gänzlich zu ignorieren. Im Gegenteil: Das Problem wird direkt, jedoch auf respektvolle Weise angesprochen. Und diese Strategie ist sehr viel erfolgreicher, wenn man andere zu einer Entschuldigung, zur Versöhnung oder zu einer Veränderung bewegen möchte.

In seinem Buch *You Can't Lead with Your Feet on the Desk* schreibt Ed Fuller, Vorstandsvorsitzender und Geschäftsführer von Marriott International: »Im Geschäftsleben kann es keine ernsthaften, langfristigen Beziehungen ohne gegenseitigen Respekt geben, weder mit den eigenen Mitarbeitern noch mit Kunden oder Partnern. Ich selbst habe aus erster Hand erfahren, dass auch schwerwiegende Konflikte gelöst werden können, wenn Sie Ihrem Gegenüber Wertschätzung zeigen.«

Fuller berichtet dann von einem Streit, der sich zwischen einem Anwalt von Marriott und einem Hotelbesitzer in Südamerika zugetragen hatte. Die Neuverhandlung eines Management-Vertrags eskalierte in einem wilden Geschrei, und die zwei erwachsenen Männer begannen in einem Hotel-Konferenzraum aufeinander loszugehen. Keiner der Anwesenden griff ein – bis der Revolver des Hotelbesitzers aus dem Halfter fiel und auf den Boden knallte. Die Kämpfenden wurden sofort getrennt. Ihr Ansehen war ruiniert, und der Streit blieb ungelöst.

Einige Monate vergingen, ohne dass die Situation sich entspannte, bis ein Anwalt des Unternehmens und zwei Vorstandsmitglieder vorschlugen, der Vorstandsvorsitzende von Marriott selbst solle dem Hotelbesitzer einen Besuch abstatten. Fuller beschreibt, was dann geschah:

>Ich flog in seine Heimatstadt und verbrachte zwei Tage mit ihm, besuchte seine Hotels, aß in seinem Club zu Abend und traf seine Freunde. Wir lernten einander außerhalb des normalen Geschäftsbetriebs kennen, und unser Respekt füreinander wuchs. Ich begann, ihn in einem anderen Licht zu sehen, und verstand, dass er sich seinen Mitarbeitern verpflichtet fühlte, seiner Familie und seiner Stadt. Die Differenzen, die zu diesem Konflikt geführt hatten, wurden nicht gelöst, aber ich sah ein, dass er meinen ganzen Respekt für seine Person und seine Erfolge verdiente. Eine Woche nachdem ich die Stadt wieder verlassen hatte, konnten wir uns mit ihm einigen.«[8]

Das Positive an anderen hervorzuheben ist nichts, was nur Menschen mit einem bedeutenden Titel oder den herausragenden Momenten der Geschichte vorbehalten ist. Es ist gerade heute im täglichen Umgang mit anderen Menschen von enormer Bedeutung, denn häufig vergessen wir, anderen unseren Respekt zu zeigen. Vom Rednerpult des Politikers über die digitalen Medien bis zum Konferenzraum des Vorstands gewinnt Freunde und motiviert Menschen zu positiver Veränderung, wer respektvoll und ohne gekünstelte Übertreibung das Positive an anderen hervorhebt.

Das Wunderbare an diesem Prinzip ist, dass man es heutzutage nicht nur in einem persönlichen Gespräch anwenden kann. »Zwar kann nichts persönliche Begegnungen mit Menschen ersetzen«, erklärte Blake Mycoskie, Gründer des Unternehmens TOMS Shoes, in einem Interview, »aber dennoch lassen sich die digitalen Medien hervorragend nutzen, um Beziehungen zu stärken.«[9] Zu jeder Tageszeit können wir unseren Freunden, Fans und Anhängern über zahlreiche Kanäle wie E-Mail, Twitter, SMS und Blogs positive Botschaften senden.

Das gleiche Prinzip, mit dem die Beziehung zwischen einem König und seinem Sprachtherapeuten gestärkt wurde, schafft eine starke Verbindung zwischen einem Unternehmen und seinen Kunden oder einem Vorgesetzten und seinen Mitarbeitern.

Wir alle haben einen einzigen Wunsch: Dass andere Menschen uns schätzen. Ob wir anderen dieses Gefühl tatsächlich geben können, entscheidet jeder unserer Gesprächspartner ganz allein für sich.

Dale Carnegie veröffentlichte in *Wie man Freunde gewinnt* eine Geschichte, welche Millionen Menschen auf der ganzen Welt bewegt hat. Die Geschichte war nicht von Dale Carnegie selbst, sondern von einem Mann namens W. Livingston Larned, der sie »Vater vergisst« genannt hatte.

Carnegie nahm sie in sein Buch auf, weil Menschen so leicht das Positive an anderen übersehen und Tage damit zubringen, an ihnen herumzumeckern oder sie zu kritisieren. Sie ist hier ebenfalls wiedergegeben. Betrachten Sie die Geschichte beim Lesen jedoch nicht aus der Perspektive des Vaters, sondern aus der des Sohnes, der mit seiner bedingungslosen Liebe seinen Vater für immer veränderte.

»Hör zu, mein Sohn, ich spreche zu dir, während du schläfst, die kleine Faust unter der Wange geballt, die blonden Löckchen verklebt auf der feuchten Stirn. Ich habe mich ganz allein in dein Zimmer geschlichen. Vor ein paar Minuten, während ich in der Bibliothek über meiner Zeitung saß, erfasste mich eine Woge von Gewissensbissen. Reumütig stehe ich nun an deinem Bett.

Ich musste daran denken, dass ich böse mit dir war, mein Sohn. Ich habe dich ausgescholten, während du dich anzogst, weil du mit dem Lappen nur eben über dein Gesicht gefahren bist. Ich stellte dich zur Rede, weil deine Schuhe schmutzig waren. Ich machte meinem Ärger hörbar Luft, weil du deine Sachen auf den Boden fallen ließest.

Auch beim Frühstück fand ich manches auszusetzen. Du verschüttetest den Inhalt deiner Tasse. Du schlangst das Essen hinunter. Du stütztest die Ellenbogen auf den Tisch. Du strichst die Butter zu dick aufs Brot. Als du zu deinen Spielsachen gingst und ich mich auf den Weg zur Arbeit machte, da hast du dich umgedreht, gewinkt und mir zugerufen: ›Auf Wiedersehen, Daddy!‹, doch ich runzelte die Stirn und gab zur Antwort: ›Halte dich gerade und mach keinen solchen Buckel!‹

Am späten Nachmittag ging es von neuem los. Als ich die Straße heraufkam, sah ich, wie du auf dem Boden lagst und mit Murmeln spieltest. Die Strümpfe waren an den Knien durchgewetzt. Ich beschämte dich vor deinen Freunden und befahl dir, vor mir her ins Haus zu gehen. Strümpfe sind teuer – wenn du sie selber kaufen müsstest, würdest du mehr Sorge dafür tragen! Das, mein Sohn, warf dir dein Vater vor!

Weißt du noch, später, als ich meine Zeitung las, da kamst du in die Bibliothek, schüchtern, in deinen Augen eine Spur von Traurigkeit. Als ich über den Rand der Zeitung blickte, ungeduldig, weil ich nicht gestört sein wollte, da bliebst du in der Tür stehen. ›Was willst du?‹, schnauzte ich dich an.

Du sagtest nichts, stürmtest nur mit einem Satz durchs Zimmer, warfst mir die Arme um den Hals und küsstest mich, und deine kleinen Arme drückten mich mit einer Zuneigung, die Gott selber in dein Herz gepflanzt hat und die trotz aller Vernachlässigung immer weiterblühte. Plötzlich warst du weg, ich hörte dich die Treppe hinauftrappeln.

Kurz nachdem du weggegangen warst, mein Sohn, glitt mir die Zeitung aus den Händen, und eine grauenhafte Angst erfasste mich. Was war aus mir geworden? Vorwürfe und Tadel ohne Ende – damit vergalt ich dir, dass du ein Kind warst. Nicht, dass ich dich nicht liebe – ich habe nur zu viel von dir erwartet und dich nach dem Maßstab meiner eigenen Jahre beurteilt, als ob du schon erwachsen wärst.

Dabei ist doch so manches an dir gut und schön und echt gewesen. Dein kleines Herz war groß wie der erwachende Tag hinter den Hügeln. Das zeigte sich in deinem plötzlichen Entschluss, auf mich zuzustürmen und mir einen Gutenachtkuss zu geben. Das ist das Wichtigste, mein Sohn, alles andere zählt nicht mehr. Ich bin in der Dunkelheit an dein Bett geschlichen und habe mich beschämt daneben hingekniet.

Das ist ein schwaches Bekenntnis; aber ich weiß, du würdest nicht verstehen, was ich meine, wenn ich dir alles bei Tageslicht erzählen würde. Doch von morgen an werde ich ein richtiger Daddy zu dir sein. Wir werden dicke Freunde werden, und ich werde mit dir traurig sein, wenn du traurig bist, und mit dir lachen, wenn du lachst.

Eher werde ich mir die Zunge abbeißen, als ein vorwurfsvolles Wort aus meinem Mund zu lassen. Und unablässig werde ich mir sagen: ›Er ist ja noch ein kleiner Junge, nichts als ein kleiner Junge!‹

Ich fürchte, ich habe dich als Mann gesehen. Doch wenn ich dich jetzt anschaue, wie du müde und zusammengekauert in deinem Bettchen liegst, dann sehe ich, dass du noch ein kleines Kind bist. Erst gestern noch trug dich deine Mutter auf dem Arm, und dein Köpfchen lag an ihrer Schulter. Ich habe zu viel von dir verlangt, viel zu viel.«

Es ist erstaunlich, wie viel Einfluss selbst Kinder schon haben können, wenn sie aus ganzem Herz und mit voller Überzeugung das Positive an anderen sehen. Große Fortschritte können nur erzielt und Probleme nur gelöst werden, wenn zumindest einer der Gesprächspartner bereit ist, das Positive zu sehen. Dann ist der Anfang gemacht, damit das Gespräch für beide Seiten positiv weitergehen kann.

3
Sprechen Sie die Wünsche anderer an

Zu Beginn des Jahres 2002 präsentierte das Magazin *Time* auf seiner Titelseite einen kleinen, merkwürdig aussehenden Computer. Er hatte einen schmalen, halbkugelförmigen Fuß und einen daran befestigten, mit einem Flachbildschirm verbundenen Arm aus Chrom, mit dessen Hilfe der Bildschirm mit einem Finger bewegt werden konnte. Der Computer nannte sich iMac G4, und sein Hersteller, Apple Computer, war darauf angewiesen, dass die Kunden ihn kauften, um im Geschäft zu bleiben.[1]

Apple hatte bisher eine kleine Nische des Computermarktes bedient: In der Regel kauften kreative Personen seine Produkte, die sich nicht mit den konventionellen Geräten zufriedengeben wollten. In dem Artikel verkündete Steve Jobs, der Geschäftsführer von Apple, eine vollkommen neue Vision.

Er sagte, er glaube daran, dass die Zukunft des PCs darin bestehe, als »digitaler Knotenpunkt« für Camcorder, Digitalkameras, MP3-Player, Palm-PDAs, Mobiltelefone und DVD-Player zu fungieren. Er riskierte die Zukunft seines Unternehmens mit dieser Vision eines Computers, auf dem sich das gesamte digitale Leben der Kunden abspielen sollte. Für den iMac wurde eine Handvoll kostenloser Software gleich mitgeliefert, die das digitale Zeitalter entscheidend geprägt hat: iTunes, iPhoto und iMovie.

Kritiker und Konkurrenten machten sich über Steve Jobs lustig. Einige langjährige Rivalen von Apple nannten den Computer »clownesk« und »albern« und bezeichneten die Vision als »übertrieben«.

Und die Öffentlichkeit? Sie empfing die Vision und den mit ihr verbundenen Lebensstil mit offenen Armen. Der Aktienpreis von Apple Computer, heute einfach nur Apple genannt, stieg um 4856 Prozent. Apples größter Konkurrent konnte seinen Aktienpreis gerade einmal um ungefähr 14 Prozent erhöhen.

Was sind die Gründe für diesen durchschlagenden Erfolg?

Wollen andere Computerfirmen, dass niemand ihre Produkte kauft? Natürlich nicht – sie alle wollen erfolgreich sein. Sie alle wollen, dass die Kunden ihre Produkte lieben. Sie alle wollen mehr Einfluss gewinnen, weil mehr Menschen ihre Produkte kaufen.

Der Unterschied liegt darin, dass Steve Jobs etwas umsetzte, was Dale Carnegie immer wieder betont hatte: Um andere zum Handeln zu motivieren, sollte man deren Wünsche und Bedürfnisse ansprechen.

Dieses Prinzip gilt, egal, ob man es mit Kindern, Kunden oder Kälbern zu tun hat. Einmal versuchte der berühmte Philosoph Ralph Waldo Emerson zusammen mit seinem Sohn, ein Kalb in den Stall zu treiben. Das Kalb aber sträubte sich. Sie versuchten, das Kalb zu schieben, aber es bewegte sich keinen Millimeter. Sie zogen das Kalb, aber es stemmte sich mit aller Kraft dagegen.

Inzwischen hatte jedoch das Dienstmädchen die missliche Lage der beiden Männer erkannt, und obwohl es keine brillanten Essays oder Bücher schreiben konnte, hatte es eine Idee, von der es glaubte, sie könne das Problem lösen. Sie ging zu dem Kalb hinüber und steckte ihm den Finger in den Mund. Während das Kalb gierig an dem Finger saugte, führte sie es vorsichtig in den Stall.

Warum waren die beiden brillanten Gelehrten nicht auf diese Idee gekommen?

Das Dienstmädchen wusste, dass ein grundlegendes Bedürfnis des Kalbes der Wunsch nach Nahrung war. Sobald sie dem Kalb suggerierte, dass dieses Bedürfnis gestillt werden konnte, folgte es ihr bereitwillig.

Emerson und sein Sohn dachten nur an das, was sie wollen – nämlich, dass das Kalb sich in den Stall führen ließ, damit sie ihre Mittagspause genießen konnten. Das Kalb aber, das fröhlich auf der Wiese graste, hatte kein Interesse daran, sich in einen dunklen, engen Stall führen zu lassen, in dem seine Möglichkeiten, Futter zu finden, stark eingeschränkt waren. Bis das Hausmädchen ihm seinen Finger anbot und das Kalb glaubte, es würde warme Milch bekommen.

Die Geschichte veranschaulicht zwei Schlüsselgedanken, die wir häufig vergessen, wenn wir andere zu einer Handlung motivieren wollen.

1. Um Einfluss auf andere zu bekommen, ist Intuition wichtiger als Intellekt. Der entscheidende Unterschied zwischen dem Genie Emerson und seinem einfachen Hausmädchen hat nichts mit intellektuellen Fähigkeiten zu tun. Zwar war Emerson gebildeter als sie, der Unterschied zwischen den beiden ist jedoch ausschließlich auf Intuition zurückzuführen. Das Hausmädchen hatte die Intuition, die Emerson in diesem Moment fehlte.

Für gewöhnlich wird denjenigen Menschen Macht und Einfluss zugeschrieben, die eine hohe Position bekleiden, für welche eine gewisse Bildung und intellektuelle Fähigkeiten notwendig sind – dem Geschäftsführer, dem Abteilungsleiter oder dem Arzt. Wir nehmen an, dass solche Menschen im Handumdrehen Mehrheiten gewinnen können. Guy Kawasaki, ehemaliger Chefpromoter von Apple, sagte dazu: »Wenn eine solche Person keine starken Beziehungen zu anderen Menschen aufbauen kann, wird sie auch nicht viel Einfluss bei ihnen haben.«[2]

Die Wahrheit ist, dass solche Menschen lediglich durchschnittliche Fähigkeiten besitzen, andere zu beeinflussen. Echten Einfluss gewinnen sie nur, wenn sie die gleichen Mittel anwenden, die auch allen anderen Menschen zur Verfügung stehen. Einfluss orientiert sich nicht daran, wie viel Bildung oder Erfahrung jemand mitbringt. Nur wer seinen Status – sei er hoch oder niedrig – außer Acht lassen und sich in die Lage des anderen versetzen kann, wird Einfluss gewinnen. Dazu muss man integer handeln und in der Lage sein, den anderen nicht oberflächlich zu betrachten. »Das Wesentliche«, schrieb Antoine de Saint-Exupéry, »ist für die Augen unsichtbar.« Dieser Satz ist wichtig, wenn Sie andere Menschen von etwas überzeugen wollen. Einfluss auf andere zu haben bedeutet nicht, sie auszutricksen. Sondern es geht darum, zu erkennen, was sie wirklich wollen, und diese Bedürfnisse zu erfüllen – zum Vorteil beider Seiten.

»Er weiß so wenig und erreicht so viel«, sagte Robert McFarlane, der dritte von Präsident Reagans insgesamt sechs Beratern zur nationalen Sicherheit, einmal bewundernd über seinen Chef. »Er verließ Washington weitaus berühmter als zum Zeitpunkt seines Amtsantritts«, schrieb Richard Norton Smith. Damit gelang ihm etwas, das seit Dwight D. Eisenhower niemand erreicht hatte.[3] Was war der Grund? Präsident Obama sagte dazu: »Reagan erkannte den Hunger des amerikanischen Volkes nach Verbindlichkeit und Veränderung. (…) Er sprach das aus, was das Volk fühlte.«[4]

2. Um einflussreich zu werden, ist behutsames Vorgehen gefragt. Emerson und sein Sohn schafften es auch mit vereinten Kräften nicht, das störrische Kalb in den Stall zu treiben. Es ist unmöglich, andere Menschen mit Gewalt auf

seine Seite zu bringen. Schließlich gelang es dem Hausmädchen, indem es einfach nur seinen Zeigefinger ausstreckte, und das vorher störrische Kalb folgte ihm bereitwillig und leichten Fußes.

Wir sollten niemals vergessen, dass wir gar nicht so viel Kraft einsetzen müssen, um andere zum Handeln zu motivieren. Um sich stets daran zu erinnern, hatte der ehemalige Präsident Dwight D. Eisenhower in seinem Büro im Weißen Haus einen Briefbeschwerer auf seinem Schreibtisch liegen, der die lateinische Inschrift trug: »Milde in der Art, stark in der Tat.«[5]

»Unsere Handlungen sind motiviert von unseren Bedürfnissen«, schrieb Harry Overstreet, Autor des Buches *Influencing Human Behavior*. »Der bei weitem beste Rat, den man Menschen geben kann, die andere überzeugen möchten, ob im Geschäfts- oder Privatleben, in der Schule, in der Politik, ist folgender: Wecken Sie in anderen lebhafte Wünsche. Wem das gelingt, der kann jeden Menschen auf der ganzen Welt überzeugen. Wem das nicht gelingt, der steht alleine.«[6]

Das Prinzip, grundlegende Bedürfnisse anderer Menschen anzusprechen, funktioniert in sämtlichen Branchen und in jedem Land der Erde. Es ist für eine Führungskraft eines Energieunternehmens in den Niederlanden genauso wichtig wie für einen Filmproduzenten in Hollywood. Wer andere überzeugen will, darf jedoch nicht von oben herab diktieren, sondern muss herausfinden, was sich die andere Person wirklich wünscht. Das Vorhaben ist jedoch zum Scheitern verurteilt, wenn ein Gesprächspartner dem anderen lediglich sagt, was er selbst will – ob bei einer Unternehmenskooperation oder einer Zusammenarbeit zwischen Kollegen. Das sieht man wahrscheinlich am besten im Verkauf, mit dem jeder von uns täglich zu tun hat.

In seinem Buch *Killing the Sale* beschreibt Bestseller-Autor

Todd Duncan die zehn schlimmsten Fehler im Verkauf. Einen dieser Fehler nennt er »Argumentieren«. Wenn wir nicht die grundlegenden Bedürfnisse anderer Menschen ansprechen, begehen wir genau diesen Fehler – ob im Verkauf oder anderswo:

> »Der Fehler des Argumentierens: Es bedeutet, dass Sie einen Monolog abliefern und anschließend erwarten, dass die Jury Ihrer potentiellen Kunden überzeugt ist. Aber … um eine vertrauensvolle Grundlage zu schaffen, müssen Sie mehr tun, als nur einen blumigen Monolog abliefern. Dafür ist echter Dialog notwendig, ein echtes Gespräch mit anderen Menschen. Andernfalls können Sie nicht herausfinden, ob ein Produkt oder eine Dienstleistung die Bedürfnisse [der anderen Person] erfüllt.«[7]

Anschließend zitiert er Dr. Theodore Zeldin, Autor des Buches *Conversation: How Talk Can Change Our Lives* (dt. *Der Rede Wert. Wie ein gutes Gespräch Ihr Leben bereichert*), der diesen Punkt kurz und knapp zusammenfasst: »Ein echtes Gespräch entzündet.«[8]

Es ist verblüffend, dass trotz der Millionen von Dollar, die jährlich für Marketingkampagnen ausgegeben werden, häufig so viel Gewicht auf denen liegt, die das Produkt verkaufen wollen, statt auf den Bedürfnissen der Konsumenten. Wir machen uns ein Bild davon, wer wir sein wollen oder wie andere unser Angebot wahrnehmen sollen, und wir verwenden viel mehr Zeit darauf, diesem Bild gerecht zu werden, als darauf, herauszufinden, ob es die Zielpersonen wirklich anspricht. Die meisten Menschen und Unternehmen investieren mehr Ressourcen in Werbekampagnen als in den Aufbau echter Beziehungen zu ihren Kunden. Dabei sollte es eigentlich genau umgekehrt sein.

Im Folgenden finden Sie eine Tabelle, in der Duncan zwei

unterschiedliche Formen der zwischenmenschlichen Kommunikation einander gegenüberstellt und verdeutlicht, was sie über den Sprecher aussagen:[9]

Dialog	Monolog
Aufmerksam	*Eingebildet*
Authentisch	*Falsch*
Transparent	*Manipulativ*
Nutzen für beide Seiten	*Eine Seite stellt Forderungen an die andere*
An den Bedürfnissen anderer interessiert	*An Geld interessiert*
Baut Vertrauen auf	*Führt zu Spannungen*

Natürlich reicht es nicht aus, die grundlegenden Bedürfnisse anderer anzusprechen, damit die Welt Ihnen zu Füßen liegt. Ohne dies zu tun, haben wir jedoch keine Chance, andere überhaupt zu erreichen. Sie werden ihre Ohren verschließen, ihren Blick von uns abwenden und ihre Aufmerksamkeit auf etwas richten, das sie mehr fesselt. Und in einer Welt, wie sie Steve Jobs im Jahr 2002 vorausgesehen hat, sind ihre Möglichkeiten dafür nahezu unbegrenzt.

Zum Glück sind die meisten E-Mails, Twitter-Nachrichten, Blogeinträge und Werbekampagnen eines Unternehmens Monologe, in denen Meinungen zum Besten gegeben, Marken voneinander abgegrenzt, Produkte neu eingeführt und Rollen konstruiert werden. Zum Glück? Jawohl! Denn genau aus diesem Grund hat einen großen Wettbewerbsvorteil, wer mit anderen einen echten Dialog führt und ihre Bedürfnisse herausfinden möchte.

Wie finden Sie heraus, wie gut Sie das bereits können?

Denken Sie ehrlich mit sich selbst darüber nach, wie viel Einfluss Sie tatsächlich bei anderen Menschen haben. Haben Ihre Mitarbeiter Ihre Ziele wirklich verinnerlicht, oder zögern sie noch? Sie sind sicher, dass Ihre Ehe hervorragend läuft, und ist Ihr Partner der gleichen Meinung? Ihre Kunden sind von Ihren neuen Produkten begeistert, aber zeigt sich das auch in Ihren Umsatzzahlen?

In seinem Buch *The Seven Arts of Change* erklärt Autor David Shaner den Unterschied zwischen Menschen, die wirklich die grundlegenden Bedürfnisse anderer ansprechen, und denen, die lediglich so tun, als hätten sie Einfluss. Er schreibt:

> »In nahezu jeder Studie zu Change-Prozessen in Unternehmen in den letzten zwei Jahrzehnten hat sich gezeigt, dass es den Unternehmen in siebzig Prozent der Fälle nicht gelingt, die beabsichtigten Veränderungen umzusetzen. (...) Bevor Change-Prozesse in Unternehmen Erfolg haben können, müssen die Veränderungen zunächst in den Mitarbeitern verankert sein. (...) Eine dauerhafte Veränderung kann nur auf diese Weise beginnen, denn letztlich sind unsere Gedanken verantwortlich für unser Verhalten.«[10]

Echte Veränderung entsteht nur aus der einzelnen Person heraus und muss tief in dieser verwurzelt sein. Shaners Erklärung trifft den Nagel auf den Kopf, und er spricht aus eigener Erfahrung. Sein Unternehmen CONNECT Consulting unterstützt seit 30 Jahren internationale Konzerne wie Duracell, Ryobi, MARC USA und SVP Worldwide bei der Durchführung erfolgreicher Change-Projekte. Seine Worte erinnern uns daran, dass keine Kampagne eines Unternehmens und auch kein Gespräch zwischen zwei Personen von Erfolg gekrönt sind, wenn keine Verbindung zu den grundlegenden Bedürfnissen der beteiligten Personen besteht. Das ist ein elementares Prinzip, wenn man andere beeinflussen möchte, ob es sich dabei um ein fünfjähriges Kind oder um 5000 Mitarbeiter eines Unternehmens handelt.

Ein ehemaliger US-Bildungsminister berichtet, dass er dieses wichtige Prinzip erst nach einem Jahr in seinem Job gelernt hatte.

Er fand, dass er ziemlich erfolgreich war. Er hatte zahlreiche Reden gehalten, und die Menschen hatten applaudiert und gelacht. Er hatte an vielen Empfängen und zahlreichen Versammlungen teilgenommen, und alles hatte wunderbar funktioniert. Aber mit welchem Ergebnis?

In seinem Weihnachtsurlaub fand er Zeit, nachzudenken. Er musste sich eingestehen, dass er zwar in der Öffentlichkeit präsent war und viele Versprechen gemacht, sich aber in seiner Abteilung nicht viel geändert hatte. 5000 Mitarbeiter kamen pünktlich zur Arbeit. Sie erledigten die Aufgaben, die ihnen zugeteilt waren, und gingen wieder nach Hause. Rein formal wurde die Arbeit zwar gemacht, aber wenige waren wirklich mit dem Herzen dabei, und nach außen konnten keine grundlegenden Verbesserungen erzielt werden.

Er wollte verstehen, warum das so war. In den ersten zwei Monaten des folgenden Jahres verbrachte er viel Zeit mit den Menschen, die im Bildungsministerium arbeiteten – mit den Beamten, die ihren Job machten, egal, welche Partei gerade im Weißen Haus an der Macht war. Er kam zu der ernüchternden Erkenntnis, dass er zwar auf der Kommandobrücke stand und das Steuerrad bewegte, das Steuerrad aber keine Verbindung zum Rest des Schiffes hatte. Und weil er nicht befugt war, Beamte zu entlassen und neue einzustellen, war die einzige Möglichkeit, positive Veränderungen im Ministerium zu erzielen, seine Mitarbeiter wirklich zu überzeugen. Das Problem war jedoch, dass sie schon viele Politiker kommen und gehen gesehen hatten. Sie waren müde und zynisch geworden. Sie erwarteten nicht, dass eine Führungskraft sie wirklich inspirieren konnte.

Seine Frau schlug ihm vor, die Mitarbeiter für sich zu gewinnen, indem er ihnen seine Begeisterung für das Thema Bildung zeigte – und zwar nicht mit altem Wein in neuen

Schläuchen, sondern mit neuen Handlungen. »Geh in die Schulen, verbring Zeit mit den Kindern. Schau dir die Basis an. Sie werden es bemerken und beeindruckt sein.«

»Ich habe nichts mit der Basis zu tun«, erwiderte er ärgerlich, »schließlich bin ich der Bildungsminister. Ich bin für das große Ganze zuständig.«

Seine Frau lächelte. »Liebling«, sagte sie, »wenn du die Basis nicht verstehst, wirst du niemals das große Ganze leiten können.«

Sie hatte recht, und der Bildungsminister wusste es.

Ein Jahr lang reiste er im Land herum, krempelte die Ärmel hoch, las Kindern Geschichten vor, hörte Lehrern zu und erinnerte sich daran, wie sehr ihm die Arbeit an der Basis gefiel. Es war ein persönlicher Sieg. Aber noch bedeutsamer war die Wirkung, die sein Handeln auf seine Mitarbeiter hatte. Ihre Begeisterung wurde von neuem geweckt – Begeisterung für ihre täglichen Aufgaben, für die Verbesserung des Bildungssystems, für mehr Chancen für die Kinder. Die Arbeit des Ministers inspirierte sie, weil er mit seinen Taten erreicht hatte, was all seine Reden und Versammlungen nicht erreichen konnten. Sie hatten ein grundlegendes Bedürfnis der Mitarbeiter des Bildungsministeriums angesprochen: einen Sinn in ihrer Arbeit zu sehen. Sie wollten wieder an etwas glauben. Sie mussten nur daran erinnert werden, warum ihre Arbeit wirklich sinnvoll war. Der Bildungsminister tat genau das und riss so das Ruder herum.[11]

In unserer schnellen Welt ist die digitale Kommunikation häufig einseitig, und wir glauben, dass unsere Möglichkeiten begrenzt sind, die Sichtweise der anderen zu verstehen. Zwar kommunizieren wir jeden Tag mit vielen Menschen, aber unser Denken wird immer engstirniger. Wir tendieren dazu, uns nur noch zu überlegen, wie wir am besten unsere Standpunkte und unsere eigene Sicht der Dinge darlegen können. Lässt sich das nicht tagtäglich überall beobachten?

Nur allzu leicht verlieren wir unser eigentliches Ziel aus den Augen: echte Beziehungen und wirkliche Verständigung. Wir glauben, dass wir den Kampf gewinnen können, wenn wir unsere Sichtweise möglichst häufig und ab und an auch originell darlegen – was im richtigen Kontext durchaus nützliche Strategien sind. Als einzige Strategie, um andere zu beeinflussen, reicht es aber ganz einfach nicht aus.

Dennoch hat das ständige Trommelfeuer der einseitigen Kommunikation im Geschäftsleben und bei den Prominenten auch sein Gutes: Heutzutage können wir uns mit wenigen Klicks viel besser über die Meinungen und Ziele anderer informieren.

Wie bereits erwähnt, ist es gefährlich, Kritik und Beschwerden auf digitalem Wege zu übermitteln. Die meisten von uns wägen sorgfältig ab, was sie über das Internet von sich preisgeben. Wir veröffentlichen, was uns wichtig ist, worüber wir häufig nachdenken, was wir lieben und mögen und hoffen. Diese winzigen Informationshäppchen addieren sich zu einem ganzen Katalog an Informationen zusammen, der viele neue Erkenntnisse zu unseren grundlegendsten Bedürfnissen beinhaltet. Wenn es darum geht, andere Menschen zu beeinflussen, ist dieses Wissen von unschätzbarem Wert. Denn wie das Kalb, das sich zum Futter hingezogen fühlte, bewegen wir uns nur auf die Dinge zu, die uns bewegen.

Zweiter Teil

Sechs Möglichkeiten, einen bleibenden Eindruck zu hinterlassen

1
Zeigen Sie Interesse
für die Belange anderer

Wen fragt man am besten, wenn es darum geht, möglichst schnell Freunde zu gewinnen? Die Person mit den meisten »Freunden« auf Twitter, den Blogger mit den meisten Postings, den cleversten Verkäufer oder den mächtigsten Politiker?

Zwar kann jede dieser Personen sich einer großen Gefolgschaft rühmen, und wahrscheinlich könnte jede von ihnen uns gute Tipps geben, dennoch sind solche Menschen möglicherweise nicht unsere besten Vorbilder. Es könnte sogar sein, dass unsere besten Vorbilder überhaupt keine Menschen sind, sondern Hunde.

Ob wir zwei Minuten vor der Tür oder zwei Wochen auf Reisen waren: Hunde heißen uns willkommen, als wären wir Helden. Sie erniedrigen uns nicht, sie machen sich nicht über uns lustig, und sie enttäuschen uns nicht. Sie sind da, um unsere Freunde zu sein, um fröhlich um uns herumzuspringen, weil wir das Zentrum ihrer Existenz sind. Sie freuen sich, wenn sie in unserer Nähe sein dürfen.

Man nennt den Hund den besten Freund des Menschen. Geschichten über Hunde, die treu zu ihren Herrchen standen, sind überall bekannt und beliebt. Der berühmte Dichter Lord Byron schrieb über seinen Hund Boatswain: »Er hatte alle Tugenden des Menschen und keines seiner Laster.«[1] Auch heute gibt es noch jede Menge Geschichten über Hunde. Jon Katzs *A Dog Year* und John Grogans *Marley & Ich* waren Liebesgeschichten von Menschen, die den Tod ihres Hundes betrauerten.

Hunde wissen instinktiv, dass man innerhalb weniger Minuten mehr Freunde gewinnen kann, wenn man sich aufrichtig für andere interessiert, als wenn man viele Monate lang versucht, deren Interesse zu wecken. Es ist ein grundlegendes Prinzip, ohne das kein Mensch eine echte Beziehung zu anderen aufbauen kann. Die Ironie der menschlichen Beziehungen – insbesondere wenn man das Ganze durch die Augen eines Hundes betrachten würde – liegt darin, dass unsere Sehnsucht danach, in den Augen anderer bedeutsam zu sein, eigentlich sehr einfach zu erfüllen ist. Aber wir machen die Sache viel komplizierter, als sie ist. Unser größtes Problem ist unsere Selbstsucht, die jegliche Freundschaft im Keim erstickt.

Dass wir hauptsächlich an uns selbst interessiert sind, ist ein Phänomen, das es nicht erst seit Twitter oder Facebook gibt. Es existierte bereits vor Friendster und MySpace und auch vor Mobiltelefonen, E-Mail und Internet. In den 1930er Jahren, als Dale Carnegie am Manuskript seines Buches schrieb, führte die New York Telephone Company eine detaillierte Studie durch, um herauszufinden, welches Wort in Telefongesprächen am meisten verwendet wurde. Das Personalpronomen »Ich« wurde in 500 Telefongesprächen 3900-mal verwendet.

Unsere Selbstsucht oder – netter formuliert – unser Selbstinteresse wird ausführlich in bekannten Fabeln beschrieben: Ikarus flog zu nah an die Sonne, die das Wachs an seinen Flügeln zum Schmelzen brachte, woraufhin er in den Ozean stürzte, weil er nur an sich selbst dachte und die Bitten seines Vaters in den Wind schlug. Peter Rabbit zog den Zorn Mr. Gregors auf sich, weil er die Anweisung seiner Mutter, den Garten nicht zu betreten, ignorierte. Warum hielten sich Adam und Eva nicht an Gottes Verbot im Garten Eden? Sie dachten nur an sich selbst.

Dieses Interesse an uns selbst kann niemand verändern. Es ist so real wie die Schwerkraft. Wir werden mit der Tendenz zu Flucht oder Angriff geboren. Das heißt, unsere Worte und Handlungen dienen dazu, uns selbst zu schützen.

Der österreichische Psychotherapeut Alfred Adler vertrat die Auffassung, dass die Menschen die größten Probleme haben, die sich nicht für andere interessieren. Sie schrecken auch nicht davor zurück, andere tief zu verletzen, und sind seiner Meinung nach für die Schwierigkeiten anderer verantwortlich.

Das ist eine ziemlich gewagte Aussage. Aber die Fakten bestätigen sie. Die größten Niederlagen der Menschen rühren daher, dass sie nur an sich selbst interessiert waren.

Dazu gibt es unzählige Beispiele. Der Rechtsberater eines Unternehmens, der ruiniert war, weil er Bestechungsgelder angenommen hatte, dachte niemals über die Anleger nach, die mit der Aktie ihre Rente finanzieren wollten. Der Profi-Sportler, der zu Dopingmitteln griff, dachte niemals darüber nach, welchen Einfluss seine Handlungen auf seine Teamkollegen, die Zukunft des Teams oder den Sport, den er angeblich so sehr liebte, haben würden. Der Ehemann und Familienvater, der seine Frau betrog, war mehr daran interessiert, ein Doppelleben zu führen, als seine Familie zu schützen.

Ein selbstsüchtiges Leben hat aber nicht nur negative Auswirkungen auf andere Menschen, sondern auch auf einen selbst. Denken Sie an das, was Alfred Adler gesagt hat. Er erklärt damit ganz einfach, dass ein egozentrisches Leben das problematischste Leben ist, das ein Mensch führen kann. Ein Leben, bei dem immer wieder Probleme im Umgang mit anderen auftreten. Keine echten Freunde. Oberflächlicher, kurzlebiger Einfluss.

Nach wie vor gilt die alte Maxime: »Wer sich selbst erhöht, der wird erniedrigt, und wer sich selbst erniedrigt, der wird erhöht.«[2] Unser Erfolg im Umgang mit anderen Menschen hat letztlich mit dem Motiv zu tun: Warum kommunizieren Sie überhaupt mit anderen Menschen? Und was wollen Sie ihnen mitteilen? Heutzutage sind die Menschen besser informiert und haben damit eine bessere Intuition als früher. Die meisten erkennen sofort, wenn jemand nur auf seinen persönlichen Vorteil aus ist. Die Tricks der Werbung werden kilometerweit gegen den Wind gerochen. Wir fliehen vor hinterhältigen Strategien. Stattdessen wenden wir uns den Dingen zu, die sich echt und dauerhaft anfühlen. Wir wenden uns denen zu, deren Botschaft einen Nutzen für beide Seiten verspricht.[3]

Andrew Sullivan, einer der bekanntesten politischen Blogger der Welt, denkt seit über einem Jahrzehnt über diese Themen nach. Einst war er der jüngste Chefredakteur der renommierten Zeitung *New Republic*. In den frühen 1990er Jahren erhielt er die Diagnose HIV-positiv, die damals noch einem Todesurteil gleichkam. Nachdem er seinen Job gekündigt hatte, wurde er schnell als politischer Internet-Blogger berühmt. Im Jahr 2003 hatte seine Seite pro Monat mehr als 300 000 Leser.

Sullivan hob sich von den anderen Bloggern dadurch ab, dass er mit seiner Leserschaft kommunizierte. In seinem Blog »The Daily Dish« *(Mein täglicher Tratsch, Anm. d. Übers.)* sollte es nicht nur um Politik gehen. Er wünschte sich treue Leser, und er wollte aufrichtig mehr über sie erfahren.

Er hatte die Idee zu der Rubrik »View from Your Window« *(Blick aus deinem Fenster, Anm. d. Übers.)*, in der er die Leser bat, Schnappschüsse aus ihrem Fenster zu veröffentlichen. Wie bei den meisten neuen Ideen im Internet hatte er keine Ahnung, ob sie erfolgreich sein würde. »Ich wollte sehen, wie sie leben«, erklärte er, »zwar zeigte ich all diesen Menschen meine Welt, aber einseitige Kontakte sind auf Dauer ziemlich langweilig.«[4] Das war eine kleine Geste, und sie verbesserte sehr schnell seine Beziehung zu den Lesern. Nach Einführung der neuen Rubrik wurde Sullivans Arbeit das Herzstück der Online-Strategie von *Atlantic Monthly*, und der Traffic auf der Seite erhöhte sich um 30 Prozent. Es überrascht nicht, dass seine Anhänger ihm folgten, als sein Blog bei *Newsweek* und *The Daily Beast* erschien. Menschen fühlen sich zu anderen Menschen hingezogen, die wissen wollen, wofür sie sich interessieren.

Die Ironie dieser Empfehlung – zeigen Sie aufrichtiges Interesse an anderen – besteht darin, dass sie so erfolgreich ist, weil andere vor allem an sich selbst denken: Sie funktioniert, weil andere sich nur für sich selbst interessieren. Dazu gibt es zwei Dinge zu sagen.

Erstens: Gesundes Eigeninteresse ist Teil der menschlichen Natur. Diese Erkenntnis leugnet nicht, dass alle Menschen auch an sich selbst interessiert sind, sie zeigt lediglich, dass die meisten Menschen häufig die andere Seite der Medaille vergessen – nämlich alle anderen Menschen. Die meisten beschränken sich darauf, sich nur für sich selbst zu interessieren, und lassen dabei alles andere außer Acht. Wer sich also bewusst dafür entscheidet, sich für andere zu interessieren, kann sich wahrhaft von der Masse abheben. Denn wir alle erinnern uns an Menschen, die sich nicht nur für sich selbst interessieren, wir wollen ihre Freunde werden und vertrauen ihnen. Einfluss ist letztlich das Ergebnis von Vertrauen – je höher das Vertrauen, desto größer der Einfluss.

Zweitens: Ziel dieser Empfehlung ist nicht völlige Selbstverleugnung. Schließlich lautet sie nicht: »Ersetzen Sie Ihre Interessen durch die Interessen der anderen«, sondern: »Interessieren Sie sich für die Interessen anderer«, und genau darin liegt das Geheimnis. Wenn Sie die Interessen anderer berücksichtigen – und zwar nicht nur, um den Markt zu verstehen oder Ihr Publikum in Sicherheit zu wiegen –, werden Sie feststellen, dass Ihre Interessen automatisch erfüllt werden, wenn Sie anderen helfen.

Ein Beispiel dafür ist die Bestseller-Autorin Anne Rice, deren Bücher sich über 110 Millionen Mal verkauft haben. Ihre Karriere begann mit ihren berühmten Vampirbüchern, unter anderem *Interview with a Vampire* (dt. *Interview mit einem Vampir*), das sogar verfilmt wurde. Zwar ist sie auch eine überaus talentierte Schriftstellerin, aber ihr Erfolg ist hauptsächlich auf das aufrichtige Interesse an ihren Lesern zurückzuführen. Sie beantwortet jede Zuschrift. Zeitweise beschäftigte sie drei Personen, die sich ausschließlich um die Beantwortung ihrer Fanpost kümmerten.

Ihr Interesse an anderen war nicht geheuchelt und diente nicht ausschließlich dem Zweck, Bücher zu verkaufen. »Ich dachte mir«, erklärt sie, »dass die Menschen freundlich und großzügig genug waren, sich für mich zu interessieren. Warum hätte ich ihnen also nicht antworten sollen? Ich wollte, dass die Menschen wissen, dass ich sie und ihre Briefe schätze.«[5]

Rice ist mittlerweile auf Facebook und Twitter aktiv, wo sie einen noch direkteren Kontakt mit ihren Fans pflegen kann. »Es ist einfach großartig«, sagt sie, »wir unterhalten uns über so viele Dinge.«[6]

Sie nennt ihre Online-Community »People of the Page« und schrieb kürzlich: »Ich denke, wir müssen uns in Erinnerung rufen, dass Facebook und Internet das ist, was wir daraus machen. Diese Seite hat etwas Einmaliges und möglicherweise Einzigartiges geschaffen. Es handelt sich um eine echte Community, die unendlich viel stärker ist als die Summe ihrer Teile, und ich danke euch allen dafür, dass ihr daraus gemacht habt, was sie heute ist, und dass ihr an so vielen lebendigen und inspirierenden Diskussionen teilgenommen habt.«[7]

In seinem berühmten Aufsatz »Bass Ackward Business«, der mittlerweile Kultstatus erreicht hat, gibt der Unternehmer Steve Beecham zu:

> »Ich habe mich nie für einen guten Geschäftsmann gehalten. (…) Das Land erlebte den größten Refinanzierungsboom aller Zeiten und (…) ich sprang mit beiden Füßen hinein. Leider trocknete die Refinanzierungsquelle aus, bevor meine Füße nass geworden waren. Sechs Monate lang konnte ich keinen Deal abschließen, und als es schließlich dazu kam, handelte es sich um das Haus meines Bruders. (…) Statt voll durchzustarten, musste ich erst einmal einen Weg finden, damit das Geschäft überhaupt funktionierte. Hier wendete sich mein Schicksal.«[8]

Beecham hatte vor seinem Versuch in der Hypothekenbranche bereits bei zwei Geschäftsideen versagt, einem Einzelhandelsgeschäft und einem Recyclingunternehmen. Er hatte jeden Grund, aufzugeben, sich anderweitig zu qualifizieren oder jemand anderem die Führung zu überlassen. Aber er hielt lange genug durch, um zu erkennen, dass sein Ansatz von Anfang an falsch gewesen war. Er wollte Geschäfte machen, aber er hätte besser Beziehungen aufbauen sollen.

Er beschreibt anschließend eine unerwartete Begegnung mit einem selbstlosen Star auf einem Parkplatz, die ihn lehrte, wie wichtig es ist, sich für die Interessen anderer zu interessieren:

> »Bevor ich überhaupt zu Wort kam, begann er, mir Fragen zu stellen. (…) Wo sind Sie aufgewachsen? Was ist Ihr Beruf? Welche Highschool haben Sie besucht? Wie heißen Ihre Kinder? Ich fühlte mich nach dem Gespräch unglaublich wichtig. (…) Auf subtile und bescheidene Weise hatte er sich selbst vor meinen Augen erhöht.«

Diese Begegnung war für Beecham eine Lehre von unschätzbarem Wert. Von diesem Tag an nahm er sich vor, jeder Person, die er kennenlernte, und jedem Bekannten, den er noch nicht so gut kannte, viele Fragen zu stellen. »Vor allem«, erklärt er, »hatte ich beschlossen, ein Problemlöser zu werden ... ohne Wenn und Aber. An diesem Punkt wurde mein Geschäft nicht nur besser, sondern sogar extrem erfolgreich.«

Innerhalb weniger Monate machte Beecham eine steile Karriere und wurde schnell so erfolgreich, dass er bald ganz groß im Geschäft war und sein Unternehmen seit damals eines der erfolgreichsten der Branche ist. Noch bedeutsamer ist vielleicht, dass sein Geschäft ein Jahrzehnt lang zu hundert Prozent auf Empfehlungen beruhte. Er schätzt, dass jeden Tag etwa ein Viertel der Anrufe, die in seinem Büro eingehen, nichts damit zu tun haben, eine Hypothek zu bekommen – und darauf ist er sehr stolz. Stattdessen melden sich die Menschen mit Fragen wie: »Wo kann ich mein Auto reparieren lassen?«, oder: »Wohin kann ich meine Schwiegereltern zum Abendessen ausführen?«, und: »Wen kann ich anrufen, wenn ich eine Lebensversicherung brauche?«

Er erklärt, dass diese Menschen ihn anrufen, weil er in einem großen lokalen Netzwerk als verlässliche Informationsquelle bekannt ist. »Das wurde ich nicht, weil ich kostenlose Seminare über Hypotheken gegeben oder ein großes Plakat aufgestellt habe, das mein vertrauenerweckendes, selbstsicheres Gesicht zeigt«, witzelt Beecham, »sondern ich wurde es, weil ich Menschen geholfen habe, ohne sie zu einem Geschäft zu drängen. Deshalb schreibt Thoreau: ›Freundlichkeit ist die einzige Investition, die niemals falsch ist.‹«[9]

Die gleiche Vorgehensweise können wir alle bei jedem Kontakt mit anderen anwenden. Es ist ganz einfach, sich zu motivieren, andere kennenzulernen, ihnen zu helfen, ein Problem zu lösen oder ein Ziel zu erreichen. Das ist das einfachste Geheimnis in Bezug auf das, was Beecham »Bass Ackward Business« nannte.

»Ich kratze dich am Rücken, wenn du mich kratzt« – das hat nichts mit gegenseitiger Hilfe zu tun, sondern ist ein Tauschhandel, ein komplett anderer Weg, der nichts Magisches mehr hat. Wie Magie erscheint einem dagegen, wenn man gute zwischenmenschliche Beziehungen aufbauen kann. Damit ziehen wir andere Menschen an. Sie vertrauen uns und haben das Gefühl, dazuzugehören und wichtig zu sein.

Heute gibt es keine Entschuldigung, sich nicht für die Interessen anderer zu interessieren. Auch wenn Sie kein aktives Mitglied eines Clubs, einer Gruppe oder einer lokalen Organisation sind, wo Sie persönliche Kontakte knüpfen können, steht Ihnen immer noch eine Vielzahl von Möglichkeiten zur Verfügung, die Interessen und Sorgen anderer Menschen kennenzulernen. Wie viel Positives könnte geschehen, wenn Sie jeden Tag fünf Minuten damit verbringen, die Facebook-Seite von drei Freunden zu lesen, sich über den beruflichen Werdegang von drei Kunden zu informieren oder den privaten Blog von drei Mitarbeitern zu studieren, die Sie noch nicht besonders gut kennen? Mit Sicherheit würden Sie etwas Neues über diese Menschen erfahren. Sehr wahrscheinlich könnten Sie ihre Leistung anschließend mehr schätzen. Vielleicht haben Sie ähnliche Interessen. Es wird Ihnen in Zukunft leichter fallen, mit diesen Menschen ins Gespräch zu kommen und mit ihnen zusammenzuarbeiten. Vielleicht macht einer von ihnen gerade eine schwierige Zeit durch? Das wäre Ihre Chance, auf ihn einzugehen und ihm Mut zuzusprechen. Vielleicht haben Sie einen gemeinsamen Freund? Wäre Ihre Beziehung dann nicht sehr viel einfacher, weil Sie bereits beide ein und derselben Person vertrauen und in dieser Hinsicht ähnliche Erfahrungen haben? Die Bedeutung solcher Schnittpunkte mit den Interessen anderer sollten Sie nicht unterschätzen.

»Wir neigen dazu, Dinge nicht zu mögen, die wir nicht kennen«, bloggte Amy Martin, Gründerin des Social-Media-Unternehmens Digital Royalty und laut *Forbes* eine der »auf Twitter am besten vermarkteten Frauen«, nach ihrer ersten Erfahrung mit NASCAR (*National Association for Stock Car Auto Racing, US-amerikanischer Motorsportverband; Anm. d. Übers.*).[10] »Viele Menschen haben überhaupt kein Verständnis ... für die ewigen Linkskurven bei den Autorennen und die seltsamen Frisuren der Anhänger.« Sie gab zu, dass auch sie zu diesem Lager gehört hatte, bevor sie im Jahr 2011 die Daytona 500 besuchte. Kurz darauf schrieb sie einen Blog, in dem sie betonte, dass NASCAR mit seiner Fangemeinde einen Umgang pflegte, der im professionellen Sport selten ist.

»Ich habe erfahren«, schrieb sie, »dass die Fahrer noch am Tag des Rennens Fragen von Fans beantworten und Autogrammstunden geben. Die Daytona 500 ist der wichtigste Tag im Jahr für NASCAR. Ich glaube nicht, dass Brett Favre am Finaltag der American-Football-Profiliga mit Tausenden Fans gechattet hat. Ich habe einen »magischen« Passierschein bekommen und konnte mich frei auf dem Gelände bewegen. Es war unglaublich aufregend, überall Zugang zu haben, und ich hatte sogar Angst, dass ich der Crew im Weg sein könnte. Ich war wirklich Teil der Handlung, und ich war nicht die Einzige. Die Fans sind voll und ganz in das Geschehen integriert.«

Sie glaubt, dass NASCARs Strategie auch für jede andere Sportart eine gute Sache wäre, und zählt dafür folgende Gründe auf:

- »Offenheit führt zu einer stärkeren Verbindung. (Die Fans dürfen auf der Rennstrecke unterschreiben.)
- Verbindung führt zu echten Beziehungen. (In allen Altersgruppen.)
- Beziehungen führen zu Freundschaft. (Freundschaft kann man nicht heucheln.)

- Freundschaft führt zu Einfluss. (Nicht ohne Grund arbeiten so viele Marken mit NASCAR zusammen.)
- Einfluss führt zu Veränderung. (Die Fans würden wahrscheinlich alles kaufen, wofür ein Fahrer Werbung macht.)«

Martin beendet ihr Posting mit einem Hinweis auf die mögliche Reichweite der NASCAR-Fangemeinde – 150 000 Fans auf den Zuschauerrängen und 30 Millionen Fernsehzuschauer –, wenn die Chancen genutzt würden, die das digitale Zeitalter bietet. »Das Potential ist enorm«, schreibt sie, »wenn sie über die Social Media einem größeren Publikum Zugang zum Geschehen verschaffen. Was wäre, wenn die Möglichkeit, hinter die Kulissen zu blicken, die die Fans auf der Daytona 500 hatten, auch für die Milliarden von potentiellen Fans [auf Facebook, Twitter und YouTube] zur Verfügung stünde, die sich das Rennen nicht im Fernsehen anschauen?«[11]

Martins Posting verbindet die beiden wichtigsten Punkte, wenn es darum geht, Interesse für die Angelegenheiten anderer zu zeigen:

1. Zwischenmenschliche Beziehungen sind einfacher, wenn sie von einer freundschaftlichen Basis ausgehen.
2. Das Potential der Beziehungen zu anderen Menschen ist geradezu astronomisch hoch.

Das Wichtigste ist, dass Sie aufrichtig an anderen interessiert sind, bevor Sie erwarten können, dass andere sich für Sie interessieren. »Wenn alle anderen Faktoren gleich sind«, sagte Autor John Maxwell in einem Interview, »dann machen Menschen schließlich Geschäfte mit den Menschen, die ihnen sympathisch sind. Und das gilt auch, wenn alle anderen Faktoren nicht gleich sind.« Wir mögen Menschen, die uns mögen. Damit Sie von anderen gemocht werden, müssen Sie Ihre Bewunderung für die Dinge zeigen, die diese sagen und tun.

Häufig wird argumentiert, dass Menschen kein großes Interesse an anderen haben. Unsere Ichbezogenheit dominiert, wie wir denken, handeln und kommunizieren. Aber es gibt so viele Möglichkeiten, mit anderen in Verbindung zu bleiben, mehr über sie zu erfahren, Interesse an ihnen zu zeigen. Wenn Sie einen winzigen Teil Ihres Tages anders verbringen als bisher, kann sich Ihre Wahrnehmung von anderen Menschen drastisch verändern.

Statt jeden Tag Ihre eigenen Seiten in den digitalen Medien zu pflegen, sollten Sie mehr Zeit damit verbringen, Kontakte zu Ihren Freunden, Kollegen und Kunden aufzubauen. Schicken Sie ihnen kurze, wertschätzende Nachrichten. Kommunizieren Sie mit ihnen und finden Sie heraus, bei welchen Problemen Sie Unterstützung geben können und welche Ziele diese Menschen mit Ihrer Hilfe erreichen könnten. Wir alle werden von Schmerz oder Freude geleitet, deshalb sollten wir diese Möglichkeit bei allen Menschen auf die eine oder andere Weise wahrnehmen. Wenn Sie aufrichtig versuchen, mit anderen eine Verbindung aufzubauen, sind die Chancen für eine stabile Beziehung höher. Nur dann ist eine Zusammenarbeit zum gegenseitigen Nutzen möglich.

2
Lächeln Sie

Jeden Menschen von etwas zu überzeugen, ist praktisch unmöglich. Denken Sie zum Beispiel an die erste Mondlandung Neil Armstrongs im Jahre 1969. In Großbritannien glauben nur 75 Prozent der Menschen, dass diese Mondlandung tatsächlich stattgefunden hat[1], in Amerika sind es immerhin schon 94 Prozent.[2] In Ländern wie Mexiko, China und Indonesien glauben weniger als ein Drittel der Befragten, dass Al-Qaida etwas mit den Anschlägen des 11. September 2001 in New York City und Washington, D. C., zu tun hatte. In den Vereinigten Staaten von Amerika glauben 16 Prozent der Menschen, dass die Zwillingstürme durch Sprengstoffanschläge zum Einsturz gebracht wurden statt durch brennende Passagierflugzeuge.[3] Nur die Hälfte der Bevölkerung Europas glaubt an Gott.[4]

Eine Sache jedoch haben fast alle Menschen gemeinsam. Laut der American Academy of Cosmetic Dentistry (*Organisation für kosmetische Zahnmedizin, Anm. d. Übers.*) glaubten 99,7 Prozent der erwachsenen Bevölkerung, dass ein Lächeln ein wichtiger sozialer Faktor ist.[5] Diese Statistik lässt sich nur schwer widerlegen, selbst wenn man kein Zahnmediziner ist.

Lachende Gesichter ziehen uns an. Das beweisen zum Beispiel die am häufigsten aufgerufenen Videos auf YouTube. Die Rangliste führen zwei Videos an, in denen es um Lächeln geht. Auf Platz eins ist ein Video aus Großbritannien, in dem der dreijährige Harry und sein einjähriger Bruder Charlie gerade mit der Kamera spielen, als Charlie sich einen von Harrys Fingern schnappt und ihn sich in den Mund steckt. Kurz darauf beißt er zu, Harry schreit vor Schmerz auf und zieht seinen Finger zurück. Die ganze Zeit über lächelt Charlie. Dieses Lächeln gewinnt schließlich, denn auch Harrys Lächeln kehrt zurück, und er quietscht ebenfalls vor Freude.[6] Das andere Video stammt aus Schweden. Darin lächelt, gluckst und lacht ein kleiner Junge als Reaktion auf lustige Geräusche seiner Eltern. Fast zwei Minuten lang wird das lachende Gesicht des Jungen gezeigt.[7] Eine halbe Milliarde Klicks beweist: Ein Lächeln sendet anderen Menschen eine Botschaft, die sie gerne annehmen.

Lächeln ist eine angeborene Fähigkeit, sagt Daniel McNeill, Autor des Buches *The Face: A Natural History* (dt. *Das Gesicht. Eine Kulturgeschichte*). Eine Art Lächeln, schreibt er, lässt sich zum ersten Mal zwei bis zwölf Stunden nach der Geburt beobachten. Niemand weiß genau, ob dieses Lächeln einen bestimmten Grund hat, aber Studien zeigen, dass es entscheidend ist, um eine stabile Bindung aufzubauen. Unzweifelhaft ist, dass ein Lächeln eine große Anziehungskraft hat, egal, aus welchem Grund.

McNeill schreibt, dass »Richter zwar gleichermaßen lächelnde und nichtlächelnde Menschen für schuldig befinden, sie lächelnden Menschen aber geringere Strafen geben. Das ist ein Phänomen, das McNeill als »Effekt der Nachsichtigkeit aufgrund des Lächelns« bezeichnet.[8]

Lächeln steckt an. Nicholas Christakis, Arzt und Soziologe an der Harvard-Universität, und James Fowler, Politikwissenschaftler an der Universität von Californien, San Diego, mit Forschungsschwerpunkt auf den digitalen Netzwerken, veröffentlichten im Jahr 2008 im *British Medical Journal* eine Forschungsarbeit mit dem Titel »Dynamic Spread of Happiness in a Large Social Network« (*Dynamische Ausbreitung von Freude in einem großen sozialen Netzwerk; Anm. d. Übers.*). Sie wussten, dass Emotionen innerhalb kürzester Zeit von einer Person auf andere übertragen werden, und zwar in einem Prozess, der als »emotionale Ansteckung« bezeichnet wird. Sie wollten herausfinden, wie weit und wie nachhaltig sich Freude in sozialen Netzwerken ausbreitet.

Sie verfolgten dazu von 1983 bis 2003 die Aktivitäten von 4739 Menschen. Es handelte sich dabei um Mitglieder eines größeren sozialen Netzwerks mit 12 067 Usern, wobei jeder im Durchschnitt elf Verbindungen zu anderen Personen hatte (Freunde, Familie, Kollegen und Nachbarn). Ihre Zufriedenheit wurde alle paar Jahre mit einem Standardmaß untersucht.

Die Ergebnisse der Forscher bestätigten die Wirkung einer fröhlichen Person auf andere. Sie folgerten, dass soziale Netzwerke

»... aus Clustern von glücklichen und unglücklichen Menschen bestehen, die sich in drei Kategorien einteilen lassen. Das Glück einer Person wird beeinflusst vom Glück ihrer Freunde, der Freunde ihrer Freunde und der Freunde ihrer Freunde ihrer Freunde – und damit letztlich von Menschen, mit denen sie gar nicht persönlich in Kontakt stehen. Wir haben herausgefunden, dass sich glückliche Menschen im Zentrum ihres sozialen Netzwerks befinden und in Cluster aus anderen glücklichen Menschen eingebettet sind. Außerdem haben wir herausgefunden, dass jeder zusätzliche glückliche Freund die Wahrscheinlichkeit, glücklich zu sein, um etwa neun Prozent erhöht. Zum Vergleich: Eine Gehaltserhöhung von 5000 Dollar (Stand 1984) erhöhte die Wahrscheinlichkeit, glücklich zu sein, um etwa zwei Prozent. Zusammengefasst bedeutet das: Glück hat wenig mit persönlichen Erfahrungen zu tun, sondern ist eine Eigenschaft von Gruppen.«[9]

Aber wie sieht die Situation nach 2003 aus? Filtern die präsenten digitalen Mauern vielleicht unsere Emotionen, statt sie zu verstärken? Kann sich Glück in einer Welt der Bits und Bytes noch immer ungehindert ausbreiten? Die Forscher fanden heraus, dass die Antwort *Ja* lautet – wenn wir lächelnde Menschen sehen.

Christakis und Fowler setzten ihre erste Studie fort, indem sie eine Gruppe von 1700 Collegestudenten erforschten, die über Facebook miteinander in Kontakt standen. Sie analysierten ihre Online-Profile, fanden heraus, wer ihre engsten Freunde waren, und betrachteten die Fotos der Personen. Dabei notierten sie, wer auf den Fotos lächelte und wer nicht. Anschließend ordneten sie die Bilder nach lachenden und nicht lachenden Gesichtern. Jeder Student wurde durch einen Netzknoten repräsentiert, und eine Verbindung zwischen zwei Knoten zeigte, dass die jeweiligen Personen auf einem Foto gemeinsam mit ihrem Namen markiert waren. Studenten, die lächelten (und die in ihrem Netzwerk von lächelnden Studenten umgeben waren), erhielten eine gelbe Markierung. Studenten, die nicht lächelten (und ebenfalls von nicht lächelnden Studenten umgeben waren), wurden blau markiert. Grüne Knoten schließlich zeigten eine Mischung aus lächelnden und nicht lächelnden Freunden.

Die Karte zeigte anschaulich, dass die gelben Knoten (lächelnde Personen) und die blauen Knoten (nicht lächelnde Personen) in Clustern auftraten, wobei die gelben Cluster viel größer waren und mehr Personen umfassten als die blauen. Außerdem schienen sich die nicht lächelnden Personen in dem Netzwerk »eher am Rand« zu befinden, das heißt in den äußeren Bereichen der Karte.

Für Christakis und Fowler war diese Erkenntnis wenig überraschend. Sie schrieben dazu:

»Die statistische Analyse der Netzwerke zeigt, dass Menschen, die lächeln, mehr Freunde haben (lächeln führt im Durchschnitt zu einem Freund mehr, was ziemlich viel ist, wenn man bedenkt, dass Menschen nur etwa sechs enge Freunde haben). Und nicht nur das: Die statistischen Analysen bestätigen auch, dass diejenigen, die lächeln, im Vergleich zu denen, die nicht lächeln, messbar näher am Zentrum des Netzwerks liegen. Das bedeutet: Wenn Sie lachen, ist die Wahrscheinlichkeit geringer, in der digitalen Welt am Rand zu stehen.«

Abschließend fassten sie zusammen, dass lachende Menschen häufig von mehr Menschen umgeben waren, während die nicht lachenden Personen sich in den Randbereichen der Cluster befanden, und kamen zu der Erkenntnis: »Es scheint somit, dass – online wie auch offline – die Welt mit Ihnen lacht, wenn Sie lachen.«[10]

Für dieses Phänomen gibt es einen einfachen Grund: Wenn wir lächeln, zeigen wir anderen, dass wir uns darüber freuen, mit ihnen zusammen zu sein, sie zu treffen und mit ihnen Kontakt zu haben. Dadurch wiederum freuen sie sich, uns zu sehen. Wer bereits ein Dutzend Menschen getroffen hat, die mit einem unglücklichen Gesicht durch die Welt laufen, finster dreinblicken oder den Blick abwenden, für den ist ein Lächeln wie die Sonne, die durch die Wolken bricht. Lächeln ist häufig das erste Anzeichen, dass man einem anderen Menschen gegenüber freundlich eingestellt ist.

Selbstverständlich ist uns nicht immer nach Lachen zumute. Aber wenn wir versuchen, anderen so oft wie möglich ein Lächeln zu schenken, machen wir nicht nur die Menschen um uns herum glücklicher, sondern werden auch selbst glücklicher. Vielleicht sind Sie keine besonders überschwängliche, extrovertierte Person, aber ein einfaches Lächeln kostet wenig Anstrengung – und kann zu erstaunlichen Ergebnissen führen.

Im Laufe des letzten Jahrzehnts haben E-Mail und SMS-Nachrichten nach und nach die mündliche Kommunikation ersetzt. Wir sind dadurch der Täuschung erlegen, in einer emotionalen Wüste zu leben. Unternehmer, Geschäftsführer und viele andere können ihren Geschäften mit einem Minimum an persönlichen Kontakten nachgehen. Die zahlreichen modernen zweidimensionalen Medien machen es möglich, dass jeder von uns von Zeit zu Zeit vergisst, wie wichtig ein Lachen ist.

In vielerlei Hinsicht sind SMS-Nachrichten und E-Mails heutzutage wie die Telegramme von früher, die ebenfalls ihre ganz eigenen Probleme mit sich brachten. Ein Reporter schrieb dem Schauspieler Cary Grant einmal ein Telegramm bezüglich seines Alters. »HOW OLD CARY GRANT?«, lautete der Text.

Der Schauspieler antwortete: »OLD CARY GRANT FINE. HOW YOU?«

Es liegt auf der Hand, dass es im zwischenmenschlichen Kontakt leicht zu Missverständnissen kommen kann. Im Zusammenhang mit den digitalen Technologien sind sie geradezu unvermeidbar. Schon damals waren Telegramme allgegenwärtig, was wir jedoch heute erleben, kann einen förmlich ersticken.

Im Jahr 1929 wurden 200 Millionen Telegramme versandt, mehr als je zuvor. Im April 2010 wurden zum Vergleich täglich fast 300 Milliarden E-Mails verschickt.[11] Fügen Sie hier noch die weltweit versendeten SMS, Chat-Nachrichten und Pinnwand-Einträge auf Facebook hinzu, und es grenzt an ein Wunder, dass die Welt noch nicht in Chaos versunken ist.

Zum Glück gibt es das Lächeln, das unsere Botschaft viel deutlicher machen kann als alles andere. Das gilt selbst dann noch, wenn es in Form von Emoticons verschickt wird. Das sind kleine runde Gesichter, die aus Tastaturzeichen zusammengesetzt sind und die den so dringend benötigten Kontext für unsere Kommunikation schaffen sollen.

Die drei größten japanischen Mobilfunkunternehmen – NTT DoCoMo, au und SoftBank Mobile – haben diese einfachen Symbole sogar noch erweitert. Sie erfanden die emojis, bunte Bilder, die eine große Bandbreite an Emotionen und Symbolen vermitteln können, um den persönlichen Kontakt besser abzubilden. Google hat sie mittlerweile für seine E-Mail-Plattform übernommen, und sie wurden schnell in iPhones integriert. Diese schlauen kleinen Symbole sind zwar sehr niedlich, sie sind aber sicher nicht tauglich für Ihre nächste digitale Nachricht an ein Mitglied des Vorstandes, einen problematischen Mitarbeiter oder einen potentiellen Kunden. Emoticons sind in informellen Nachrichten sehr weit verbreitet, und für solche Kontakte auch bestens geeignet. Wie aber gelingt es uns, in jeder Kommunikationssituation über jedes denkbare Medium zu lächeln und dabei die nötige Professionalität zu wahren?

Zweifellos ist es ungemein effektiv, anderen ein Lächeln zu zeigen. Da aber heutzutage viele unserer Kontakte nicht mehr persönlich erfolgen, sollten Sie alles tun, um anderen auch bei einem digitalen Kontakt ein Lächeln zu schenken. Das kann einfacher sein, als Sie glauben.

Sieht man von Emoticons und emojis einmal ab, gibt es nur ein Medium, über das Sie auf digitalem Wege ein Lächeln übermitteln können – nämlich mit Ihren Worten, ob in schriftlicher oder mündlicher Form. Die Art und Weise, wie Sie eine E-Mail schreiben, mit welchem Tonfall Sie sprechen und welche Worte Sie dabei wählen, ist entscheidend, um Freundlichkeit zu vermitteln und dadurch Einfluss zu gewinnen. Ihre geschriebenen Worte sind wie Ihre Mundwinkel: Sie vermitteln Freude, Ernsthaftigkeit, Wut oder Trauer. Ihre Wirkung – das heißt, ob Ihre Worte Ihnen zu Freundschaft und Einfluss verhelfen – hängt davon ab, welche Emotionen durchscheinen.

Zeigen Sie anderen über die geschriebene Sprache ein Lächeln, wird spürbar, dass ihr Wohlergehen Ihnen am Herzen liegt. Sie und Ihre Botschaft haben dann beste Chancen, beim Empfänger positiv anzukommen. Sind Ihre Worte jedoch negativ, dann wird die andere Person Ihre Botschaft und Ihre Person beim Lesen ebenfalls negativ aufnehmen.

Dies gilt selbstverständlich nicht für Situationen, in denen ein ernsthafterer Tonfall gefragt ist. Dennoch sollte auch hier die Botschaft eher positiv sein, vor allem zu Beginn und am Ende Ihrer Nachricht. Im Kontakt zwischen zwei Menschen gibt es fast immer einen Grund, zu lächeln. Wenn Sie keinen Grund finden, sollten Sie unter Umständen noch etwas warten, bevor Sie der anderen Person schreiben, oder ihr ganz einfach nicht schreiben. Beziehungen werden durch unsensible, nicht durchdachte Bemerkungen in gleichem Maße beschädigt wie durch verbale Beleidigungen.

Aus einem einfachen Grund: Geschriebene Worte stehen schwarz auf weiß auf dem Papier. Ihre Wirkung kann kaum revidiert werden. Sie können vielleicht Argumente finden, warum der Tonfall Ihrer E-Mail doch nicht so negativ oder taktlos war, aber die Wirkung, die sie auf den Empfänger hatte, können Sie nicht nachträglich verändern. Und heutzutage wird diese Wirkung mit enormer Geschwindigkeit vermittelt und kann Beziehungen zwischen Mitarbeitern, Abteilungen und sogar ganzen Wertschöpfungsketten dauerhaft schädigen.

In einer Ausgabe der Zeitschrift *Fast Company* heißt es: »Forschungen zeigen, dass das alte Sprichwort ›Gleich und Gleich gesellt sich gern‹ auch für Twitter gilt, denn fröhliche Twitter-Nutzer ziehen sich gegenseitig an.« In dem Artikel heißt es weiter: »Es gibt viele Faktoren, warum sich Menschen zu einer bestimmten Gruppe zusammenschließen. Einer der wichtigsten Faktoren besteht darin, dass fröhliche oder traurige Menschen auf Twitter eher mit den Menschen kommunizieren, die ebenfalls fröhlich oder traurig sind.«

Das Forschungsteam, dem auch Johan Bollen, Professor an der Universität von Indiana, angehörte, analysierte sechs Monate lang die Nachrichten von 102 000 Twitter-Nutzern, insgesamt kam er auf die Summe von über 129 Millionen Twitter-Nachrichten.

»Für die Analyse wurden Standard-Algorithmen der psychologischen Forschung verwendet. Mit ihrer Hilfe wurde die ›subjektive Zufriedenheit‹ der Nutzer anhand ihrer Twitter-Nachrichten untersucht, indem nach Trends in Bezug auf positive oder negative Wortwahl gesucht wurde. Anschließend wurde analysiert, in welchen Gruppen die Nutzer sich zusammengeschlossen hatten. Dabei stellte man fest, dass eher zufriedene Menschen in der Regel häufiger Nachrichten von ebenfalls zufriedenen Menschen beantworteten oder diesen ihrerseits Nachrichten sendeten. Das Gleiche gilt für unzufriedene Menschen.«

Aus den Ergebnissen schließt Bollen, dass eine Twitter-Nachricht ansteckender ist, als wir glauben, und »Freude oder Traurigkeit äußerst effektiv vermitteln kann. Glückliche Menschen neigen eher dazu, mit anderen glücklichen Nutzern zu kommunizieren, weil diese ihre eigenen Emotionen widerspiegeln.«[12]

Es bleibt dabei: Können Sie in einer schriftlichen Nachricht nicht genügend positive Emotionen vermitteln, dann ist es besser, gar nichts zu schreiben oder wenigstens einen emoji einzufügen (was im Geschäftsleben aber Ihrem Ruf schaden könnte). In jedem Fall sollte das Ziel sein, negative Gefühle in schriftlichen Mitteilungen zu vermeiden. Und das ist in den meisten Fällen durchaus möglich.

Die andere Möglichkeit, auf digitalem Wege zu kommunizieren, nämlich das gesprochene Wort, hat ebenfalls eine starke Wirkung auf Ihren Gesprächspartner. Wie und mit welchem Tonfall Sie sprechen und welche Worte Sie dabei wählen, drückt häufig mehr aus als die Worte an sich. Sie kennen sicher den Satz: »Der Unterton in deiner Stimme ist so laut, dass ich kaum verstehe, was du sagst.«

Wenn Sie behaupten, sich darüber zu freuen, mit einer anderen Person ein Telefonat zu führen, dann ist die Wirkung sehr gering, wenn Ihr Gesicht dabei ausdruckslos bleibt und Ihr Tonfall nicht wirklich positiv ist. Dann vermitteln Sie Ihrem Gesprächspartner, dass Sie gelangweilt und mit Wichtigerem beschäftigt sind oder, noch schlimmer, sogar das genaue Gegenteil – nämlich, dass Sie keineswegs erfreut sind, mit der anderen Person zu sprechen. Solche Situationen können vermieden werden – und zwar mit der gleichen Strategie wie bei einem persönlichen Treffen.

Zahlreiche Studien haben gezeigt, dass allein die Tatsache, dass man lächelt, selbst bei einem Telefonanruf zu einem positiveren Tonfall führt. Nicht ohne Grund bringen sämtliche Sprachtrainer, Gesangs- und Schauspiellehrer ihren Studenten bei, dass die Stimme freundlicher, einladender und überzeugender klingt, wenn man lächelt. Anders ausgedrückt: Ein Lächeln wird selbst über lange Entfernungen übertragen, ob die Person am anderen Ende Ihr Gesicht sehen kann oder nicht.

Wenn Sie mehr Einfluss gewinnen und andere zu positiven Veränderungen motivieren wollen, dann gibt es keine Abkürzung: Der einzige Weg besteht darin, harmonische Beziehungen zu anderen Menschen zu pflegen. Ein Lächeln öffnet Ihnen die Tür, ganz gleich, ob bei einem personlichen, schriftlichen oder telefonischen Kontakt.

Rosalind Picard ist Professorin am MIT Media Lab und international bekannt durch ihr Buch *Affective Computing*, in dem es darum geht, technischen Geräten »emotionale« Wirkung zu verleihen, damit Menschen effektiver kommunizieren können. Die technologischen Entwicklungen, die sie aufzählt, sind in der Tat höchst erstaunlich – Maschinen mit »Gesichtern«, die angemessen auf Ermahnungen oder Lob, Ermutigung oder Zurechtweisung reagieren können.[13]

Selbstverständlich antworten diese Maschinen lediglich auf vorprogrammierte Befehle – so, wie ein Computer-Bildschirm reagiert, wenn eine Taste gedrückt wird. Diese Maschinen ahmen körperliche Signale, Worte oder den Tonfall nach, aber sie haben keine Gefühle. Wichtig bleibt dabei, dass eine solche Technologie von Menschen programmiert wurde. Diese Tatsache allein beweist, dass wir eigentlich sehr genau wissen, wie wir auf Hinweise, Worte und den Tonfall anderer positiv reagieren können. Im Prinzip funktionieren wir ähnlich wie diese Maschinen, nur dass bei uns echte Gefühle der Ursprung unseres Handelns sind.

»Es gibt zwei Arten von Menschen«, bloggte Medien-Experte Chris Brogan, »jene, welche eine Verbindung zwischen dem Computer, dem Internet und seinen Buttons und menschlichen, fühlenden Wesen sehen, und solche, die denken, dass sich alles ausschließlich online abspielt und es keine Verbindung gibt. Das ist so, wie wenn man behauptet, dass man einfach nur in ein Telefon hineinspricht und dabei keine Gefühle im Spiel sind. Aber das Ganze findet eben nicht nur online statt. Menschen haben Gefühle, die sie mit diesen ›entfernten‹ Orten in Verbindung bringen.

Ja, Menschen können auch überreagieren. Wir stimmen dem zu. Aber Emotionen nur aufgrund des Mediums, mit dem sie vermittelt werden, zu verwerfen wäre gleichbedeutend damit, einem Brief, einem Telefongespräch oder einem Bild keine Bedeutung beizumessen. Viele Dinge geschehen weit entfernt und haben trotzdem Konsequenzen.

Ich glaube, dass in jedem Fall zwei denkende Wesen im Spiel sind, und dass in Anbetracht dessen, was ich oben beschrieben habe, viele der Situationen, in denen sich eine Seite missverstanden fühlt, erklärbar sind. Denken Sie an diesen Aspekt, und überlegen Sie, mit welcher der beiden Arten von Person Sie zu tun haben [und für welche Art von Person die anderen Sie halten], und vieles könnte sich verbessern.«[14]

Emotionen sind scheinbar ein besonderes Geschenk (und gleichzeitig eine Last) des Menschen. Sie können andere ermutigen oder entmutigen. Ihr Mund zeigt, wofür Sie sich entschieden haben. Jemand sagte einmal, ein Lächeln kostet nichts und gibt viel. Es macht den reicher, der es bekommt, ohne dass der ärmer wird, der es gibt. Es dauert nur einen kurzen Augenblick, aber die Erinnerung daran bleibt. Niemand ist so reich oder mächtig, dass er ohne ein Lächeln auskommen, und niemand so arm, dass er davon nicht reich werden könnte. Ein Lächeln kann nicht gekauft, geliehen oder gestohlen werden, denn es hat für niemanden einen Wert, bis man es verschenkt. Manche Menschen sind zu müde, um Ihnen ein Lächeln zu schenken. Schenken *Sie* diesen Menschen ein Lächeln, denn niemand braucht es so dringend wie der, der keines zu geben hat.[15]

Lächeln Sie!

3
Sprechen Sie andere Menschen mit ihrem Namen an

Am 10. März 2010 machte eine Pressemitteilung von Quinn Emanuel Urquhart Oliver & Hedges die Runde, eine der Top-100-Anwaltskanzleien Amerikas. John Quinn und Eric Emanuel, die 25 Jahre zuvor das Unternehmen gegründet hatten, ernannten einen neuen Partner – Kathleen M. Sullivan.

Sullivan war eine der besten Prozessanwältinnen des Landes und ehemalige Direktorin der Stanford-Law-School. Außerdem hatte sie Auszeichnungen von Cornell, Harvard Law und Oxford erhalten. In Harvard hatte sie als Professorin die First Lady Michelle Obama unterrichtet. Jeder lobte ihre Klugheit, ihren Scharfsinn und ihr Talent in juristischen Dingen. Ihre Gegner in Prozessen wussten, dass man sich vor ihr in Acht nehmen musste. Ihre Ernennung war wohlverdient.

Anwaltskanzleien verändern von Zeit zu Zeit ihren Mitarbeiterstab, wie alle anderen Unternehmen auch. Partner kommen und gehen, genauso wie die Anwaltsgehilfen und Assistenten. Ein neuer Partner ist sehr viel seltener, aber keineswegs ungewöhnlich.

Warum war diese Ernennung dann so bedeutungsvoll?

Kathleen Sullivan wurde nicht nur zur neuen Partnerin ernannt. Das Unternehmen wurde sogar umbenannt. Es hieß fortan Quinn Emanuel Urquhart & Sullivan. Eine derartige

Namensänderung ist äußerst ungewöhnlich, vor allem bei einer so renommierten Kanzlei.

Aber Sullivans Ernennung war sogar noch spektakulärer, denn es war das erste Mal, dass eine von Amerikas Top-100-Kanzleien den Namen einer Frau trug.

Seit dem Jahr 1870, als Ada H. Kepley als erste Frau einen Universitätsabschluss in Jura erhielt, hatte bis zum Jahr 2010 keine Kanzlei auf ihrem Türschild Platz für eine Frau gemacht. Das änderte sich erst durch Kathleen Sullivan.

Quinn schrieb in der Pressemitteilung: »Die Aufnahme ihres Namens in unseren Kanzleinamen zeigt, dass wir in unserem Unternehmen dieselbe klare Praxis wie bei unseren Gerichtsverfahren anwenden, und sie zeugt von unserer Stärke als renommierte amerikanische Kanzlei.« Der Name einer Person hat eine besondere Kraft. Ein Name ist mehr als nur ein Wort. Er steht für etwas sehr viel Tiefergehendes und Bedeutsameres. Und das ist nicht nur bei Pionieren wie Kathleen Sullivan so.

In der klassischen wie auch der modernen Literatur ist der Name der Protagonisten stets mehr als einfach nur eine Bezeichnung, denn er steht für den Charakter, die Persönlichkeit und das Schicksal dieser Person. Im alten Rom wurde der Name einer Person so stark mit deren Persönlichkeit in Verbindung gebracht, dass mit der Streichung des Namens eines Verbrechers aus dem Bürgerregister sämtliche Bürgerrechte erloschen. Noch heute glauben einige afrikanische Stämme, dass der Vorname einer Person ihre Fähigkeiten und ihr Schicksal bestimmt.

Warum sollte der Name einer Person heute weniger wichtig sein? Vielleicht ist er sogar noch wichtiger, denn er ist im kommerziellen Umfeld unser maßgebliches Aushängeschild geworden. Das bringt gleichermaßen Chancen und Probleme mit sich.

Im digitalen Zeitalter haben Namen den gleichen Stellenwert wie das Logo eines Unternehmens. Sie zeigen nicht nur, wer jemand ist, sondern auch, wofür er steht – was er mag und was er nicht mag, was er unterstützt und was nicht. Hunderte Millionen Blogger, Twitter-Nutzer und Facebook-Mitglieder wünschen sich natürlich, dass man ihre Stimme hört, aber sie wollen auch, dass man ihren Namen kennt. Twitter oder Facebook haben nicht nur einer informationsbasierten Wirtschaft ein weiteres Programm geschenkt. Sie haben auch eine neue Art von namensbasierter Wirtschaft geschaffen, in der wir vor allem unter dem Namen bekannt sind, den wir der Welt mitteilen. Diese Art der Aufmerksamkeit kann heutzutage sogar bares Geld wert sein, wenn es gelingt, einen Namen allgemein bekannt zu machen.

Bei Twitter und in verschiedenen Blogs ist der kommerzielle Wert einer Person gleichbedeutend mit der Anzahl von Namen, die sie anzieht. Je größer die Gefolgschaft einer Person, desto mehr Verträge winken ihr in Bezug auf Veröffentlichungen, Werbekampagnen und Sponsoring. Ree Drummond, eine der Top-100-Bloggerinnen von Technorati, ist ein hervorragendes Beispiel dafür.

Sie war Absolventin der Universität von Californien, Los Angeles, und hatte den Plan, Juristin in einer großen Stadt zu werden. Auf einer »Zwischenstation« in Oklahoma, wie sie es formulierte, traf sie ihren »Marlboro Man«, den sie anschließend heiratete. Sie warf ihre Pläne für ein Jurastudium in Chicago über Bord, zog auf die Ranch ihres Ehemanns, die seine Familie in vierter Generation betrieb, und nahm ihren neuen Spitznamen »Pioneer Woman« an.[1] Drummond begann im Jahr 2006 zu bloggen, um ihre Freunde und ihre Familie über die unerwartete, aber positive Wendung in ihrem Leben auf dem Laufenden zu halten. Im Jahr 2009 hatte sie bereits zwei Millionen Leser pro Monat und Traffic im achtstelligen Bereich auf ihrer Seite vorzuweisen. Im Jahr 2010 besaß sie zwei lukrative Buchverträge, veröffentlichte daraufhin zwei *New York Times*-Bestseller und verdiente pro Jahr allein durch Werbeanzeigen in ihrem Blog eine Million Dollar.[2]

Ganz klar: Unser eigener Name kann von unschätzbarem Wert sein. Wir sollten aber bedenken, dass wir noch größere Erfolge erzielen können, wenn wir die Namen anderer Menschen kennen. Dave Munson, Gründer des Unternehmens Saddleback Leather Company, ist sich dieser Tatsache in höchstem Maße bewusst. Er war als ehrenamtlicher Englischlehrer in Mexiko tätig, als er seine erste selbstentworfene Tasche von einem lokalen Lederhandwerker anfertigen ließ. Die Tasche weckte so viel Aufmerksamkeit in seiner Heimatstadt Portland, Oregon, dass er beschloss, sofort nach Mexiko zurückzukehren, um weitere Taschen anfertigen zu lassen. Einen Monat später kehrte Munson mit acht Taschen im Gepäck nach Portland zurück und verkaufte sie innerhalb von drei Stunden direkt vom Dachgepäckträger seines alten Land Cruisers. Die Saddleback Leather Company war geboren und mit ihr das Ziel, »Menschen auf der ganzen Welt Gutes zu tun, indem wir robuste und funktionale Ledertaschen von höchster Qualität herstellen«.[3]

Sein Geheimnis? Munson nutzt sein Mobiltelefon nur für kurze Anrufe von Kunden und beantwortet online gestellte Fragen per Telefon oder E-Mail. Er reist immer noch mehrmals im Jahr nach Mexiko, um mit den Lederhandwerkern in Verbindung zu bleiben, die nach wie vor seine Taschen herstellen. Diese Besuche sind nicht nur Show. »Ich umarme die Arbeiter und frage sie, um was ich für sie bitten kann«, erklärte er vor kurzem in einem Interview. »Als ich zum ersten Mal diese Reise unternahm, waren die Männer geradezu schockiert darüber, dass ich sie mit ihrem Namen ansprach und mit ihnen über ihr Leben plaudern wollte. Einer hatte sogar Tränen in den Augen. Und ich auch.«[4]

Er veröffentlicht diese persönlichen Geschichten nicht auf

seinem Blog oder in seinen Werbefoldern, denn er glaubt, dass ein Versprechen mehr sein sollte als einfach nur ein Marketinginstrument. Saddleback ist stolz, dass es ein Familienunternehmen geblieben ist, obwohl das Unternehmen Lederwaren im Wert von mehreren Millionen Dollar pro Jahr umsetzt. »Ich habe Horrorgeschichten von vielen kleinen und erfolgreichen Unternehmen gehört, die aus Habgier versucht haben, immer größer zu werden, und kläglich gescheitert sind«, schreibt Munson in seinem Blog. »Wir sind anders. Wir sind eine Familie von Lederwaren-Produzenten und werden es auch bleiben. Jeden Tag spreche ich mit meiner tollen Frau über verschiedene Besitzer unserer Taschen, die wir persönlich kennengelernt haben. Wir wollen wissen, wer unsere Kunden sind.«[5]

Diese persönliche Note – dass der Name der Kunden wichtiger ist als Produktnamen und Gewinn – lässt vermuten, dass das Unternehmen Saddleback Leather so lange existieren wird wie eine seiner Ledertaschen, die mit dem Spruch beworben wird: »They'll fight over it when you're dead« (*Ihre Erben werden sich darum streiten, wenn Sie tot sind. Anm. d. Übers.*).

Andere Menschen lernen uns kennen. Wir lernen andere Menschen kennen. Letztlich sind das zwei Seiten derselben Medaille. Zum einen können wir so unsere eigene Marke aufbauen, und zum anderen können wir Beziehungen zu anderen herstellen – das heißt mit anderen Menschen in Kontakt treten. Das Interessante daran ist, dass wir die eine Seite weglassen und immer noch erfolgreich sein können. Wenn Sie erfolgreich Kontakte zu anderen Menschen aufbauen, können Sie dadurch effektiv Ihre Marke etablieren. Umgekehrt werden Sie keinen Erfolg haben, wenn Sie ausschließlich sich selbst promoten. Sie können Ihre eigene Marke nicht bekannt machen, ohne Beziehungen zu anderen Menschen aufzubauen. Denn letztlich haben Geschäfte immer mit Kontakten zwischen Menschen zu tun. Herr Bates aus Watkinsville, Georgia, machte diese Erfahrung aus erster Hand.

Er ist Chef eines Unternehmens und führt seine wichtigsten Zulieferer zum Abendessen stets zu Bone's aus, einem Restaurant in Atlanta, das etwa 70 Meilen von seinem Standort entfernt ist. Seine Treue zu dem Restaurant hat jedoch nichts mit der exquisiten Speisekarte zu tun. Alles begann mit einem Kellner namens James.

Als Herr Bates und ein Zulieferer eines Abends zu ihrem Tisch kamen, war James sofort zur Stelle. »Guten Abend, Herr Bates«, sagte er. »Danke, dass Sie heute bei uns essen. Ich freue mich sehr, Sie wiederzusehen.«

Für Bates war das ein Schlüsselmoment. »Es hat für mich alles verändert. Dadurch ist mir das Restaurant in Erinnerung geblieben. Ich hatte dort sechs Monate zuvor zum ersten Mal zu Abend gegessen, und James kannte nicht nur meinen Namen, sondern er wusste auch, dass ich schon einmal hier gewesen war. Ich war mit Sicherheit kein Stammgast, aber diese kleine Geste gab mir das Gefühl, einer zu sein. Das alte Sprichwort: ›Behandle jeden Menschen so, als wäre er bereits, wie er sein könnte‹, hat sich bewahrheitet.«

Diese kleine Geste sollte sich mehr als bezahlt machen. »Ich gehe mit meinen Zulieferern nur noch in dieses Restaurant«, sagte Herr Bates. Die Beliebtheit von Bone's spricht dafür, dass es vielen Gästen ähnlich geht.

Dies ist der hauptsächliche Nutzen, wenn Sie sich die Namen anderer Menschen merken: Diese Menschen werden sich auch an Sie erinnern. Das Gegenteil ist weniger beneidens wert.

Eine der ersten Lektionen, die ein Politiker lernt, ist folgende: »Wer sich an den Namen eines Wählers erinnert, zeigt damit, ein Mann aus dem Volke zu sein. Wer sich nicht daran erinnert, hat die Wahl bereits verloren.« Viele große Führungspersönlichkeiten der Geschichte wussten, wie wichtig es ist, sich die Namen anderer Menschen zu merken. Von Napoleon Bonaparte über Lincoln bis Churchill haben sich diese Männer Techniken ausgedacht, um sich mit erstaunlicher Treffsicherheit an die Namen von Menschen zu erinnern. Damit haben sie, wissentlich oder nicht, das berühmte Zitat von Emerson eingesetzt: »Gute Manieren bestehen aus lauter kleinen Opfern.«[6]

Um sich an die Namen anderer Menschen zu erinnern, muss man unter Umständen einige Opfer bringen. Napoleon III., König von Frankreich und Neffe des großen Napoleon Bonaparte, behauptete, er könne sich trotz seiner königlichen Pflichten an den Namen jeder Person erinnern, die er jemals kennengelernt hatte.

Wie gelang ihm das? Wenn er den Namen nicht genau verstanden hatte, sagte er: »Es tut mir leid. Ich habe Ihren Namen nicht genau verstanden.« Falls es ein sehr ungewöhnlicher Name war, sagte er anschließend: »Könnten Sie ihn mir bitte buchstabieren?«

Während des Gesprächs wiederholte er den Namen mehrmals und versuchte, ihn im Geiste mit den Gesichtszügen, dem Ausdruck und dem Aussehen der Person zu verknüpfen. Wenn die Person für ihn besonders wichtig war, notierte er später den Namen auf einem Stück Papier, las ihn, konzentrierte sich darauf, verankerte ihn in seinem Gedächtnis und zerriss das Papier anschließend. Auf diese Weise bekam er einen sicht- und hörbaren Eindruck vom Namen der Person.[7]

Unsere Herausforderungen sind heutzutage noch viel größer als in der Zeit Napoleons. Zahlreiche Studien zeigen, dass das Internet unsere Aufnahmefähigkeit noch negativer beeinflusst als das Fernsehen. Die ständige Bombardierung mit Twitter-Nachrichten, neuen Facebook-Einträgen, E-Mails, Chat-Messages und Webseiten-Anzeigen verändert die Verschaltungen in unserem Gehirn.

In der Mai-Ausgabe der Zeitschrift *Wired* veröffentlichte der Redakteur Nicholas Carr im Jahr 2010 einen Artikel, in dem er berichtete, ein Professor der Universität von Californien, Los Angeles, habe herausgefunden, dass unsere neuronalen Verknüpfungen bereits nach fünf Stunden Aktivität im Internet umgebaut werden. Carr schrieb:

»Unzählige Studien von Psychologen, Neurobiologen und Bildungswissenschaftlern kamen zu demselben Ergebnis: Wenn wir online sind, befinden wir uns in einem Umfeld, das kursorisches Lesen, schnelles und von zahlreichen Ablenkungen unterbrochenes Denken und oberflächliches Lernen begünstigt. Das Internet verschafft uns zwar raschen Zugriff auf riesige Informationsmengen, aber unsere Denkprozesse werden sehr viel flacher und die Struktur unseres Gehirns verändert sich.«[8]

Im Jahr 2010 bloggte der bekannte Filmkritiker Roger Ebert: »Unsere Gesellschaft ist heutzutage von einer nervösen Ungeduld erfasst.«[9] Er hatte recht. Diese Tatsache darf jedoch keine Entschuldigung dafür sein, sich die Namen anderer Menschen nicht zu merken. Im Gegenteil, es sollte eine Herausforderung für uns sein. Denn je mehr Menschen es nicht schaffen, sich an die Namen anderer Personen zu erinnern, desto mehr sticht der heraus, dem es gelingt.

Was können Sie dafür tun?

Der einfache Weg: Statt standardmäßige, hohle und abgedroschene Grußformeln wie »Hallo« oder »Hi« zu verwenden, sollten Sie beispielsweise: »Hallo Robin« oder »Guten Morgen, Robert«, sagen. Wenden Sie dabei Napoleons Methode an und stellen Sie sich das Gesicht der Person vor. Wenn Sie den Ratschlag aus den vorherigen Kapiteln ernst genommen und sich aufrichtig für andere interessiert haben, dann rufen Sie sich auch Dinge wie: »Robert ist verheiratet, hat drei Töchter und liest gerne Hemingway« wieder ins Gedächtnis. Das ist eine einfache Übung, die nicht nur zur Folge haben wird, dass Sie Robert beim nächsten Kontakt mit seinem Namen begrüßen können, sondern sie wird auch dazu beitragen, dass Sie in Robert mehr als nur einen Geschäftspartner sehen.

Hierzu ein wichtiger Tipp: Stellen Sie sicher, dass Sie wissen, wie eine bestimmte Person von Ihnen angesprochen werden möchte, denn die Ansprache kann je nach Umfeld völlig unterschiedlich ausfallen. Der erfolgreiche Unternehmer Richard Branson heißt für viele seiner Freunde »Richard«, aber für die meisten entfernteren Bekannten »Herr Branson« oder für seine Landsleute aus Großbritannien »Sir Richard«. Zwar ist unsere Gesellschaft heute sehr viel weniger förmlich, aber den Namen einer Person in einem völlig falschen Kontext zu verwenden, ist nach wie vor ein denkbar schlechter Start für eine Beziehung. Sollen wir unser Gegenüber mit Susan oder Suzie ansprechen? Ben oder Benjamin? Jacqueline oder Jackie? Der beste Rat ist, möglichst nicht zu raten.

Nennen Sie Richard in einer E-Mail nicht »Richie«, »Rich« oder »Dick« – außer, er wurde Ihnen so vorgestellt, er hat Sie darum gebeten oder sich selbst in einer E-Mail oder Mailboxnachricht an Sie so genannt. Falls man Sie einander noch nicht vorgestellt hat und Sie noch niemals persönlichen Kontakt hatten, sollten Sie zunächst recherchieren, wie ihn Menschen nennen, die in einer ähnlichen Beziehung zu ihm stehen. Orientieren Sie sich aber nicht daran, wie seine Freunde auf Facebook und Twitter ihn nennen – Sie sind noch nicht sein Freund und haben noch nicht das Recht, ihn mit seinem Spitznamen anzusprechen. Schauen Sie stattdessen nach, wie er sich selbst auf seiner Webseite oder in seinem Blog nennt. Falls es einen Artikel gibt, in dem über ihn berichtet wird oder in dem er zitiert wird, verwenden Sie diesen Namen.

Wir sollten niemals vergessen, dass für einen Menschen der eigene Name wichtiger ist als alle anderen Namen auf der Welt. Denken Sie an diesen Namen und verwenden Sie ihn, wann immer sich die Gelegenheit ergibt – damit machen Sie der Person ein subtiles und sehr effektives Kompliment. Vergessen Sie den Namen jedoch oder schreiben ihn falsch, können Ihnen daraus große Nachteile entstehen.

Viele Menschen wählen die sichere Alternative und sprechen ihre Gesprächspartner ohne Namensnennung an. Sie können sich die Gunst Ihres Gesprächspartners sichern, wenn Sie sich die Zeit nehmen, sich nicht nur seinen Namen zu merken, sondern diesen auch zu nennen. Viele der Fallen, in die wir bei der Begrüßung einer anderen Person tappen, sind mit einer kurzen Recherche vermeidbar. Diese wenigen Minuten sollten Sie investieren, um sich von anderen abzuheben und einen besseren Eindruck bei Ihren Gesprächspartnern zu hinterlassen als die meisten Menschen.

Wenn Sie wollen, dass andere sich auch an Ihren Namen erinnern, ist dieses Opfer notwendig. Menschen lernen jeden Tag auf zahlreiche Arten neue Namen kennen – die Namen von Menschen, Unternehmen, Marken, Straßen, Läden. Wie können Sie sich hier abheben? Vor allem mit den Gefühlen, die andere Menschen mit Ihrem Namen verbinden. Wenn Sie nur irgendein Kellner in irgendeinem Restaurant in Atlanta sind – einer Großstadt mit mehr als fünf Millionen Einwohnern –, dann wird man sich genauso wenig an Sie erinnern wie an Ihr Autokennzeichen oder die Farbe Ihres Pullovers. Ihr Name wird bei anderen Menschen keine Gefühle wecken. Es ist kein Zufall, dass Herr Bates sich nach nur einer Begegnung sofort an James' Namen erinnern konnte. Er schätzt, dass er etwa zwölfmal pro Monat auswärts isst. Auf die Frage, ob er sich auch an die Namen anderer Kellner erinnert, antwortete er: »Ich kann mich an manchen Tagen kaum an meinen eigenen erinnern.«

Wir sollten den Zauber des Namens einer Person niemals vergessen. Dazu müssen wir erkennen, dass er für diese Person selbst steht. Er ist ihr Markenzeichen. Der eigene Name ist das erste Geschenk, das ein Mensch nach seiner Geburt erhält. Wird er in einem Gespräch genannt, bekommt die Information, die wir mit unserem Gegenüber besprechen, oder die Beziehung, die wir zu ihm aufbauen wollen, eine größere Bedeutung.

Der beste Beweis dafür findet sich vielleicht in einer Arztpraxis. Unter den Ärzten in Amerika wird seit langem diskutiert, ob und wann ein Patient mit seinem Vornamen angesprochen werden sollte. Macht die Nennung des Vornamens bei Arzt und Patient eine professionelle Beziehung vielleicht zu persönlich? Oder wäre eine solche Vorgehensweise sogar förderlich für die Gesundheit und den Heilungsprozess der Patienten, vor allem bei einer schlechten Prognose?

Scheinbar glauben die meisten Ärzte, dass die eigene Professionalität über allem steht und man Vornamen besser außen vor lassen sollte. Aber das Behandlungszimmer eines Arztes ist leider häufig ein Ort, an dem sich die Patienten nicht sehr zuvorkommend behandelt fühlen. Sie bekommen den Eindruck, sie seien lediglich Chipkarten ohne Gesicht und Gefühle. Ihr Name wird häufig falsch ausgesprochen oder sogar verwechselt, und das ist letztlich ein eindeutiges Zeichen für eine gestörte Beziehung zwischen Arzt und Patient.

Ein renommierter Arzt beschloss, diesem Trend entgegenzuwirken.[10] Dr. Howard Fine ist Leiter des neuroonkologischen Programms an den National Institutes of Health. In dieser Funktion führt er Grundlagenforschung durch, überwacht und verteilt die Finanzmittel der NIH und ist als Arzt für jeden Gehirntumorpatienten zu sprechen, der das möchte – und zwar kostenlos, da es sich um ein staatlich finanziertes Programm handelt.

Wenn die Patienten ihn zum ersten Mal aufsuchen, haben sie meist jegliche Hoffnung verloren. Sie haben Statistiken im Internet gelesen. Sie haben zahlreiche Horrorgeschichten gehört. Dr. Fine sieht es als Teil seines Jobs an, den Menschen auf verantwortungsvolle Weise Hoffnung zu machen. Namen spielen dabei eine große Rolle.

Er schätzt, dass er im Laufe der Jahre mehr als 20 000 Patienten behandelt hat. Er hat entschieden, sich ihnen gleich zu Beginn als »Howard Fine« vorzustellen und seinen Doktortitel wegzulassen. Anschließend fordert er seine Patienten auf, ihn mit seinem Vornamen anzusprechen. Die Beziehung erreicht dadurch eine andere Ebene. Er ist dann kein unnahbarer Arzt mehr, sondern ein kluger Freund, vertrauenswürdiger Experte und entschlossener Anwalt, der sich für ihre Gesundheit einsetzt. Er redet andererseits auch nicht um den heißen Brei herum. Er weiß, dass das Besprechen von Fakten für den Patienten gleichermaßen wichtig und schmerzhaft ist und daher der Aufbau einer guten Beziehung sein Wohlergehen entscheidend mitbestimmt. Gehirntumorpatienten brauchen weniger einen Arzt als vielmehr einen vertrauenswürdigen Berater, der sie versteht. Und das gelingt viel leichter, wenn der Arzt sich auf dieselbe Stufe wie seine Patienten stellt – die eines Menschen, der leben will.

Für einen berühmten Arzt wäre es einfach, sich hinter seinem Doktortitel zu verstecken. Aber laut einem der Leiter der NIH ist Fines Programm gerade deshalb so außergewöhnlich, weil er erkannt hat, dass Namen viel kraftvoller und zielführender sind als ein hoher Rang und Ehrfurcht gebietende Titel. Deshalb sagte Dale Carnegie: »Denken Sie daran: Für alle Menschen ist der eigene Name äußerst wichtig.«

4
Hören Sie zu

Wie bekommen Sie Ihren Traumjob, gewinnen den neuen Kunden, stärken Ihren Einfluss und verlieren keine 180 Millionen Dollar an der Börse? Indem Sie zuhören! Im März 2008 waren die Mitglieder einer noch unbekannten Indie-Band aus Kanada auf dem Weg nach Nebraska zu einer mehrwöchigen Tournee. Die erste Zwischenstation ihres United-Airlines-Fluges war Chicago. Als die Bandmitglieder das Flugzeug gerade verlassen wollten, hörten sie hinter sich eine Frau rufen: »Sie werfen Gitarren aus dem Flugzeug!« Sofort rannten sie zum Fenster und sahen hinaus. Die Frau hatte recht: Ihre Gitarren wurden durch die Gegend geworfen und landeten schließlich auf dem Gepäckwagen.

Eine dieser Gitarren, eine Taylor für 3500 Dollar, gehörte dem Leadsänger der Band, Dave Carroll, der sich sofort an eine Flugbegleiterin wandte, als er sah, was mit den Gitarren passierte.

Auf seiner Webseite berichtet er, dass die Flugbegleiterin seine Beschwerde überhaupt nicht ernst nahm und nur zu ihm sagte: »Sprechen Sie darüber nicht mit mir, sprechen Sie mit dem Bodenpersonal.«

Er verließ das Flugzeug, sprach mit einem weiteren Mitarbeiter, der ihm jedoch überhaupt nicht zuhörte. Eine dritte Mitarbeiterin schickte ihn mit den Worten weg: »Aber mein Herr, genau deshalb haben Sie ja vor Antritt des Fluges eine

Verzichtserklärung unterschrieben.« Er erklärte, dass er keine Verzichtserklärung unterschrieben habe und dass dadurch das Herumwerfen der Gitarren auch nicht entschuldigt würde. Die Mitarbeiterin bat ihn, mit seiner Beschwerde bis zur Ankunft in Omaha zu warten.[1]

Als er die Hülle öffnete, war seine Gitarre – wenig überraschend – stark beschädigt. Damit begann eine einjährige Odyssee, während deren Dave Carroll versuchte, jemanden von United dazu zu bringen, ihm zuzuhören.

In diesen zwölf Monaten sagte zwar jeder United-Angestellte Dave Carroll, was er tun solle, aber keiner machte sich die Mühe, ihm wirklich zuzuhören. Bei einem Gespräch teilte man ihm mit, er solle seine Gitarre zur Inspektion nach Chicago bringen. Er war aber bereits vor längerer Zeit in seine Heimat Kanada zurückgekehrt und hätte eine Reise von 1500 Meilen auf sich nehmen müssen.

In der Zwischenzeit ließ Carroll die Gitarre für 1200 Dollar reparieren. Schließlich war er Berufsmusiker, und die Gitarre war sein wichtigstes Arbeitsmittel. Aber ihr Klang hatte sich verändert.

Er informierte United, dass er die Rechnung für die Reparatur einreichen würde. Damit stieß er erst recht auf taube Ohren.

Ein Songschreiber verfügt jedoch immer über zwei Dinge: den Text für einen Song und ein Mittel, um ihn publik zu machen. Wenn United ihm schon nicht zuhörte, würden vielleicht seine Fans es tun.[2]

Carroll schrieb einen Song mit dem Titel »United Breaks Guitars« (*United zerstört Gitarren, Anm. d. Übers.*) und stellte das Video am 6. Juli 2009 auf YouTube zur Verfügung. Er hoffte, dass im ersten Jahr etwa eine Million Menschen das Video anklicken würden. Aber die Resonanz war viel größer als erwartet: Zwei Wochen später war das Video bereits vier Millionen Mal angesehen worden. Wenige Tage später schrieb die Londoner Zeitung *The Times*: »Die sich zusammenbrauenden Gewitterwolken schlechter PR haben für einen historischen Tiefflug der Aktie von United Airlines gesorgt. Der Aktienpreis ist um zehn Prozent gesunken. Das kostet die Aktionäre insgesamt 180 Millionen Dollar. Mit dieser Summe hätte United Carroll 51 000 Ersatzgitarren kaufen können.«[3]

Wenn wir anderen zuhören, können wir ihre Herzen erreichen und ihre Meinung ändern. Wir können den Menschen genau das geben, was sie sich am sehnlichsten wünschen – gehört und verstanden zu werden.

Loïc Le Meur, Gründer des Unternehmens Seesmic, meint, die Zeit der Online-Werbekampagnen sei vorbei. Der Schlüssel für jedes Unternehmen ist heutzutage ein »langfristiges Kundenbindungsprogramm«, das es einem Unternehmen ermöglicht, seinen Kunden zuzuhören.[4]

Dennoch scheinen Online-Werbekampagnen immer noch äußerst vielversprechend zu sein. Wie kein anderes Medium können sie uns ein demographisches Profil liefern. Ihr Unternehmen sucht eine 23-jährige Programmiererin, die sich für Korbflechten interessiert? Mit ziemlicher Sicherheit findet man sie auf irgendeiner Internet-Seite. Das Erstellen solcher Profile war lange Zeit der Traum von Werbeexperten auf der ganzen Welt. Warum sollte es also plötzlich nicht mehr funktionieren?

Es funktioniert deshalb nicht mehr, sagte Le Meur, weil die Welt ganz einfach nicht auf diese Weise funktioniert. Es reicht eben nicht mehr aus, dass Menschen ein Produkt zu Gesicht bekommen.[5] Die ganze Sache funktioniert nur, wenn man den Kunden zuhört und Vertrauen aufbaut. Dieser Prozess vollzieht sich zwar langsam, aber er ist erfolgreich.

Während der dunkelsten Stunden des Bürgerkriegs schrieb Lincoln an einen alten Freund in Springfield, Illinois, und bat ihn, nach Washington zu kommen. Lincoln teilte ihm mit, er habe einige Probleme, die er mit ihm besprechen wolle. Der ehemalige Nachbar begab sich so schnell er konnte nach Washington. Lincoln sprach mehrere Stunden lang mit ihm darüber, ob es ratsam sei, eine Proklamation zur Befreiung der Sklaven herauszugeben. Er legte alle Argumente für und gegen einen solchen Schritt dar. Anschließend las er Briefe und Zeitungsartikel, in denen ihn einige Menschen kritisierten, weil er die Sklaven nicht befreite. Andere wiederum beschimpften ihn, weil sie fürchteten, er könne genau das tun. Nach dem langen Gespräch schüttelte Lincoln seinem Freund die Hand, wünschte ihm eine gute Nacht und schickte ihn zurück nach Illinois, ohne ihn jemals nach seiner Meinung gefragt zu haben. Lincoln hatte die ganze Zeit über allein geredet. Das Sprechen hatte ihm mehr Klarheit verschafft.

»Er schien sich nach dem Gespräch besser zu fühlen«, sagte der alte Freund. Lincoln hatte keinen Rat gesucht. Er hatte einen wohlwollenden, vertrauenswürdigen Zuhörer gebraucht, bei dem er seine Last abladen konnte. Letztlich brauchen wir alle das von Zeit zu Zeit. Die Frage ist, ob auch Sie anderen ihre Last nehmen können, indem Sie ihnen zuhören.

Als Präsident Coolidge Vizepräsident war, wurde Channing H. Cox zu seinem Nachfolger als Gouverneur von Massachusetts ernannt. Eines Tages kam dieser nach Washington, um seinen Vorgänger zu treffen. Cox war beeindruckt von der Tatsache, dass Coolidge jeden Tag eine lange Reihe von Besuchern empfangen konnte und dennoch um 17 Uhr Feierabend hatte, während Cox häufig bis 21 Uhr an seinem Schreibtisch sitzen musste. »Wie kann das sein?«, fragte er Coolidge. »Sie müssen zuhören, nicht argumentieren«, entgegnete Coolidge.[6]

Die Kraft des Zuhörens ist – wie die Kraft des Lächelns – in höchstem Maße erstaunlich. Wenn Sie anderen Menschen aufmerksam zuhören, machen Sie nicht nur sofort einen guten Eindruck, Sie schaffen damit auch die wichtigste Voraussetzung für eine stabile Beziehung. Denn wer ist nicht gerne mit einer Person zusammen, die ihre eigenen Gedanken außen vor lässt, um die der anderen Person anzuhören?

Wenige Menschen unserer Tage hören ihren Mitmenschen so aufmerksam zu, wie Sigmund Freud es tat. Ein Mann, der ihn persönlich kannte, beschrieb es folgendermaßen:

»Es traf mich mit solcher Wucht, dass ich es niemals vergessen werde. Er hatte Eigenschaften, die ich noch nie bei einem Menschen gesehen hatte. Ich hatte niemals eine derart konzentrierte Aufmerksamkeit erlebt. Keineswegs versuchte er, die Seele seines Gegenübers mit seinen Blicken zu durchdringen. Seine Augen waren sanft und klug. Seine Stimme war leise und freundlich. Er setzte kaum Gesten ein. Aber die Aufmerksamkeit, die er mir gab, die Wertschätzung für das, was ich sagte, auch wenn es mir schwerfiel, die richtigen Worte zu finden, war außergewöhnlich. Sie können sich gar nicht vorstellen, was es für mich bedeutete, dass mir jemand auf diese Weise zuhörte.«[7]

Man könnte argumentieren, dass Menschen wie Freud, Lincoln und andere Personen aus der Vergangenheit es viel leichter hatten. Ihre Welt war kleiner und ganz sicher überschaubarer. Dieses Argument stimmt zwar, es darf aber keine Entschuldigung sein.

Ja, die Welt ist viel größer und auch unübersichtlicher geworden. Aber wir können diese Eigenschaften der modernen Welt auch für uns arbeiten lassen. Leider scheinen viele Menschen das noch nicht erkannt zu haben.

Unser Einflussbereich geht heutzutage weit über unsere Nachbarn und Arbeitskollegen hinaus und umfasst, in erster Linie durch Facebook, sämtliche Beziehungen, die wir jemals hatten, und damit ein so großes Netzwerk, dass es für die meisten Menschen viel zu viele Kontakte sind. Zwar hat sich die Zahl der Menschen, denen wir zuhören könnten, erhöht, die Zahl der Menschen, denen wir tatsächlich zuhören, wird jedoch immer kleiner.

Eine kürzlich in der *American Sociological Review* veröffentlichte Studie zeigte, dass die Menschen heute viel isolierter leben als vor 20 Jahren:

>»Insgesamt ist die Zahl der Menschen, die ein Amerikaner zu seinem engsten Freundeskreis zählt, von drei auf durchschnittlich zwei gesunken. (…) Während fast drei Viertel der Menschen im Jahr 1985 berichteten, sie hätten einen Freund, dem sie vertrauen können, gab nur die Hälfte der Befragten im Jahr 2004 an, über einen solchen zu verfügen. Die Zahl der Menschen, die angaben, einem ihrer Nachbarn zu vertrauen, ist um mehr als die Hälfte gesunken, von 19 auf ca. 8 Prozent.«[8]

»Wir sagen nicht, dass die Menschen heute komplett allein sind«, sagt Lynn Smith-Lovin, Soziologin an der Duke-Universität: »Sie können 600 Freunde auf Facebook haben … und 25 Menschen am Tag eine E-Mail schreiben, aber sie besprechen mit diesen Menschen keine Themen, die für sie persönlich wichtig sind.«[9]

Nach wie vor sind Menschen gefragt, die sich die Zeit nehmen, anderen zuzuhören, Menschen, die der »nervösen Ungeduld«, die in unseren Tagen vorherrscht, trotzen und für die andere Menschen wichtiger sind als der eigene Erfolg. Selbstverständlich ist es ohnehin absurd zu glauben, dass man ohne andere Menschen erfolgreich sein kann, aber häufig erkennen wir das nicht, wenn andere es uns nicht deutlich zeigen – mit ihren Augen, ihrem Schweigen oder ihrer Weigerung, mit uns Geschäfte zu machen.

Es gibt so gut wie keine wirklich neuen Tipps, wie Sie anderen Menschen im Berufs- oder Privatleben besser zuhören können. Eine sehr bewährte Methode jedoch kann bei täglicher Anwendung außerordentlich viel bewirken: Präsent sein. Ein amerikanischer Missionar formulierte dieses Prinzip einmal so: »Wo auch immer du bist, sei mit allen Sinnen dort.«[10]

John, ein angehender Politikjournalist, hatte dieses Prinzip in seinem Leben viel früher als seine Altersgenossen verinnerlicht. Er behauptet, noch nie in einem Vorstellungsgespräch versagt zu haben. Nach jedem Gespräch habe er ein Jobangebot erhalten. Noch interessanter dabei ist, dass sein Lebenslauf kaum für ihn sprach. Er gibt zu: »In den meisten Fällen war ich auf dem Papier lediglich ein durchschnittlicher Kandidat.«

Worauf führt er dann seine ungewöhnliche Erfolgsquote zurück? Er erklärt:

»Jedes Vorstellungsgespräch ist eine Chance, etwas Neues über Menschen zu lernen, die ich vorher nicht kannte. Solch eine Situation könnte dafür nicht besser sein. Es ist ein natürliches Geben und Nehmen. In diesen Gesprächen habe ich die wildesten Sachen über kulinarische Geschmäcker, zerplatzte Träume oder verrückte Hoffnungen erfahren. Menschen wollen, dass man ihnen zuhört, und sie brauchen Menschen um sich, die genau das tun. Deshalb höre ich ihnen zu. Und ich habe herausgefunden, dass Zuhören mir sehr viel Respekt eingebracht hat – mehr, als jede geplante Rede es gekonnt hätte.«[11]

Johns Präsenz bei Vorstellungsgesprächen hat dazu geführt, dass er seltene Chancen hatte – er arbeitete unter anderem als CIA-Agent und Redenschreiber für das Weiße Haus.

Wenn man ihn um Tipps bittet, um anderen Menschen besser im Gedächtnis zu bleiben, sagt er, sein persönliches Ziel sei, pro Tag 15 Fragen zu stellen. Die wichtigsten fünf Fragen, erklärt er, sind für Freunde oder Menschen reserviert, die ihm sehr nahestehen. Natürlich sollten Sie diese Menschen ohnehin fragen, wie ihr Tag war oder wie es ihnen geht. Aber Sie können auch noch weiter gehen. Fragen Sie, was sie zum Lachen gebracht hat. Oder was sie traurig gemacht hat. Fragen Sie sie nach einer Erfahrung, die sie gemacht, oder nach einer netten Person, die sie getroffen haben.

Die nächsten fünf Fragen sind für Menschen, mit denen Sie regelmäßig zusammenarbeiten. »Das alte Sprichwort, dass es keine schlechten Fragen gibt, ist möglicherweise bei einem Brainstorming wahr. Vielleicht aber auch nicht. Auf jeden Fall ist es wahr, wenn Sie dieses Prinzip aufrichtig in einem Gespräch mit anderen Menschen anwenden. Wenn Sie Ihre Fragen mit Respekt und Interesse stellen, können Sie gar nicht falschliegen.«

Die letzten fünf Fragen schließlich, so erklärt er, sind für digitale Kontakte reserviert – Facebook, E-Mails, Twitter und Blogs. »Lesen Sie die Postings und Nachrichten anderer aufmerksam durch, schreiben Sie Kommentare dazu oder antworten Sie mit Fragen, und tun Sie das bei mindestens fünf Menschen pro Tag. Zusätzlich sollten Sie Ihre Postings und Aktualisierungen dazu verwenden, Ihren Freunden und Anhängern noch mehr Fragen zu stellen. Sie werden überrascht sein, wie viele Menschen Ihnen antworten werden.«

Bob Taylor von Taylor Guitars beherzigte diesen Rat. Als er hörte, dass Dave Carrolls Taylor-Gitarre bei dem United-Airlines-Flug beschädigt worden war, kontaktierte er Carroll und bot ihm zwei Gitarren zur Auswahl an.

Stellen Sie sich vor, wie die missliche Angelegenheit verlaufen wäre, wenn nur eine einzige Person bei United darüber nachgedacht hätte, wie man die Sache mit David Carroll in Ordnung bringen konnte. Hätte sich jemand diese Mühe gemacht, hätte das Unternehmen wahrscheinlich nicht die folgende Pressemitteilung herausbringen müssen, als Carrolls Video im Netz die Runde machte:

»Uns tut der Vorfall sehr leid. Wir sind miteinander im Gespräch, um die Dinge wieder in Ordnung zu bringen. Wir sind auch der Meinung, dass dies viel früher hätte geschehen müssen. United hat aus Dave Carrolls hervorragendem Video viel gelernt. Wir möchten es zu Trainingszwecken einsetzen, um sicherzustellen, dass unser Kundenservice in Zukunft besser wird.«[12]

Es heißt, dass man durch das Leben lernt. Aber vielleicht ist eine genauso wichtige Lektion, dass man durch Zuhören lernt – und letztlich ein harmonischeres Leben führt.

5

Sprechen Sie von Dingen,
die Ihre Mitmenschen interessieren

Bei einer Dinner-Party saß George Bernard Shaw neben einem jungen Mann, der sich als einer der größten Langweiler aller Zeiten herausstellte. Nachdem er sich eine halbe Ewigkeit lang einen scheinbar endlosen Monolog angehört hatte, fiel Shaw dem jungen Mann ins Wort. Er erklärte, sie beide wüssten alles, was es auf der Welt zu wissen gäbe.

»Wie meinen Sie das?«, fragte der junge Mann irritiert.

»Nun«, antwortete Shaw, »Sie scheinen wirklich alles zu wissen. Außer dass Sie ein Langweiler sind. Das aber weiß ich!«[1]

Sicher war dies nicht der Eindruck, den der junge Mann bezweckt hatte. Die kleine Anekdote zeigt einen wichtigen Punkt: Wenn Sie für andere interessant sein wollen, sollten Sie über Dinge sprechen, die sie interessieren. Sonst werden Sie auf taube oder gleichgültige Ohren stoßen.

Das ist ein interessantes Prinzip, vor allem angesichts der Art und Weise, wie die Menschen heute miteinander kommunizieren. Die meisten Botschaften an andere dienen vor allem dazu, sie über unser Leben oder unsere Produkte zu informieren. Wir enthüllen dabei kleine, möglichst spektakuläre Details aus unserem Leben, von denen wir glauben, sie könnten andere interessieren. Das scheint zwar eine effektive Strategie zu sein, in Wahrheit ist es jedoch vor allem eine passive

Strategie, weil wir erwarten, dass andere Kontakt mit *uns* aufnehmen. Wie ein Banner auf einer Webseite, der darauf wartet, angeklickt zu werden, bieten wir anderen digitale Versionen unserer Persönlichkeit an und hoffen, dass sie sich dafür interessieren.

Das Problem ist jedoch: Es handelt sich dabei um einen reinen Marketing-Monolog und keineswegs um einen Dialog zwischen zwei Menschen, die in einer Beziehung zueinander stehen. Wir treffen Annahmen über die Wünsche anderer, aber wir fragen sie nicht danach. Wenn wir uns von solchen vorgefassten Meinungen leiten lassen, wenn wir andere Menschen kennenlernen und beeinflussen wollen, dann fällt das Ergebnis alles andere als denkwürdig aus.

Im Jahr 1810 verhandelte US-General William Henry Harrison, damals Gouverneur des Gebietes von Indiana, mit dem Indianerhäuptling Tecumseh, um Kämpfe zwischen Weißen und Indianern in seinem Gebiet zu vermeiden. Er ordnete an, dem Häuptling einen Stuhl zu bringen. Der Mann, der den Stuhl heranbrachte, sagte zu Tecumseh: »General Harrison, Ihr Vater, bietet Ihnen diesen Stuhl an.«

»Mein Vater!«, schrie Tecumseh auf. »Mein Vater ist die Sonne und meine Mutter die Erde, und ich werde an ihrer Brust liegen.« Er ignorierte den Stuhl und setzte sich einfach auf den Boden.[2]

Das größte Hindernis für einen dauerhaften Einfluss auf andere Menschen besteht darin, dass sie oder Unternehmen andere beeindrucken wollen, ohne vorher die Bedürfnisse des Gegenübers zu analysieren. Diese Methode zeugt nicht nur von Überheblichkeit, sondern von einer schlechten Geschäftsstrategie im Allgemeinen. Was die Welt wirklich braucht, sind Menschen, die ernsthaft mit anderen in Kontakt treten. Das vermittelte Dale Carnegie in seinen Büchern bereits vor 75 Jahren. Der erste Schritt ist gemacht, wenn Sie bei den aktuellen Marketingtools und digitalen Medien ebenso wie bei jedem Kontakt mit anderen Menschen zunächst über das sprechen, was den anderen wichtig ist.

Dafür müssen wir anderen zunächst aufmerksam zuhören. Sobald wir wissen, was für andere wichtig ist, können wir sie ins Boot holen, indem wir diese Dinge in unseren Gesprächen mit ihnen besonders berücksichtigen. Im Geschäftsleben wird dies häufig mit Hilfe von Customer Relationship-Management-Programmen geregelt. Allerdings meinte der Blogger Doc Searls einmal, es ginge bei diesen Programmen mehr um Management als um die Kunden.[3]

»Beim Thema Einfluss ist niemand im Recht«, schreibt die bekannte Bloggerin und Business-Strategin Valeria Maltoni, »außer Ihre Kunden.«

»Denken Sie darüber nach, bevor Sie Schwierigkeiten bekommen, weil Ihre Geschäftsergebnisse zu wünschen übriglassen. (…) Echter Einfluss kommt daher, dass Sie Menschen mit gemeinsamen Interessen zusammenbringen. Bei diesem Prozess geht es darum, herauszufinden, welche Bereiche für Ihre Kunden und potentiellen Kunden wichtig sind, und Sie können Ihren Einfluss erhöhen, wenn Sie deren Bedürfnisse erfüllen. (…) Sie werden Ihren Kunden bis zum Sankt Nimmerleinstag hinterherlaufen, wenn Sie weiterhin glauben, dass es beim Thema Einfluss um Sie selbst geht. Ganz und gar nicht. Und Sie brauchen keinen Promi an Ihrer Seite, damit Sie selbst an Bedeutung gewinnen.«[4]

Sie sorgen für echte Gemeinschaft, indem Sie mit Ihren Kontakten von den Dingen sprechen, die ihnen wichtig sind. Und diese Gemeinschaft wiederum ist wichtig für Sie, egal, ob Sie ein Ladengeschäft aufbauen, eine neue Marke einführen oder ein alles entscheidendes Meeting planen. Natürlich steht am Anfang aller Geschäftsbeziehungen der Erstkontakt. Aber bei vielen Marketingtools und Social Media geht es nur noch um diesen ersten Kontakt – also darum, einen weiteren »Freund« zu gewinnen, einem weiteren Fan ein Autogramm zu geben, sich einen weiteren Kunden zu sichern. Häufig verliert man dabei eine längerfristige Strategie aus den Augen. Im Geschäftsleben nennt man dies Kundenbindungsstrategie, aber man sollte es besser als lebendigen, gewinnbringenden Dialog innerhalb einer Gemeinschaft von Freunden bezeichnen.

Wenn die Grundlage allen dauerhaften Erfolgs das Schaffen vertrauensvoller Beziehungen ist, dann sollte das Ziel aller Kontakte zu anderen Menschen sein, so schnell und so oft wie möglich einen Nutzen für sie zu schaffen. Dazu müssen Sie jedoch einige Hürden überwinden.

Jason besucht mehrmals im Jahr abgelegene Regionen im Senegal. Seine erste Reise machte er mit einer Nonprofit-Organisation. Seitdem kehrt er immer wieder dorthin zurück, weil er jedes Mal etwas Neues lernt. Bei seinem letzten Besuch nahm ihn einer der Dorfältesten an einem heißen Nachmittag zur Seite, um ihm eine sehr wichtige Frage zu stellen: Wie leben die Menschen in Nordamerika?

Jason erklärte ihm, dass die meisten Menschen dort in Einfamilienhäusern ähnlich den Hütten in seinem Dorf lebten. Andere lebten in Wohnungen, die übereinander gebaut waren und sich in größeren Gebäuden befanden.

»Und all diese Wohnungen«, fragte der alte Mann, »haben Wände?«

»Ja«, antwortete Jason.

»Aber warum?«

»Damit sie vor schlechtem Wetter und bösen Menschen sicher sind, um die Dinge in ihrem Heim zu schützen und für sich sein zu können.«

»Oh, nein, nein, nein!«, antwortete der alte Mann. »Das ist genau die falsche Strategie.« In ihrem Dorf, erklärte er, habe man die Mauern niedergerissen, um Sicherheit zu garantieren. »Weißt du, hinter Mauern können sich viel zu viele Dinge verstecken. Wir sind sicherer, wenn wir die Mauern einreißen.«

Wir leben in einer modernen Welt, in der wir zahlreiche Mauern um uns herum aufbauen. Unsere Computer haben Firewalls, unsere Häuser Mauern aus Stein und unsere Grundstücke Zäune aus Holz oder Draht. Und dann gibt es noch die große Mauer unechter sozialer Kontakte.

Charlene Li, Autorin des Buches *Open Leadership* und Expertin für Social Media, warnt vor den Gefahren des digitalen Einflusses auf unsere Beziehungen. In einem Interview erklärte sie, ihre größte Sorge sei, die Menschen könnten ein trügerisches Gefühl der Sicherheit entwickeln. »Es gibt einen Unterschied zwischen einem Freund und einem Fan«, erklärte sie. »Fans fühlen sich uns weniger verpflichtet und interessieren sich weniger für uns. Es gibt ein Kontinuum der Loyalität, in dem Fans an dem einen Ende des Spektrums und Freunde am anderen Ende angesiedelt sind. Einfluss hat man auf dem gesamten Spektrum, aber er ist sicherer und dauerhafter auf der Seite der Freunde.«[5]

Den einfachsten Beweis für Lis Argumente erhält man, wenn man den Computer anmacht, ins Internet geht und versucht, einen Freund auf Facebook zu kaufen. Sie werden es nicht schaffen. Jede Menge Unternehmen können Ihnen Fans auf Facebook oder Anhänger auf Twitter verkaufen, aber Sie werden deutlich sehen, dass ein wahrer Freund nicht käuflich ist.

»Wann werden wir endlich lernen, dass viele Millionen Anhänger nicht automatisch bedeuten, dass wir echten Einfluss haben?«, bloggte der Kanadier Mitch Joel, Autor von *Six Pixels of Separation*, Social-Media-Experte und Gründer der Marketing-Agentur Twist Image.

»Es ist ein Spiel (äh ... Business), das gut funktionierte, bis die richtigen Analysen und Plattformen eingerichtet wurden. ... Der Einfluss liegt bei den kleinen, stärkeren Gruppen. (...) Die Marken, die »echten Einfluss« bekommen, gewinnen (im Gegensatz zu #gewinnen) ihn deshalb, weil dahinter Menschen stehen, die echte Kontakte mit anderen Menschen eingehen (und diese Kontakte sind wirklich bedeutungsvoll). ... Es ist sehr viel praktikabler / realistischer, diese Möglichkeiten einzusetzen, um Kontakte aufzubauen und die Menschen ernsthaft an sich zu binden, statt ihre Zahl zu erhöhen.«[6]

Newton Minow war unter Präsident John F. Kennedy Leiter der Federal Communications Commission (*unabhängige Behörde der Vereinigten Staaten für Rundfunk, Satellit und Kabel; Anm. d. Übers.*). Er arbeitete später in zahlreichen anderen prestigeträchtigen Jobs im öffentlichen und privaten Sektor. Als man ihn nach seinem Geheimnis fragte, sagte er, letztlich habe alles mit seinem College-Hauptfach zu tun: der Semantik – die Lehre von der Bedeutung der Wörter. Bei der Semantik geht es nicht nur um Wörter, sondern auch um den Kontext, in dem sie verwendet werden. Es geht um Verständnis.

Er sagte einmal, etwa 99 Prozent aller Konflikte beruhten darauf, dass Wörter missverstanden werden, dass sie je nach Kontext eben eine andere Bedeutung haben. Sein Erfolg kam daher, dass er versuchte, genau zu verstehen, was sein Gesprächspartner meinte.[7]

Dieses Unterfangen ist heute sogar noch wichtiger, denn als Mark Zuckerberg beschloss, jeden auf Facebook »Freund« zu nennen, traf er damit eine semantische Wahl, die leicht missverstanden wird. Das menschliche Gehirn – ganz zu schweigen von den menschlichen Gefühlen – kann Hunderte von Freunden gar nicht verarbeiten. Laut Robin Dunbar,

Professor für evolutionäre Anthropologie an der Universität von Oxford, können wir in den sozialen Kreisen, in denen wir uns bewegen, lediglich 150 Freunde managen, egal, wie gesellig wir sind.

Dunbar hat sich auf Facebook umgeschaut und herausgefunden, dass dies auch online gilt. »Das Interessante ist, dass man 1500 Freunde haben kann, aber wenn man sich den Traffic auf den Seiten anschaut, stellt man fest, dass die Menschen meistens mit dem gleichen inneren Kreis von ungefähr 150 Personen zu tun haben, der auch in der realen Welt zu beobachten ist.«[8]

Dunbar definiert einen Freund als eine Person, die für einen Menschen wichtig ist und mit der sie mindestens einmal pro Jahr Kontakt hat. Hier sollte man jedoch an Minows Theorie denken und genau über die Definition des Begriffes »Freund« nachdenken, denn man kann zwar nicht 150 enge Freunde haben, aber durchaus 150 einflussreiche Beziehungen zu anderen Menschen.

Enge Freunde fühlen sich einander zutiefst verpflichtet und gehen dabei ein großes Risiko ein – das Risiko, zu glauben, dass wir als Menschen wichtig genug für andere sind, um Einfluss auf ihr Leben zu nehmen. Ein weiteres Risiko ist, dass wir von unseren Freunden zutiefst verletzt werden können. Manche Menschen schützen sich selbst vor diesem Schmerz, indem sie keine engen Freundschaften eingehen. Andere pflegen möglichst viele oberflächliche Bekanntschaften, so dass eine Verletzung durch einen Freund leicht durch die Masse der anderen kompensiert werden kann.

Die Kernaussage ist, dass Beziehungen zu anderen Menschen immer auch ein Risiko bedeuten, und wenn wir andere Menschen beeinflussen wollen, müssen wir dieses Risiko in Kauf nehmen. Wie viel wir persönlich investieren, hängt davon ab, wie nah uns die jeweilige Person ist oder sein soll. Es beinhaltet jedoch immer ein Risiko, aus neugierigen Anhängern verlässliche Freunde zu machen, bei denen wir nachhaltigen Einfluss haben, der über kurzfristige Geschäftsbeziehungen hinausgeht. Sobald wir durch Zuhören herausgefunden haben, was für andere Menschen wichtig ist, sollten wir unsere eigenen Interessen außen vor lassen und nur noch von den Dingen sprechen, die für den anderen wichtig sind. Es ist wie immer im Leben. Wenn das Risiko groß ist, kann die Belohnung umso größer sein: Sie haben mehr Einfluss, und irgendwann kommt die Zeit, in der die anderen sich um das kümmern werden, was Ihnen wichtig ist.

Jamie Tworkowski hatte dieses Prinzip verstanden. Im Jahr 2002 ritzte sich eine Bekannte namens Renee mit derselben Rasierklinge die Arme auf, mit der sie auch ihr Kokain in kleine Portionen aufteilte. Depressiv, allein und von »Freunden« umgeben, die in einer ähnlichen Verfassung waren, lag Renee nicht mehr viel an dieser Welt.

Da trat Jamie, ein einfacher Surfboard-Verkäufer, auf den Plan und stellte mit einer Gruppe seiner Freunde Renees Welt auf den Kopf. Sie dachten nicht an die emotionalen Risiken und versuchten, ihr zu helfen, indem sie für sie da waren. Sie kauften ihr Kaffee und Zigaretten, machten Musik für sie und umgaben sie mit Liebe. Statt der selbstverachtenden Worte, die sie sich in die Haut ritzte, wollten sie »Liebe« auf ihre Arme schreiben.

Während seiner Freundschaft mit Renee entwarf Jamie T-Shirts, die er verkaufen wollte, um ihre Therapie zu bezahlen. Er bat den Leadsänger einer bekannten Rockband: »Bitte trage eines unserer T-Shirts auf der Bühne.« Der Musiker tat ihm den Gefallen.

Fast zehn Jahre später ist Renee clean. Jamies Organisation »To Write Love on Her Arms« verkauft T-Shirts im Wert von drei Millionen Dollar pro Jahr und investiert das Geld in zahlreiche Therapie-Programme.

Über 200 000 Menschen folgen Jamie auf Facebook und

Twitter. Ihm ist bewusst, dass die meisten von ihnen neugierige Fans und Anhänger sind. Sehr wenige von ihnen sind echte Freunde, so wie Renee.

Jamie hat einen gewissen Einfluss auf die Menschen, die ihm folgen, aber dieser Einfluss ist geringer als bei seinen Freunden und sehr flüchtig. Er akzeptiert das und lässt jeden wissen, dass es andere auf der Welt gibt, die Gutes tun und die es ebenso wert sind, beachtet zu werden.

Den größten Einfluss hat er bei seinen echten Freunden. Sie bilden sein persönliches Umfeld. Jeder Mensch hat sein eigenes Umfeld, und es gehört zu ihm, ganz gleich, was er macht und wo er sich befindet.

Der Unterschied zwischen Fans und Freunden ist wichtig, wenn wir bei anderen einen bleibenden Eindruck hinterlassen wollen. Es gibt die Menschen, bei denen wir viel Einfluss haben. Dies ist sowohl ein Geschenk als auch eine große Verantwortung. Sie sollten nicht nur wissen, wer diese Menschen sind, sondern auch, was diesen Menschen wichtig ist. Sorgen Sie dafür, dass die Beziehung für beide Seiten vorteilhaft und besonders ist – vor allem jedoch für die andere Person.

»Die Fähigkeit einer Marke, ihre Botschaft an Millionen Menschen weiterzugeben, steht und fällt mit diesem Eindruck«, erklärt Mitch Joel in seinem bereits erwähnten Blog-Posting.

»Wir (als öffentliche Person) scheinen zu glauben, dass Einfluss allein von dem Eindruck herrührt, den wir auf dem Markt hinterlassen, und davon, welche Kontakte wir haben. Das stimmt nicht. Echter Einfluss kommt von der Verbindung zu den Menschen, davon, dass wir diese Beziehungen pflegen, dass wir dem Leben anderer [Menschen] einen echten Nutzen bringen und alles tun, um ihnen zu helfen, damit dann, wenn der Zeitpunkt gekommen ist, wo wir Unterstützung brauchen, jemand uns helfen wird. Denken Sie nicht so viel darüber nach, wie viele Menschen mit Ihnen verbunden sind, sondern vielmehr darüber, mit wem Sie verbunden sind, wer diese Menschen sind und was Sie tun, um ihnen einen echten Nutzen zu bringen und ihnen Ihre Wertschätzung zu zeigen.«[9]

Vielleicht ist letzten Endes das Wichtigste, für andere Menschen wirklich da zu sein. Eines ist gewiss: In einer Zeit, in der die Flut der Nachrichten von Tag zu Tag steigt, ist nur eine verschwindend geringe Anzahl dieser Nachrichten wirklich wichtig. Um Einfluss auf andere zu haben, sollten Sie dafür sorgen, dass Ihre dazugehören.

6

Achten Sie auf die kleinen Dinge

Er hieß Mike«, begann Steve Scanlon, Blogger und Business-Coach bei Building Champions, stets seine Geschichte. »Meine Frau Raffa und ich befanden uns einige Blocks südlich vom Central Park und hatten sein Taxi gerufen, weil wir zu unserem traditionellen jährlichen Abendessen in Little Italy fahren wollten. Unser Zeitplan war eine Katastrophe. Es war Halloween, und auf den um diese Zeit ohnehin überfüllten Straßen befanden sich doppelt so viele Autos wie sonst. Während Mike versuchte, einen Weg durch das Stadtzentrum und Manhattan zu finden, erkannten wir, dass wir unsere Pläne ändern mussten. Er schlug Greenwich Village vor, und wir waren einverstanden. Wenige Minuten später ließ er uns dort an einer Kurve aussteigen, empfahl uns drei Restaurants und fuhr zurück in die sich langsam bewegende Masse. Ich dachte, wir würden ihn nie wiedersehen.«[1]

Aber es sollte anders kommen, wie Scanlon mit einem Lächeln andeutete.

Während des Essens fasste Scanlon in seine Hosentasche. Er suchte alles ab, aber sein Handy war weg. Er geriet in Panik, als ihm klarwurde, wo es sein musste.

Er war völlig verzweifelt, als er an die Folgen dachte: Er müsste es sperren lassen, würde seine wertvollen Kontaktdaten verlieren und musste ein neues kaufen. Er rief vom Handy seiner Frau aus seine Nummer an und erwartete, seine eigene

Mobilbox-Nachricht zu hören. Stattdessen nahm jemand mit einem leicht indischen Akzent ab. »Haaaalllooo?«

»Wer spricht dort?«, fragte Scanlon. Seine Stimme klang schroffer als beabsichtigt.

»Hier spricht Mike«, antwortete die Stimme.

Scanlon holte tief Luft und begann, die Situation zu erklären. Er erwähnte auch, dass sie bald nach Hause fliegen mussten.

»O mein Gott«, antwortete Mike, »Ihr Telefon ist natürlich sehr wichtig. Ich komme, so schnell ich kann.« Er gab dann eine Straße durch, die für ein Treffen geeignet war, und versprach, sich zu beeilen.

Scanlon drehte sich erstaunt und erleichtert zu seiner Frau um und berichtete ihr, was geschehen war. Als Mike 20 Minuten später am Treffpunkt eintraf, steckte Scanlon ihm 80 Dollar zu – das gesamte Bargeld, das er bei sich trug.

»So viel Dankbarkeit war ihm fast peinlich«, erklärte Scanlon, »aber ich wollte, dass er verstand, wie außergewöhnlich seine Tat war. Er hatte niemals etwas von Geld erwähnt. Dass er sein Taxameter ausgestellt hatte und so weit gefahren war, um einem unachtsamen Kunden zu helfen, war wirklich außergewöhnlich. Ich hätte ihm doppelt so viel Geld gegeben, wenn ich mehr bei mir gehabt hätte.«

Dieser kleine Dienst des Taxifahrers machte einen großen Unterschied. Aus einem Albtraum wurde eine wertvolle Erfahrung. Scanlon nennt das, was Mike tat, »auf die kleinen Dinge achten«.

Im Laufe unseres Lebens hat man uns beigebracht, vor allem das große Ganze zu würdigen. Wir lernen, uns große Ziele zu setzen, wichtige Beziehungen aufzubauen und beachtliche Deals abzuschließen. Heute ist vielleicht das wichtigste Ziel, viele Anhänger um sich zu scharen. Solche großartigen Ziele können zwar wertvoll sein, wenn wir uns jedoch nur auf den großen Vorteil konzentrieren, vergessen wir darüber die kleinen Dinge, die einen großen Unterschied machen können. Wir verpassen die Chance, tiefer zu gehen, eine Beziehung noch mehr zu festigen, anderen ein gutes Gefühl zu geben.

»Der Punkt«, erklärte Scanlon, »ist nicht, dass es schlecht ist, an das große Ganze zu denken. Es ist sogar absolut notwendig, um Erfolge zu erzielen – vor allem in der Beziehung zu anderen Menschen –, aber das alleine ist noch nicht genug, um große Ziele zu erreichen.«

Zwischen dem, was wir säen, und dem, was wir ernten, liegen viele Schritte. Die meisten dieser Schritte sind die kleinen Samen, die wir tagtäglich in den vermeintlich unwichtigen Momenten ausstreuen.

Ein Beispiel dafür erlebte ein Abteilungsleiter bei Macy's. Er hatte die große Vision, im Juni die Verkaufszahlen bei den Damenschuhen während des Sommerschlussverkaufs zu verdoppeln. Außerdem sollten die Verkäufer Zusatzangebote anbieten und so rekordverdächtige Ergebnisse erzielen. Leider war das Ergebnis dann alles andere als rekordverdächtig.

Der erste Juni kam, und seine Verkäufer hörten auf, den Kunden zuzuhören. Sie achteten nicht mehr auf das Budget der Kunden und respektierten ihre Zeit nicht. Stattdessen begannen sie, krampfhaft nach Möglichkeiten zu suchen, den Kunden einen teureren Schuh, ein zweites Paar Schuhe zum halben Preis oder ein passendes Accessoire anzubieten. Am Ende des Monats waren die Verkaufszahlen um acht Prozent gesunken.

Was war schiefgelaufen?

Ein typischer Abteilungsleiter hätte vielleicht seinen Verkäufern die Schuld gegeben und behauptet, sie hätten seine Anweisungen missachtet. Er zeigte jedoch mit dem Finger auf sich selbst. Was hätte er anders machen können? Er erkannte, dass er sich viel zu sehr auf das große Ganze konzentriert hatte. Sein Team hatte dadurch vergessen, auf die kleinen Dinge zu achten, mit denen das große Ziel erst erreicht werden konnte. Leider geschieht dieser Fehler häufig. Glücklicherweise bekam er eine zweite Chance.

Einige Monate später führte Macy's eine Sonderaktion zum Tag der Arbeit durch. Der Abteilungsleiter wählte dieses Mal einen komplett anderen Ansatz. Das große Ziel war dasselbe – die Umsätze des Vormonats sollten verdoppelt werden. Aber nun sprach er auch über die kleinen Details des großen Ganzen. Er bat seine Mitarbeiter, nach Gelegenheiten Ausschau zu halten, den Kunden etwas Gutes zu tun: ihnen die Toilette zu zeigen, auf ihre Kinder aufzupassen, die Kinderwagen hinter der Kasse aufzubewahren, umsichtig mit ihrer Zeit und ihrem Budget umzugehen. Statt sich darauf zu konzentrieren, etwas zu verkaufen, konzentrierte sich das Verkaufsteam darauf, den Kunden den Tag zu versüßen, egal, ob sie am Ende Schuhe kauften oder nicht.

Das Ergebnis?

Die Verkaufszahlen für den September lagen 40 Prozent höher als im August. Sie waren nicht verdoppelt worden – doch selbst der Abteilungsleiter gab zu, dass dies ein ziemlich gewagtes Ziel war –, aber sie lagen um 50 Prozent höher als bei der Aktion im Juni. In jedem Fall war eine Steigerung zu verzeichnen. Der Unterschied lag in den kleinen Details.

Die große Vision änderte sich nicht. Aber der Fokus der Verkäufer hatte sich verändert. Sie konzentrierten sich nicht nur auf den großen Deal, sondern suchten nach kleinen Dingen, die sie tun konnten, um den Menschen ein gutes Gefühl zu geben. Die kleinen Samenkörner, die sorgfältig gesät worden waren, führten zu einer großen Ernte.

Viele Menschen verwechseln das inspirierende Ziel mit der Umsetzung. Wie ein Kunstlehrer, der mit seinen Schülern zu einer Wiese in den Bergen wandert und ihnen aufträgt, die herrliche Landschaft abzumalen. Der Blick auf das große Bild ist pure Inspiration: Hohes, sich im Wind wiegendes

Gras, weiße Espen mit golden leuchtenden Blättern, ein Bach, der sich vor der Kulisse schneebedeckter Berge durchs Tal schlängelt. Aber dieses herrliche Bild allein führt noch nicht dazu, dass die Schüler auch nur das kleinste Detail malen können. Ihre Versuche werden niemals an die malerische Landschaft vor ihnen heranreichen. Um großartige Künstler zu sein, müssen die Schüler lernen, sich auf die kleinen Dinge zu konzentrieren. Nirgends im Leben gilt dies mehr als in zwischenmenschlichen Beziehungen.

Wer hat nicht große Pläne für seine Partnerschaft, die Zusammenarbeit mit anderen oder bei Freundschaften? Ein Heiratsantrag ist in erster Linie eine Vision für die Zukunft zweier Menschen. Ein Vertrag über die Zusammenarbeit zweier Unternehmer ist vor allem eine Vision für ihre Zukunft als Geschäftspartner. Ein Arbeitsvertrag ist eine Vision der hervorragenden Leistungen, die der Mitarbeiter und der Arbeitgeber zusammen vollbringen wollen. Aber reicht es aus, poetisch über die Liebe zu einer Frau zu sprechen? Reicht es aus, einen tollen Kundenservice, wertvolle Inhalte oder exzellenten Support zu versprechen?

Man sagt, Leonardo da Vinci habe im Jahr 1503 begonnen, die *Mona Lisa* zu malen und sie erst im Jahr 1519 fertiggestellt. Einige Kunsthistoriker spekulieren, dass er einen Großteil dieses Zeitraums dazu verwendete, das rätselhafte Lächeln zu gestalten, über das noch Hunderte von Jahren später diskutiert werden sollte. Dieses berühmte Lächeln hat nun einen eigenen Raum im Louvre, dessen Ausgestaltung 7,5 Millionen Dollar gekostet hat, und wo ihm sechs Millionen Besucher jedes Jahr Respekt zollen. Der Wert des Gemäldes wird auf etwa eine halbe Milliarde US-Dollar geschätzt. Allerdings sagen die meisten Experten, das Gemälde sei in Wahrheit unbezahlbar.[2]

Was wäre die *Mona Lisa* ohne ihr berühmtestes Detail? Ein Bild, das niemals sein Potential entfaltet hätte.

In gleicher Weise reichen die größten und besten Absichten in der Stärkung von Beziehungen nicht aus, wenn sich die anfängliche Inspiration nicht in kleinen, wertvollen Taten für andere niederschlägt.

»Die meisten Menschen im Business behandeln ihren Kundenservice wie eine Werbekampagne«, sagte Scanlon. »Sie posten darüber, machen Versprechungen und promoten ihn. Aber wenn Sie ihn nicht jeden Tag mit den kleinen Dingen leben, ist er nur ein Lippenbekenntnis.« Es ist, wie die *Mona Lisa* ohne ihr Lächeln, ein netter Versuch, der keinen großen Unterschied macht.

Sie sollten eines niemals vergessen: Das, was Sie motiviert, Freunde zu gewinnen, ist selten das, was andere motiviert, mit Ihnen befreundet zu sein.

Sie lassen sich leiten von dem Gedanken, was Sie durch deren Loyalität, Unterstützung oder Zusammenarbeit erreichen können. Der große Wurf motiviert Sie – die Vision davon, wie die Dinge sein können, wenn Ihre Beziehung und die Zusammenarbeit von Erfolg gekrönt sind.

Diejenigen hingegen, mit denen Sie eine Verbindung aufbauen und zusammenarbeiten wollen, sehen nur das kleine Detail: Ihre eigenen Erfahrungen mit Ihnen. An den kleinen Dingen, die Sie für sie tun, sehen sie, wie motiviert Sie wirklich sind. Und diese kleinen Taten sind es, die andere Menschen motivieren, mit Ihnen zusammenzuarbeiten.

Andere stellen sich in Bezug auf Sie die Frage: »Wie wertvoll ist meine Beziehung zu dieser Person?«

»Was hat diese Person in der letzten Zeit für mich getan?«, ist noch immer die wichtigste Frage, die sich die meisten Menschen stellen. Vermutlich ist das bei der heutigen Flut von Millionen Nachrichten und Nachrichtenübermittlern, die alle um Aufmerksamkeit buhlen, sogar noch mehr der Fall als früher. Das bedeutet nicht, wie manche glauben, dass man sich kontinuierlich selbst übertreffen oder besonders spektakuläre Handlungen vollbringen muss, sondern es heißt ganz einfach, dass das Geheimnis für persönlichen Erfolg darin liegt, die Beziehung für den anderen wertvoll zu machen – und zwar regelmäßig.

Leider »hat im digitalen Zeitalter das Gewinnen von Freunden viel mit Marketing zu tun – damit, sich von anderen abzuheben, Bedeutung zu haben«, sagte Tony Robbins, ein bekannter Coach für Spitzensportler, in einem Interview. »Es gibt zwei Wege, um das zu erreichen«, erklärte er. »Machen Sie etwas richtig gut oder richtig schlecht. Leider ist schlechte Presse heutzutage die beste Möglichkeit, schnell bekannt zu werden. Die heutige Technologie gibt uns die unglaubliche Möglichkeit, uns an sieben Tagen der Woche vierundzwanzig Stunden am Tag mit jeder beliebigen Person auf diesem Planeten in Verbindung zu setzen, von ihr zu lernen und ihr Gutes zu tun. Und doch können wir jemanden angreifen oder uns dumm verhalten und damit sofort berühmt werden. Bedauerlicherweise wählen viele Menschen genau diesen Weg.«[3]

Neben den offensichtlichen Folgen für die Beziehung zu anderen Menschen gibt es noch ein ganz anderes, strategisches Problem: Im digitalen Zeitalter sind derart provokative Meldungen an der Tagesordnung. Zwischen Medienberichten, Marketingkampagnen und digitalen Strategien mit Ellbogenmentalität ist die Konkurrenz riesig, wenn es darum geht, das Interesse des Publikums zu wecken. Und der Lohn ist vergleichsweise gering.

Der Schlüssel, um in der heutigen Zeit Freunde und Einfluss zu gewinnen, sagte Robbins, bestehe darin, »Beziehungen so zu gestalten, dass Sie für die andere Person eine Bedeutung haben, statt sie zu manipulieren. Das können Sie nur erreichen, wenn Sie dafür sorgen, dass Sie für den anderen wichtig und nützlich sind.«

Auf dieser Skala wird jeder Ihrer Kontakte mit anderen

Menschen bewertet – jede Twitter-Nachricht, jedes Posting, jede E-Mail, jeder Anruf, jede persönliche Begegnung. Wie lassen sich Ihre Kontakte zu anderen Menschen einordnen – sind sie nützlich für andere oder weniger nützlich? Zu welcher Seite der Skala tendieren Sie langfristig? Das ist vielleicht die wichtigste Frage. Denn wir alle machen Fehler. Wir alle haben von Zeit zu Zeit einen schlechten Tag. Aber wir müssen den Preis für unsere Fehler im Umgang mit anderen Menschen schneller und gnadenloser bezahlen als früher. Aus diesem und keinem anderen Grund sollte man alles tun, was in der eigenen Macht steht, um anderen ein gutes Gefühl zu geben – in jedem Medium und mit jeder Nachricht. Zwar haben wir alle einen gewissen Spielraum für Fehler, aber dieser ist extrem begrenzt. Wie oft schon hat ein einziger schiefer Blick eine Beziehung zerstört?

Bei vielen Völkern gab und gibt es Götter und Göttinnen der Gerechtigkeit. In der griechischen Mythologie war Themis, eine Göttin aus dem Geschlecht der Titanen, für die Organisation des Gemeinwesens zuständig. Dike war die Göttin der Gerechtigkeit, die richtig und falsch gegeneinander abwog. Justitia, die durch die Fehltaten der Sterblichen gezwungen war, in den Himmel aufzusteigen, verkörperte bei den Römern die Gerechtigkeit. Ma'at war die ägyptische Göttin, die das Universum bis zur Erschaffung der Erde zusammenhielt und anschließend eine himmlische Ordnerin wurde.

Aus diesen Göttern und Göttinnen entwickelte sich das moderne Bild der Gerechtigkeit: Die Frau mit den verbundenen Augen, die ein Schwert und eine Waage in den Händen hält und die heute für die Rechtssysteme der westlichen Welt steht. Ihre Botschaft könnte nicht einfacher sein: Die Wahrheit muss von Fall zu Fall ganz neutral untersucht werden, damit am Ende die Gerechtigkeit siegt.

Etwas differenzierter betrachtet, heißt das Folgendes: Alles kann die Waage aus dem Gleichgewicht bringen. Es gibt bei einer bestimmten Situation kein wertloses Argument oder irrelevante Fakten. Sie alle werden auf die Waage der Justitia gelegt.

Was für die Justiz gilt, stimmt auch für zwischenmenschliche Beziehungen. Es gibt keinen neutralen Austausch. Man leistet für andere etwas Gutes oder eben nicht.

Jordan grübelte noch zehn Jahre nach seiner Scheidung, was zur Trennung geführt hatte. Es war der Vorabend seiner zweiten Eheschließung. Ein Freund fragte ihn, warum seine erste Ehe gescheitert war. Es sei dazu gekommen, sagte er, weil er die Waage nicht beachtet hatte. Jeder einzelne Kontakt mit seiner Frau sendete eine von zwei Botschaften – dass sie für ihn die wichtigste Person auf der Welt war oder eben nicht. Er hatte die zweite Botschaft zu häufig gesendet.

Es ist unrealistisch zu glauben, dass jeder einzelne Kontakt mit einer anderen Person das eigene Leben grundlegend verändern kann. Aber die Waage schlägt jeden Tag in die eine oder die andere Richtung aus. Dieses Wissen sollte Grund genug sein, genau zu überlegen, welche Botschaft Sie anderen senden. Auf diese Weise an andere Menschen zu denken macht im digitalen Zeitalter einen großen Unterschied aus.

Der *New York Times*-Journalist David Brooks schrieb eine Kolumne mit dem Titel »High Five Nation«, in der er die Demut der amerikanischen Bevölkerung am Ende des Zweiten Weltkriegs nach der Kapitulation Japans mit der heutigen Haltung vergleicht. »Am Tag des Sieges stand der Faschismus für Größenwahn, Prunk, Prahlerei und Wahnsinn. Die alliierten Propagandamühlen hatten ebenfalls ordentlich für polemische Übertreibung gesorgt. Im Jahr 1945 hatten die Menschen genug davon. Die Masse sehnte sich nach einer Haltung, die unauffällig, nicht auf sich selbst konzentriert, bescheiden und sparsam war.«[4]

Bescheidenheit, und der Anspruch, genauso viel – oder

noch mehr – über andere wie über sich selbst nachzudenken, war Teil der Kultur der damaligen Zeit. Mit der Zeit begann sich das zu verändern, schreibt Brooks. »Statt demütig vor Gott und der Geschichte zu stehen, suchten die Menschen ihr moralisches Heil in der Beschäftigung mit sich selbst. (...) Selbstdarstellung und Selbstliebe wurden Möglichkeiten, sich seinen Anteil im Kampf um Aufmerksamkeit zu sichern.«[5]

Manche Menschen erreichen heutzutage Aufmerksamkeit – man könnte auch sagen »Bekanntheit« –, indem sie sich selbst feiern und als Celebrities inszenieren. Manche von ihnen verdienen mit dieser Strategie Millionen. Aber welchen Eindruck haben wir von diesen Menschen? Begeistern sie andere für ein gutes, sinnvolles Ziel? Vielleicht, denn hinter dieser ganzen Aufmerksamkeit richten sie Menschen auf ein kulturelles Gut aus, das besser ist als nichts. Aber solche Menschen dienen primär als Provokateure. In Wirklichkeit steckt nicht viel mehr als heiße Luft dahinter.

Etwas hat sich im Laufe der Jahrtausende aber sicher nicht verändert – eine Sache, die Philosophen jeder Kultur predigten. Sie ist so alt wie die Geschichte selbst. Zoroaster brachte sie seinen Anhängern in Persien vor 2500 Jahren bei. Konfuzius lehrte sie vor 2400 Jahren in China. Lao-tse predigte sie seinen Schülern im Tal von Han. Buddha verkündete sie etwa zur selben Zeit an den Ufern des heiligen Flusses Ganges. Die heiligen Bücher des Hinduismus lehrten sie bereits 1000 Jahre zuvor. Sie alle sagen: »Behandle andere so, wie du von ihnen behandelt werden möchtest.« Zweitausend Jahre später formulierte Jesus es ein bisschen anders: »Was du nicht willst, dass man dir tu', das füg auch keinem anderen zu.«[6]

Es ist die Goldene Regel, die seit Menschengedenken existiert.

»Weißt du, was ich an dir schätze, Ike?«, fragte Winston Churchill Präsident Dwight D. Eisenhower, der stets mehr oder weniger harmonisch mit starken Persönlichkeiten wie

Bernard Law Montgomery, Charles de Gaulle und Franklin D. Roosevelt zusammengearbeitet hatte, »dass du nicht auf Ruhm aus bist.«[7]

Geben Sie anderen Menschen ein gutes Gefühl, und Sie werden überrascht sein, wie weit Sie damit kommen.

Dritter Teil

Wie Sie das Vertrauen anderer Menschen gewinnen und behalten

1

Vermeiden Sie unnötige Auseinandersetzungen

In ihrem Buch *The Preacher and the Presidents* beschreiben die beiden Co-Autoren Nancy Gibbs und Michael Duffy den unglaublichen Aufstieg des Predigers Billy Graham, der im Leben von sieben US-Präsidenten und zahlreichen anderen Führungspersönlichkeiten eine wichtige Rolle spielte. Dieser Weg, betonten sie, verlief nicht ohne Widerstände, vor allem nicht zu Beginn. Grahams Umgang mit einem seiner heftigsten Gegner illustriert hervorragend eine der wichtigsten Empfehlungen, um das Vertrauen anderer Menschen zu gewinnen.

»Im Februar 1954«, berichteten die Autoren, »schrieb Grahams Förderer Henry Luce an einen Reporter der *Time* in London, den legendären Korrespondenten Andre Laguerre, um ihn auf die Massenevangelisation im Frühjahr aufmerksam zu machen.« Das war zu einer Zeit, als Grahams Kirche in Großbritannien viel weniger Mitglieder hatte (zwischen 5 und 15 Prozent der Bevölkerung) als in den Vereinigten Staaten (59 Prozent). »Die Religion in Großbritannien liegt im Sterben«, schrieb Luce, »deshalb sollten Sie sich unbedingt ansehen, welche Wirkung Billy auf die Menschen hat ...«

Manche Menschen verachteten ihn. Einer dieser Menschen, erklären Gibbs und Duffy, war ein Kolumnist des

Daily Mirror, ein Mann namens William Connor, der Graham als »Hollywoods Version von Johannes dem Täufer« bezeichnete. Wie so häufig, wenn er einen prominenten Kritiker hatte, schlug Graham ihm ein persönliches Treffen vor. Connor konnte es sich nicht verkneifen und schlug als Treffpunkt ganz bewusst ein Pub namens »The Baptist's Head« (*Der Kopf des Täufers, Anm. d. Übers.*) vor.

Wie sich herausstellte, konnten weder Luce noch Laguerre noch Connor die Wirkung abschätzen, die Graham auf die Stadt haben würde. »In der ersten Woche kamen so viele Menschen, dass er fortan an den Samstagen drei Veranstaltungen hintereinander im Harringay-Stadion abhielt. (…) Jede Nacht saßen tausend Menschen vor ihm, und weitere tausend standen, im Regen, Schneeregen oder in der Kälte, um ihn predigen zu hören.« Zu seinem Publikum gehörten Mitglieder des Parlaments, ein Admiral sowie der Personalchef der Navy. Auch die Journalisten hatten nicht mit der Wirkung gerechnet, die Graham auf sie haben würde – vor allem auf William Connor. Nachdem er den Prediger zu dem Gespräch in dem Pub mit dem taktlosen Namen getroffen hatte, wurde Connor, der Skeptiker, zu Connor, dem Bewunderer.

»Ich hätte niemals geglaubt«, gab er anschließend in einer Kolumne über Graham zu, »dass Freundlichkeit so viel bewirken kann. Ich hätte niemals geglaubt, dass wir Sünder von einem so einfachen Mann fasziniert sein können. Wir leben und lernen.«[1]

Graham hätte auf die frechen Äußerungen Connors mit passiver Aggression reagieren können, er hätte sie ignorieren oder mit Hilfe der Presse dagegen ankämpfen können, aber er wählte einen sehr viel effektiveren Weg. Er vermied jegliche Auseinandersetzung und gewann seinen Kritiker mit Sanftmut und Freundlichkeit für sich.

Ein Streit mit einer anderen Person hat selten ein gutes Ende. Normalerweise ist hinterher jeder der Beteiligten sogar noch mehr davon überzeugt, dass er recht hatte. Es kann sein, dass Sie absolut recht haben, aber wenn Sie mit Ihrem Gesprächspartner streiten, dann ist es so, als hätten Sie unrecht.

Der Humorist Dave Barry beschrieb diesen Punkt sehr gut, als er sagte: »Ich kann sehr gut streiten. Fragen Sie meine Freunde. Ich kann einen Streit über jedes Thema gewinnen, gegen jeden Gegner. Andere Menschen wissen das und halten sich auf Partys von mir fern. Häufig laden sie mich als Zeichen ihres großen Respekts gar nicht erst ein.«

Im Internet verbringen wir sehr viel Zeit damit, mit anderen zu diskutieren oder Argumente für unseren eigenen Standpunkt zu suchen. Das sieht man am besten an den Kommentaren zu beliebten Blogs oder neuen Seiten. Häufig geht es darum, wer was gesagt hat oder wer klüger ist. In Unternehmen und in der Politik scheint es permanent nur darum zu gehen, Beweise darzulegen und recht zu behalten, statt nach einer gemeinsamen Basis zu suchen, auf der alle Beteiligten gewinnen. Wenige dieser Auseinandersetzungen führen dazu, dass Menschen ihre Meinung ändern. Denn die Argumente werden nur in digitaler Form dargelegt und haben somit nicht die gleiche Wirkung wie eine persönliche Auseinandersetzung. Deshalb geschieht nicht sehr viel, wenn Sie andere in schnippischer Weise persönlich angreifen oder passive Doppeldeutigkeiten vom Stapel lassen – die am wenigsten erfolgversprechende Strategie im Umgang mit anderen Menschen.

Das geschah zum Beispiel, als der ehemalige Vorstandsvorsitzende von BP, Tony Hayward, sich selbst entlasten wollte und mit arroganter Gleichgültigkeit auf die tragische Explosion auf der Deepwater Horizon, bei der elf Menschen ums Leben kamen, und die anschließende Ölkatastrophe reagierte, durch die das Ökosystem des Golfstroms völlig aus dem Gleichgewicht geriet und die Existenzgrundlage von Tausenden Arbeitern im ganzen Land zerstört wurde. Laut eines Artikels in der Zeitschrift *The Times* leugnete er gleich zu Beginn seiner Rede wissenschaftliche Erkenntnisse über Art und Menge des ausgetretenen Öls. Anschließend legte er seine Überzeugung dar, die Ölmenge sei »sehr gering« im Vergleich zur Größe des Ozeans. Daher sei auch die Auswirkung der größten Ölpest, die es in Amerika jemals gegeben hatte, auf die Umwelt sowie die der 950 000 Gallonen giftigen Dispersionsmittels, die dagegen eingesetzt worden waren, »sehr, sehr gering«. Damit begann eine Reihe von Ausrutschern, von denen er sich niemals erholte, einschließlich einer zweifelhaften, an die Menschen in Louisiana gerichteten Entschuldigung, in der er unter anderem sagte: »Ich will mein Leben zurück.«[2]

Als er, zwei Tage nachdem er den Fragen der US-Anwälte ausgewichen und seine Schuld geleugnet hatte, an der Südküste Englands in dem Städtchen Cowes bei einem Yachtrennen zu sehen war, während dessen sein Boot namens *Bob* geentert wurde, war dies nur ein weiteres Zeichen für das, was längst jeder wusste: Egal, ob er recht hatte oder nicht, Hayward hatte jegliche Glaubwürdigkeit verloren, und die Öffentlichkeit hatte ihr Urteil über ihn bereits gefällt. Denn dieses Urteil ist häufig das Einzige, was beim Thema Einfluss auf andere Menschen noch eine Rolle spielt.[3]

Seine Argumentation zeigte deutlich, dass man ihm nicht mehr vertrauen konnte. Scheinbar waren ihm lediglich zwei Dinge wichtig: seine eigene Haut zu retten und seine Macht. Seine Argumentation hatte dazu geführt, dass das Urteil über BP bereits gefällt war, ganz egal, welche Wahrheit die Fakten letztlich enthüllen wurden. BP-Tankstellen wurden boykottiert. Warum sollte man an einer BP-Tankstelle tanken, wenn es unzählige andere Tankstellen gab, die zu Unternehmen gehörten, die keine fahrlässigen Chefs hatten, deren einziges Ziel es war, sich mit Argumenten selbst freizusprechen?

Einige der Reaktionen basierten selbstverständlich ausschließlich auf der subjektiven Wahrnehmung der Menschen, aber diese Wahrnehmung wird zur Realität, wenn die Fakten unklar sind. Und wenn es um zwischenmenschliche Beziehungen geht, ist die Kraft der Wahrnehmung häufig so stark, dass selbst unwiderlegbare Fakten nicht ausreichen, um die ihnen vorausgehende Welle schlechter Presse zu verhindern.

Bei seiner Verteidigung nach seinem Rücktritt von BP – an einem Tag, den er den traurigsten seines Lebens nannte – war Hayward sehr viel verständnisvoller, nicht nur, was die Rolle seines Unternehmens bei der Ölkatastrophe anging, sondern auch in Bezug auf seinen Umgang damit. Freunde bezeichnen Hayward als freundlichen und verantwortungsvollen Familienvater, und zweifellos haben sie gute Gründe dafür. Auch BP war schließlich jahrzehntelang ein solides, respektables Unternehmen. Beide verdienen es, für ihre guten Seiten geschätzt zu werden. Schließlich hätte es auch niemandem von uns gefallen, wenn ein Streit mit unserem Partner, einem Kollegen oder Kunden veröffentlicht worden wäre. Also warum dann nicht besser die Stolpersteine im Vorfeld bereits vermeiden?

Nahezu jeden Tag haben wir es mit Konflikten zu tun. Wie verhindern wir also, dass aus einer konstruktiven Diskussion ein aggressiver Streit wird? Letztlich müssen wir verstehen, dass beide Seiten voneinander abhängig sind, und dürfen nicht nur unsere eigene Unabhängigkeit verteidigen. Wir sollten einsehen, dass respektvolle Verhandlungen langfristig effektiver sind als ein rücksichtsloser Kreuzzug.

Ein südamerikanischer Präsident hat trotz größter historischer und persönlicher Opfer bewiesen, dass sich dieses Verhalten lohnt. Man könnte erwarten, dass ein Mann, der aus ärmlichen Verhältnissen stammte, der eine Arbeiterbewegung in einem Land anführte, in dem die Rechte der Arbeiter nichts galten, der seine Frau im achten Monat ihrer Schwangerschaft sterben sah, weil das Paar sich keinen Arzt leisten konnte, und der eine Partei gegründet hatte, um die Ungerechtigkeiten zu beseitigen, ein Kämpfer ist. Aber Luiz Inácio

Lula da Silva, von allen Lula genannt, war in jeder Hinsicht anders.

»Meine Mutter hat immer gesagt, dass zwei Menschen nicht kämpfen können, wenn einer davon nicht will«, erklärte Lula einmal einem Reporter. Und deshalb kämpfte Lula nicht. Mit dieser Philosophie im Hintergrund wurde er Präsident von Brasilien und blieb fast zehn Jahre im Amt. Als seine neu gegründete Sozialistische Partei jedes Jahr mehr Wählerstimmen verlor, begann er, eine Allianz mit einer Partei des rechten Flügels zu schmieden und traf sich trotz seiner sozialen Ziele mit den Eignern der großen Unternehmen des Landes. Er gewann die Präsidentschaftswahl in Brasilien, weil er versprochen hatte, die Ärmsten der Armen hätten künftig höchste Priorität. Anschließend bildete er Partnerschaften mit Brasiliens wohlhabender und mächtiger Oberschicht und legte viel Gewicht darauf, die Wirtschaft zu stärken.

»Ich betrachte mich selbst als Diplomaten. Wenn wir Frieden und Demokratie wollen, dann müssen wir tolerant sein und miteinander verhandeln«, sagte er.[4] Lulas Toleranz und sein Verhandlungsgeschick halfen ihm dabei, während seiner Amtszeit erstaunliche Dinge zu erreichen. Indem er sowohl in seinem eigenen Land als auch auf internationaler Ebene Allianzen schmiedete, initiierte er soziale Programme, die mehr als 20 Millionen Menschen aus der Armut heraushalfen und in die Mittelschicht brachten. Er sorgte so für Wirtschaftswachstum und Stabilität. In einem Land, das für die große Schere zwischen Arm und Reich bekannt war, bereitete Lulas Geschick im Umgang mit Menschen den Weg, um historische Ungleichheiten zu beseitigen.[5]

Der Begriff der Kommunikation werde häufig fehlinterpretiert, erklärt Unternehmenspsychologin Esther Jeles. »Wir glauben, das Wichtigste sei die Lieferung von Informationen an andere. So können wir jedoch niemals das volle Potential unserer Gespräche ausschöpfen.«[6]

Jeles ruft den Führungskräften und Mitarbeitern ihrer Kunden wie Twentieth Century Fox, Leo Burnett und Harpo, Inc., in Erinnerung, dass nicht ohne Grund die Basis sämtlicher Wege zur persönlichen Weiterentwicklung im Hören auf die innere Weisheit besteht. Tief in uns allen verwurzelt ist ein »Reservoir, aus dem wir mehr Verständnis für uns selbst, mehr Wissen und bessere Ideen schöpfen können«, erklärt sie. »Spannung und Konflikte entstehen dann, wenn Sie selbst – und / oder die Menschen um Sie herum – das Wissen ignorieren, dass auch andere über eine innere Weisheit verfügen, die gehört werden will.«

Wie aber vermeiden wir Auseinandersetzungen effektiv? Rufen Sie sich in Erinnerung, wie viel mehr Menschen erreichen können, wenn sie effektiv zusammenarbeiten.

Das funktioniert, sagt Jeles, wenn man »die Tatsache berücksichtigt, dass Menschen bessere Ergebnisse erzielen, wenn sie ihre Erfahrungen und Erkenntnisse mit denen anderer Menschen zusammenbringen«.

Egal, wie gut Sie sich ausdrücken können oder wie überzeugend Sie sind, Sie werden keinen Erfolg haben, wenn Sie versuchen, sich über die andere Person zu erheben, sondern nur dann, wenn am Ende beide neue Erkenntnisse gewonnen haben und persönlich einen Schritt vorwärtsgekommen sind.

»Jeder von uns weiß, wie er Aufmerksamkeit von anderen bekommt«, sagt Jeles. »Aber wenige von uns wissen, wie man gleichzeitig Aufmerksamkeit und Respekt bekommt.«

Heben Sie sich von anderen ab, indem Sie unnötige Auseinandersetzungen vermeiden.

2
Sagen Sie nie: »Sie haben unrecht«

Die beste Lösung findet sich meistens nur dann, wenn mehrere Personen zusammenarbeiten. Dennoch sagen wir häufig sehr schnell, dass die andere Person unrecht hat – oft schon, bevor wir überhaupt darüber nachgedacht haben, was der andere gesagt hat.

Auch wenn wir glauben, dass die andere Person nicht recht hat: Ein absolut sicherer Weg, um jede Chance auf eine gute Beziehung oder Zusammenarbeit mit einer anderen Person zu verspielen, ist, ihr genau das zu sagen.

»Wer die Vergangenheit vergisst, ist verdammt, sie zu wiederholen. Wer die falschen Lehren aus der Vergangenheit zieht, wird zwangsläufig scheitern«, schreibt Deepak Malhotra, Professor an der Harvard-Business-School und Co-Autor des Buches *Negotiation Genius*, auf *Forbes.com* in der Einleitung seines Artikels, in dem er den Streit um die Verteilung der Einnahmen der National Football League (NFL) im Jahr 2011 mit einem ähnlichen Streit zwischen den Geldgebern und den Spielern der National Hockey League (NHL) in den Jahren 2004 / 2005 vergleicht.

Beide Male forderten die Eigner die Spieler mit Blick auf die steigenden Kosten auf, ihren Anteil an den Einnahmen aus der Liga zu reduzieren. Beide Male verweigerten die Spieler ihre Zustimmung und wollten Beweise für die gestiegenen Kosten. Beide Male weigerten sich die Geldgeber zunächst, diese Beweise vorzulegen. In der NHL eskalierte die Situation, weil keine der beiden Seiten nachgeben wollte. »Jede Seite warf der anderen Habgier vor«, erklärt Malhotra. »Die NHL musste die Saison absagen, weil es auch Monate nach Ablauf des *Collective Bargaining Agreement (Vertrag zwischen Spielern und Geldgebern der Eishockeyliga, Anm. d. Übers.)* nicht möglich war, einen Konsens zu erreichen. Der Verlust betrug zwei Milliarden Dollar.«

Musste es zu einem solchen Ergebnis kommen? Laut Malhotra hätte es vermieden werden können. Beide Seiten hätten dazu erkennen müssen, was dem anderen wirklich wichtig ist. »Letztlich hatten beide Seiten verloren, weil die Geldgeber nicht anerkennen wollten, dass auch die Wünsche der Spieler legitim waren. Sie verfolgten viel zu lange die falsche Strategie – Unnachgiebigkeit statt Transparenz –, indem sie den Spielern vorwarfen, sie seien gierig.«

Schließlich erklärten beide Seiten in dem Streit: »Ich habe recht und die anderen nicht«, weil keine der Parteien daran glaubte, dass auch beide Seiten recht haben könnten. Die entscheidende Lektion daraus ist laut Malhotra: »Verhandlungen sind produktiver, wenn jede Seite anerkennt, dass die Wünsche der anderen berechtigt sind. Bei dem Streit in der NFL müssen beide Seiten – Geldgeber wie Spieler – eine differenziertere Sicht auf die Dinge an den Verhandlungstisch mitbringen. Sonst werden sich die Fans in Amerika im nächsten Herbst die Zeit mit etwas anderem als professionellem Football vertreiben müssen.«[1]

Bei jedem Streit ist es entscheidend, die Dinge aus verschiedenen Blickwinkeln zu betrachten. Bei den meisten Auseinandersetzungen ist der Unterschied zur anderen Partei viel kleiner, als wir zugeben wollen. Wir tun häufig so, als wäre eine Meinungsverschiedenheit eine Schlucht, die nicht überwunden werden kann, und als wäre die einzige Lösung, dass die eine Seite von der Klippe springt (oder heruntergestoßen wird), so dass nur die andere Seite überlebt. Das entspricht jedoch mitnichten der Wahrheit. »Freundschaft, die auf Einigkeit in allen Punkten aus ist, ist keine wahre Freundschaft«, mahnte Mahatma Gandhi. »Damit Freundschaft wahr und aufrichtig ist, muss sie Meinungsverschiedenheiten und unterschiedliche Betrachtungsweisen ertragen können, egal, wie groß diese sind.«[2] In Wahrheit ist eine Meinungsverschiedenheit häufig nicht mehr als ein kleiner Riss, der leicht geschlossen werden kann, wenn wir mit mehr Offenheit in die Diskussion eintreten.

»Wir sprechen, weil wir etwas wissen«, erklärte Unternehmenspsychologin Esther Jeles in einem Interview. »Oder weil wir glauben, etwas zu wissen. Oder, vor allem im Berufsleben, weil von uns erwartet wird, dass wir etwas wissen.«[3] Diese Erwartung, dass wir ein bestimmtes Wissen haben sollten, erschwert ein offenes Gespräch mit anderen, weil wir unbewusst ausschließen, dass auch sie ihr Wissen mitbringen. Wir treten mit unseren vorgefassten Überzeugungen in das Gespräch ein, und falls diese sich nicht bestätigen, verbringen wir den Rest des Gesprächs damit, zu versuchen, die Meinung des anderen zu widerlegen. Das Ergebnis ist, dass jegliche Zusammenarbeit bereits im Vorfeld scheitert. Mit dieser Vorgehensweise werden wir im Umgang mit anderen nicht sehr weit kommen.«

Ein echtes Gespräch, sagt Jeles, ist nur möglich, wenn wir uns frei von den Dingen machen, die wir wissen oder von denen wir glauben, sie wissen zu müssen.

»Das fühlt sich unter Umständen sehr ungewohnt an«, erklärt sie, »weil wir darauf trainiert worden sind, anderen mitzuteilen, was wir denken, ihnen zu zeigen, was wir wissen und wie klug wir sind. Wir sehen allein die Tatsache, dass wir denken, als Legitimation an, darüber zu sprechen.« Beginnen wir ein Gespräch jedoch ohne vorgefasste Meinungen, dann sind wir bescheidener und ehrlicher. Wir sind uns bewusst, dass wir möglicherweise nicht alle Fakten kennen und unsere Meinung vielleicht nicht die einzig richtige ist. Und wir schaffen die Voraussetzung für effektive Zusammenarbeit – das Sammeln von Gedanken, Ideen und Erfahrungen, um ein Ergebnis zu erreichen, das mehr ist als die Summe der Einzelteile.

Die Tatsache, dass unter Umständen nicht nur wir recht haben und sogar komplett falschliegen, gilt zwar grundsätzlich in jeder Situation, aber wir wehren uns meistens gegen diesen Gedanken. Warum ist das so?

Häufig ist uns ganz einfach der schnelle Sieg wichtiger als die Aussicht auf eine langfristige Zusammenarbeit. Dieses Verhalten beeinträchtigt jedoch nicht nur die Beziehung zu einer anderen Person, sondern wir nehmen uns damit auch selbst jede Möglichkeit, in der Zusammenarbeit mit anderen unerwartete Erfolge zu erzielen. Wir bleiben weit unter unseren Möglichkeiten, wenn wir bei einer Auseinandersetzung mit anderen immer nur gewinnen wollen.

Jeles erzählt dazu folgendes Beispiel aus ihrer Zusammenarbeit mit einem bekannten Medienkonzern. Dieser hatte in höchster Eile all seine Kräfte für die Berichterstattung über den Hurrikan Katrina eingesetzt und kämpfte in der Folge mit internen Konflikten.

Ihr Handy klingelte mitten in der Nacht. Der Präsident des Medienkonzerns, mit dem sie bereits in der Vergangenheit zusammengearbeitet hatte, wollte sie dringend sprechen. Er bat Jeles, gleich am nächsten Morgen ein Meeting zu leiten, in dem eine ganze Reihe von hausgemachten Katastrophen gelöst werden musste.

Der Präsident sprach von der Tragödie, die der Hurrikan Katrina ausgelöst hatte. Infolge einer der größten Naturkatastrophen in der Geschichte der Vereinigten Staaten hatte das Unternehmen in höchster Eile 90 Prozent seiner Mitarbeiter in die betroffenen Gebiete an der Golfküste geschickt. Dies war ohne jeglichen Plan oder Strategie geschehen. Die Mitarbeiter hatten lediglich einige vage Anweisungen erhalten, mit guten Geschichten zurückzukommen. Nun, zwei Wochen später, waren die Teams in das Alltagsgeschäft zurückgekehrt und mussten im Chaos nach der Katastrophe ihre Arbeit wiederaufnehmen.

»Vier Produktionsteams sind uneins, wessen Berichterstattung Priorität haben sollte«, erklärte der Präsident. »Die Rechtsabteilung streitet mit der Produktion, weil sie der Meinung ist, man müsste erst eine juristische Prüfung durchführen. Die Buchhaltung liegt im Clinch mit sämtlichen anderen Abteilungen wegen der Aufteilung der enormen Kosten.« Er hielt kurz inne und erklärte dann, wie hoch die Kosten gewesen waren: »Sechsmal höher als bei jeder anderen Produktion zuvor.«

Jeles Rolle sollte darin bestehen, sich mit den Streithähnen zu treffen und sie bei der Lösung der Konflikte zu unterstützen.

Jeles wusste genau, was zu tun war.

Am nächsten Morgen bot sich ihr ein wohlvertrautes Bild in dem Konferenzsaal, in dem das Meeting stattfinden sollte: Die Führungskräfte und ihre Abteilungsleiter brachten ihre eigene Meinung mit in das Meeting – die Meinung, von der sie alle anderen überzeugen wollten. Die Teilnehmer begaben sich an ihre Plätze, und Jeles sagte Folgendes zu ihnen:

»Ich möchte, dass jeder von Ihnen sich einen Moment Zeit nimmt und sich folgende Frage stellt: ›Was hätte ich während des Projekts besser machen können, damit die anderen Abteilungen erfolgreicher sind?‹«

Im Geiste, sagt Jeles, hörte sie in diesem Moment, wie das verbale Gepäck der Beteiligten zu Boden fiel. Im Anschluss hörte jeder ganz aufmerksam zu, als ein Teamleiter nach dem anderen der Runde seine Gedanken mitteilte, was in der Zukunft besser laufen sollte.

Der Finanzleiter schlug vor, das Buchhaltungs- und Produktionsteam solle vor jedem Projekt eine Budgetgrenze festlegen.

Die Vizepräsidentin der Produktion erwiderte: »Wir haben keine Zeit, herumzusitzen und Budgets festzulegen, wenn gerade eine interessante Story passiert.«

Jeles intervenierte mit einer Frage: »Verstehen Sie, warum die Buchhaltung diesen Vorschlag macht?«

»Damit die Kosten nicht zu sehr in die Höhe schießen«, antwortete sie.

»Die Buchhaltung«, fügte Jeles hinzu, »ist für das Überleben dieses Unternehmens genauso wichtig wie die Produktion.« Anschließend fragte sie den Finanzleiter und die Vizepräsidentin der Produktion: »Können Sie sich vorstellen, dass Ihre beiden Abteilungen einmal in der Woche zusammenkommen, um die Budgetgrenzen für laufende Projekte sowie ein Budget für besondere Storys festzulegen, mit variablen Obergrenzen je nach Bedeutung des Ereignisses?«

Beide nickten. Die Mediation ging weiter.

Der Chefjurist des Unternehmens schlug vor, die Rechtsabteilung könne ein Dokument mit den häufigsten Problemen erstellen, damit die Produktion sich bereits im Vorfeld informieren könnte, wie langwierige juristische Prüfungen vermieden werden konnten.

Jeles blickte die Vizepräsidentin an, die zustimmend nickte. »Das wäre sehr hilfreich«, sagte sie.

»In Ordnung«, antwortete der Chefjurist.

Auf diese Art und Weise ging das Meeting weiter. Es wurde sogar bereits über konkrete Einzelheiten in Bezug auf die Budgetgrenzen und die juristischen Richtlinien gesprochen. Innerhalb von 30 Minuten stimmte jeder im Raum den erarbeiteten Lösungen zu. Das Meeting wurde offiziell beendet – und anschließend geschah das vielleicht Überraschendste: Viele Führungskräfte und ihre Mitarbeiter blieben noch sitzen, um die konstruktive Atmosphäre zu nutzen.

Als Jeles ihre Tasche packte, kam der Präsident auf sie zu. »In fünfundzwanzig Jahren«, sagte er, »habe ich an keinem einzigen Meeting teilgenommen, bei dem mehr Menschen zugehört als geredet haben.«

In der Tradition aller großen Künstler, die mit einer leeren Seite, einer weißen Leinwand oder einem unförmigen Tonklumpen beginnen, müssen wir in Auseinandersetzungen offen sein für das, was wir gemeinsam erreichen können. Nur dann können wir das Potential zwischenmenschlicher Beziehungen voll ausschöpfen.

Am 26. Juni 2000 verkündete Bill Clinton im East Room des Weißen Hauses, in dem Teddy Roosevelt geboxt, Amy Carter ihren Highschool-Abschluss gefeiert und Lewis und Clark einst in ihren Zelten übernachtet hatten, die Entschlüsselung des menschlichen Genoms. »Die Menschheit wird von nun an über ganz neue Möglichkeiten verfügen, Krankheiten zu heilen«, sagte er.[4]

Neben ihm stand Dr. Francis Collins, ein bekannter Genetiker und Leiter des Humangenomprojekts. Seit sieben Jahren hatte er ein internationales Team mit mehr als tausend Wissenschaftlern geführt – in einem Projekt, das J. Madeleine Nash, Journalistin bei der *Time*, als »eine technologische Tour de Force, die eine ähnliche Bedeutung haben sollte wie die Spaltung eines Atoms oder die erste Mondlandung«, bezeichnet hatte. »Er berichtet weiter: ›Es gibt nur ein Humangenomprojekt, und es wird für immer einzigartig sein‹, sagte Collins damals. ›Die Chance, dieses Projekt zu leiten und ihm meinen persönlichen Stempel aufzudrücken, ist mehr, als ich mir jemals erträumt hätte.‹«[5]

Die Tatsache, dass Collins sich dabei im Wettbewerb mit einem ehemaligen Kollegen befand, machte die Sache sogar noch interessanter.

Im Mai 1998, fünf Jahre nachdem Collins die Leitung des Projekts übernommen hatte, verkündete Craig Venter, ein leidenschaftlicher Biologe des amerikanischen Gesundheitsministeriums, der wie unzählige andere Wissenschaftler daran arbeitete, die genetische Information für die Heilung von Krankheiten zu nutzen, er wolle ein Unternehmen gründen, das Collins' Projekt innerhalb von vier Jahren überrunden sollte.

Der »Wettlauf« zwischen Collins und Venter sorgte für einige Schlagzeilen. Der Fokus in den Kommentaren richtete sich auf die sehr unterschiedlichen Persönlichkeiten der beiden Männer – der eine etwas vorlaut, der andere eher zurückhaltend. Und Collins, der zurückhaltendere der beiden, musste das Spiel mitspielen. Das bedeutete, dass er Wissenschaftler aus sechs Ländern, mehrere Regierungsbehörden und unzählige Universitätslaboratorien dazu bringen musste, gemeinsam auf ein Ziel hinzuarbeiten, statt lediglich dem eigenen Ruhm hinterherzulaufen.

Daher war es umso bemerkenswerter, dass Francis Collins seinen Widersacher Craig Venter an jenem Tag im East Room des Weißen Hauses folgendermaßen vorstellte: »Verständlich, provokativ und zu keinem Zeitpunkt selbstgefällig hat er den Weg zu einem ganz neuen Denken in Bezug auf die Biologie geebnet. (…) Es ist mir eine große Freude und eine ganz besondere Ehre, ihn nun zu bitten, uns mehr über diesen bahnbrechenden Erfolg zu erzählen.«

Collins wählte den Pfad der Kooperation und Partnerschaft. Er widerstand der Versuchung, vor der gesamten Presse zu verkünden, dass Venter sein ehrgeiziges Ziel nicht erreicht hatte. Venter war für ihn eine Person, die zwar anders war als er, aber keineswegs sein Gegner. Collins gab zwar zu, dass die beiden »unterschiedlich denken« würden, die *Time*-Journalistin Nash berichtete jedoch: »Collins sagt, dass er Venter stets als ›äußerst positive Inspiration‹ betrachtet hat.«

Der Grund dafür, dass wir sagen, der andere habe unrecht, ist häufig unsere unausgesprochene Angst vor Ablehnung.

Wir wollen selbst nicht unrecht haben, daher schieben wir es anderen in die Schuhe. Auch Dale Carnegie hätte sich einmal fast so verhalten, hätte nicht ein Tritt vors Schienbein ihn vom Gegenteil überzeugt:

Kurz nach Ende des Ersten Weltkriegs war er Manager des Unternehmens von Sir Ross Smith. Während des Krieges war Smith australischer Kampfpilot in Palästina gewesen, kurz nach dem Ende des Krieges sorgte er für Aufsehen, weil er in nur 30 Tagen die halbe Welt umrundete. Eine solche Heldentat war zuvor noch niemandem gelungen. Es war eine echte Sensation. Die australische Regierung schenkte ihm zur Belohnung 50 000 Dollar, der englische König schlug ihn zum Ritter, und Ross Smiths Reise war geraume Zeit in aller Munde.

Dale Carnegie nahm eines Tages an einem Abendessen zu Ehren von Sir Ross teil. Der Mann, der ihm gegenübersaß, erzählte eine lustige Geschichte, die mit folgendem Zitat zu tun hatte: »Dass Gottes Weisheit unsre Zwecke formt, wie gut wir sie auch zugehaun.«

Der Erzähler erklärte, das Zitat stamme aus der Bibel. Er hatte unrecht, und Dale Carnegie wusste das. Und er beschloss, den Erzähler zu korrigieren.

Sein Gegenüber jedoch versteifte sich auf seinen Standpunkt. »Von Shakespeare sagen Sie? Das ist absurd!« Der Mann war sich ganz sicher: Das Zitat stammte aus der Bibel.

Frank Gammond, ein alter Freund Dale Carnegies, saß links von ihm. Gammond hatte sich viele Jahre lang mit Shakespeare beschäftigt. Daher einigten sich der Erzähler der Geschichte und Dale Carnegie darauf, ihn als Experten zu befragen.

Gammond hörte den beiden zu, stieß Carnegie unter dem Tisch vors Schienbein und sagte: »Dale, Sie liegen falsch. Was dieser Herr hier sagt, stimmt. Das Zitat stammt tatsächlich aus der Bibel.«

Auf dem Weg nach Hause sagte Dale Carnegie zu Gammond: »Frank, Sie wussten, dass das Zitat von Shakespeare ist.«

»Ja, natürlich«, antwortete dieser. »Hamlet, fünfter Akt, zweite Szene. Aber wir waren Gäste auf einem Fest, mein lieber Dale. Warum sollten wir jemandem sagen, dass er unrecht hat? Wird er Sie dann sympathisch finden? Warum lassen wir ihn nicht sein Gesicht wahren? Er hat Sie nicht nach Ihrer Meinung gefragt. Er wollte sie auch nicht hören. Vermeiden Sie es, andere direkt zu kritisieren.«

Dale Carnegie sollte diese Lektion niemals vergessen.

Wenn Sie anderen Menschen sagen, dass sie unrecht haben, werden Sie sich nur Feinde machen. Wenige Menschen reagieren rational, wenn man ihnen eine solche Aussage an den Kopf wirft. Die meisten reagieren emotional und abwehrend, weil ihr Urteilsvermögen in Frage gestellt wird. Vermeiden Sie nicht nur die Worte »Sie haben unrecht«. Man kann anderen Menschen auch mit einem Blick, einer Betonung oder einer Geste zu verstehen geben, dass man anderer Meinung ist. Vermeiden Sie daher grundsätzlich, ein solches Urteil abzugeben, egal, in welcher Form.

Nur allzu schnell schleicht sich ein ganz bestimmter Tonfall in unsere Online-Kommunikation ein. Ein Tonfall, mit dem wir anderen signalisieren, dass wir glauben, er oder sie sei im Unrecht. Manchmal realisieren wir das erst dann, wenn wir das, was wir geschrieben haben, einige Zeit später erneut durchlesen. Wir glauben zwar, diplomatisch zu sein, aber jedes Wort, das ohne den dazugehörenden ruhigen Tonfall oder den richtigen Gesichtsausdruck übermittelt wird, kommt beim Empfänger unter Umständen als negatives Urteil an. Deshalb sollte man Meinungsverschiedenheiten am besten persönlich klären.

Statt abgedroschene Floskeln über E-Mail, Chat oder Twitter zu verbreiten, sollten Sie ein respektvolles, versöhnliches Umfeld für Gespräche schaffen. Legen Sie anschließend Ihren Standpunkt dar, bleiben Sie aber der anderen Person gegenüber offen. Zwar kann es sein, dass Sie recht haben und die andere Person nicht, es hat aber keinen Sinn, das Ego des anderen deswegen zu verletzen oder eine Beziehung dauerhaft zu beschädigen. Sie kennen das ja selbst: Hat jemand steif und fest behauptet, Sie hätten unrecht, erinnern Sie sich noch sehr lange daran. Genauso werden sich andere Menschen an Sie erinnern und Sie in einem negativen Licht sehen, wenn Sie ein Gespräch mit ihnen nutzen, um ihnen eine Lektion zu erteilen.

Seien Sie stets diplomatisch. Geben Sie zu, dass nicht Sie, sondern die andere Person recht haben könnte. Seien Sie freundlich. Stellen Sie Fragen. Und vor allem: Betrachten Sie die Situation aus der Sicht des anderen und zeigen Sie Ihrem Gesprächspartner, dass Sie ihn respektieren.

Dadurch erreichen Sie bessere Ergebnisse, als Sie jemals erwartet hätten!

3
Geben Sie Fehler schnell und offen zu

Der Satz: »Der Schiedsrichter hat falsch gepfiffen«, ist ein weitverbreitetes Klischee. In allen Sportarten und in den verschiedensten Situationen machen Schiedsrichter Fehler. Häufig sind die Folgen schwerwiegend. Einige sind sogar zu weltweiter Berühmtheit gelangt und haben sich in der Welt des Sports einen Namen gemacht.

Zum Beispiel das unter der Bezeichnung »Hand Gottes« berühmt gewordene Tor. Bei der Weltmeisterschaft im Jahr 1986 stand es im Viertelfinale zwischen Argentinien und England 0:0, als Diego Maradona, Kapitän der argentinischen Mannschaft, vor dem Torwart der Engländer, Peter Shilton, in die Luft sprang und den Ball ins Netz schlug. Der Schiedsrichter, Ali Bin Nasser, hatte das Handspiel übersehen und ließ das Tor gelten.

Ein weiteres Beispiel ist ein Vorfall aus dem Baseball, in den ein Junge namens Jeffrey Maier verwickelt war. In den *American League Championship Series* des Jahres 1996 führten die Orioles mit 4:3 in der Endphase des achten Innings vor den Yankees, als der Shortstop der Yankees, Derek Jeter, einen langen Ball ins rechte Feld schlug. Der zwölfjährige Maier fasste über die Bande und fing den Ball vor Tony Tarasco, dem rechten Feldspieler der Orioles. Der Schiedsrichter Rich Garcia pfiff fälschlicherweise einen Home Run statt ein Aus oder ein automatisches Doppel. Die Yankees gewannen das Spiel.

Es gibt unzählige solcher Beispiele, und der Frust der Fans über die Fehler der Schiedsrichter ist durchaus verständlich.

Natürlich stehen die Fans hinter ihrem Team. Aber Schiedsrichter sind schließlich auch nur Menschen, und deshalb ist es verständlich, dass sie Fehler machen. Was aber den Frust der Fans ins Unermessliche steigert, ist die Unfähigkeit oder die fehlende Bereitschaft der Schiedsrichter, ihre Fehler zuzugeben.

Gerade deshalb ist eines der schlimmsten Beispiele für den Fehler eines Schiedsrichters so bemerkenswert.

Das Ereignis ging unter dem Schlagwort *Perfect Game Robbery* in die Geschichte des Baseballs ein.

Armando Galarraga, der Pitcher der Detroit Tigers, war an einem Juniabend des Jahres 2010 gerade im Begriff, ein solches perfektes Spiel zu machen. Er hatte 26 Batter der gegnerischen Mannschaft hintereinander abgewehrt. Der 27. Batter (der letzte in einem Match) schlug dann einen Groundball zum First Baseman. Galarraga rannte vom Wurfmal aus los, übernahm den Wurf von dem First Baseman, fing den Ball vor dem Runner und riss die Arme hoch, um zu jubeln. Es gab nur ein Problem: Der Feldschiedsrichter, Jim Joyce, breitete seine Arme aus und rief: »Safe!«, was eine Entscheidung gegen die Detroit Tigers bedeutete.

Galarragas perfektes Spiel war durch einen der unglaublichsten Fehler in der Geschichte dieser Sportart verloren.

Aber von diesem Moment an nahmen die Dinge eine unerwartete Wendung. Vielleicht ist dies sogar der wichtigste Teil der Geschichte.

Als Joyce zurück in seine Kabine kam, sah er sich sofort die Aufzeichnung des Spiels an – nur ein einziges Mal. Er erkannte, wie falsch seine Entscheidung gewesen war. Aber statt in Ruhe Gras über die Sache wachsen zu lassen, wie so viele seiner Kollegen, wählte Joyce einen anderen Weg. Er begab sich sofort zum Umkleideraum der Detroit Tigers und wollte Galarraga sprechen.

Sein Gesicht brannte, und er hatte Tränen in den Augen, als er Galarraga umarmte. Er brachte gerade noch zwei Worte heraus, bevor er gänzlich in Tränen ausbrach: »Lo siento.« (*Es tut mir leid; Anm. d. Übers.*)

Er hatte den Mut, sich vorbehaltlos für seinen Fehler zu entschuldigen. Damit schrieb er Sportgeschichte. Perfekte Spiele hatte es schon vorher gegeben, aber noch nie hatte ein Schiedsrichter seine Entscheidung zurückgenommen.

Wir alle haben viele Dinge gemeinsam – wir werden geboren, wir sterben, und wir machen in unserem Leben eine Menge Fehler. Wir alle wissen das, und die meisten unserer Fehler sind zwar für kurze Zeit frustrierend oder sogar ärgerlich, für andere aber durchaus verzeihbar.

Warum fällt es uns dann so schwer, sie zuzugeben?

Denken Sie zum Beispiel an Tiger Woods. Sein Autounfall in der Nacht auf Thanksgiving unweit seines Hauses zog schnell zahlreiche negative Berichte über sein Privatleben und seine Affären mit anderen Frauen nach sich. Früher machten derartige Gerüchte als Klatsch und Tratsch in der Stadt die Runde, im digitalen Zeitalter jedoch befindet man sich über Nacht weltweit auf der Anklagebank.

Woods' Antwort? Ein berechnendes, vages Eingeständnis seiner »Fehltritte« und seine Bitte, seine Privatsphäre zu respektieren. Sein berufliches und privates Leben lag bald darauf in Trümmern. Sponsoren ließen ihn fallen, seine Frau verließ ihn, und auch seine Erfolge im Golf waren vorbei.

Hätte er die Situation besser lösen können? Selbstverständlich.

In den ersten Wochen nach der skandalträchtigen Berichterstattung, bevor zahlreiche Werbeverträge gecancelt wurden und seine Frau ihn verließ, empfahlen seine PR-Experten ihm ein anderes Vorgehen, das die Katastrophe gestoppt hätte. In einem Artikel der Zeitschrift *Phoenix Business Journal* wird Abbie Fink von HMA Public Relations von dem Journalisten Mike Sunnucks zitiert:

»Fink sagte, Woods und seine Mitarbeiter hätten lieber geschwiegen und seien dadurch erst in eine Geschichte hineingezogen worden, die von der *TMZ* und dem *National Enquirer* forciert wurde. ›Da von Tiger nichts kam, suchten die Medien selbst nach Quellen. Und nach den heute gesendeten Nachrichten scheint es, als gäbe es mehr als genug Menschen, die bereit sind, ihre Sicht der Geschichte mitzuteilen‹, so Fink.

Tory Corder von Critical Public Relations in Phoenix, bemerkte, Woods und seine Leute hätten zahlreiche Fehler gemacht: Er hatte gelogen, sich mit einer Bunkermentalität vor den Medien versteckt und keinerlei Bereitschaft gezeigt, auf die Berichterstattung der Boulevardmedien zu reagieren, die zum Teil der Wahrheit entsprach.«[1]

Eine ehrliche und rasche Entschuldigung in der Öffentlichkeit hätte die Dinge wieder ins rechte Licht gerückt. Schließlich war er vorher eine unbefleckte Ikone gewesen. Ein schnelles und offenes Schuldeingeständnis hätte nicht nur die Dinge klargestellt, sondern den Menschen auch gezeigt, dass er war wie alle anderen Menschen auch: ein Mensch, der Fehler macht und dadurch in Schwierigkeiten gerät (was im Grunde jeder bereits wusste). So hätte die Öffentlichkeit ihm viel schneller verziehen.

Amy Martin von Digital Royalty kommentierte damals:

»Tiger sollte seine Marke mit Hilfe der Social Media menschlicher gestalten, vor allem mit Hilfe von Twitter und Echtzeit-Videos. Seine Facebook-Seite war aalglatt und arrogant, was dazu führte, dass die Fans erst recht hinter die Kulissen schauen wollten. (…) Hätte er zugelassen, dass die Menschen hinter die Fassade des Superstars schauen, wären die Wahrnehmung seiner Person und die an ihn gestellten Erwartungen bei den aktuellen Ereignissen anders gewesen.«[2]

Unglücklicherweise wählte Tigers Team nach den Ereignissen, die seine Karriere für immer verändern sollten, einen anderen Weg. Und es dauerte sehr viel länger, bis sich die Aufregung gelegt hatte. Das ist die Konsequenz von Fehlern im Umgang mit den digitalen Medien. Negative Nachrichten verbreiten sich schneller als je zuvor. Wenn man einen Fehler begangen hat, tut man gut daran, die Kontrolle über die Berichterstattung zu behalten. Klären Sie die Dinge schnell und überzeugend.

Ein Grund, warum wir es so schwierig finden, unsere Fehler zuzugeben, ist, dass wir vergessen, was die Botschaft einer Entschuldigung ist. Wenn wir unsere Fehler sofort offen zugeben, dann ist das so, als würden wir eine Pressemitteilung veröffentlichen, in der wir bekanntgeben, dass uns die Menschen, die wir verletzt haben, nicht egal sind, dass es uns leidtut und wir die Dinge wieder in Ordnung bringen wollen. Menschen vergessen ihren Ärger und ihre Enttäuschung schnell wieder, wenn sie sehen, dass wir uns und die Situation richtig einschätzen. Wir vergeben Menschen viel eher, wenn wir merken, dass sie ihre Fehler wiedergutmachen wollen.

Vergleichen Sie, wie die Öffentlichkeit Baseball-Schlagmann Jason Giambi heute einschätzt, der sofort und unter Tränen gestand, dass er Dopingmittel eingenommen hatte, als der Skandal ans Licht kam, mit der Meinung der Öffentlichkeit über den ehemaligen Schlagmann Mark McGwire, der fünf Jahre verstreichen ließ, bevor er ehrlich Stellung bezog. Giambi hatte sein altes Leben relativ schnell zurück. Die Öffentlichkeit war gnädig und verzieh ihm schnell. Zwar hatte McGwire mit Sicherheit seine Gründe, warum er seine Erklärung so lange hinauszögerte, aber im Gedächtnis vieler Baseball-Fans ist er für immer gebrandmarkt. Ein halbes Jahrzehnt nach dem offiziellen Ende seiner Karriere war er immer noch weit davon entfernt, einen Platz in der Hall of Fame zu erhalten.

Wenn wir distanziert und gleichgültig über unsere Fehler sprechen, geben wir ebenfalls eine Art Pressemitteilung heraus, aber sie lautet in diesem Fall: »Ich will mein Leben zurück.« Zwar will jeder Mensch das Leben zurück, das er vor einem Fehler hatte, aber wir sollten nicht vergessen, dass wir allein für den Lauf der Dinge verantwortlich sind. Es ist nicht die Pflicht der anderen, uns das Leben zurückzugeben, das wir selbst zerstört haben. Nur wir selbst können unser Leben zurückerobern. Und die Voraussetzung dafür ist, dass wir unsere Fehler schnell und offen zugeben.

Leider vergessen wir alle von Zeit zu Zeit, dass es auch eine gewisse Befriedigung mit sich bringt, wenn wir den Mut haben, unsere Fehler zuzugeben. Wir werden dann nicht nur unsere Schuldgefühle los und verhindern, dass wir permanent in der Defensive sind, sondern können auch den Fehler viel schneller berichtigen.

Ronald Reagan war bekannt als der große Kommunikator, weil er – zur Freude seiner Unterstützer und zur Bestürzung seiner Kritiker – mit einer einfachen witzigen Bemerkung von defensiver Schwäche zu unbestreitbarer Stärke wechseln konnte.

Ein Beispiel für seine bewährten Methoden hatte eine gewisse Ähnlichkeit mit einer Entschuldigung. Während einer besonders schwierigen Zeit seiner Präsidentschaft machte er sich über das Weiße Haus lustig, indem er zugab: »Unsere rechte Hand weiß nicht, was unsere noch rechtere Hand tut.«[3]

Reagan wusste, dass es leichter ist, sich selbst zu verurteilen, als von anderen verurteilt zu werden. Wenn wir wissen, dass wir kritisiert werden, ist es dann nicht ratsamer, der anderen Person zuvorzukommen?

Wenn wir unsere Fehler erkennen und sie offen zugeben, dann vergeben uns andere Menschen in der Regel und zeigen sich großzügig. Sie finden den Fehler dann schnell gar nicht mehr so schlimm. Nur wenn wir uns vor der Verantwortung drücken oder uns weigern, unsere Fehler zuzugeben, wecken wir den Zorn unserer Mitmenschen, und ihr Urteil über uns wird zwangsläufig negativ ausfallen.

Wir haben heute die Möglichkeit, unsere Entschuldigung öffentlich zu machen und allen Beteiligten mitzuteilen, dass wir einen Fehler gemacht haben und dass es uns leidtut. So ersticken wir negative Gefühle, bevor sie aufkommen. Und wir gewinnen den Respekt anderer Menschen, weil es einen gewissen Mut erfordert, Fehler öffentlich zuzugeben.

Auch im Privatleben, zum Beispiel in der Familie, erfordert es Mut, seine Fehler zuzugeben. Wie schwer fällt es einem Mann und einer Frau, Fehler zuzugeben, mit denen er oder sie den Partner verletzt hat? Das fühlt sich so ähnlich an, wie wenn Sie sich selbst einen Schlag in den Magen verpasst hätten. Aber ganz gleichgültig, welchen Fehler man begangen hat, es ist entscheidend, demütig um Vergebung zu bitten.

Anne war eine erfolgreiche Führungskraft im Finanzbereich und Mutter dreier Kinder. Sie hatte ihr Studium an einer Ivy-League-Universität mit Bestnoten abgeschlossen. Sie hatte Erfolg mit allem, was sie anfing. Sie hatte den Mann ihrer Träume geheiratet. Eines Tages war sie mit einigen Kollegen auf einer Konferenz in einer anderen Stadt unterwegs. Abends besuchte die Gruppe eine Bar. Ein Drink folgte auf den nächsten. Die Gruppe wurde immer kleiner, bis nur noch sie und ein Kollege anwesend waren.

Sie beschlossen, die Bar zu verlassen und küssten sich im Aufzug des Hotels. Einige Stockwerke und Schritte später standen sie vor der Tür ihres Hotelzimmers. Sie öffnete sie.

Sie küssten sich erneut. Aber dann hörte sie auf, ihn zu küssen. Er wich zurück, und sie ebenfalls.

Beide waren verheiratet, und sie liebten ihre Ehepartner. Sie küssten sich wieder. Und hörten erneut auf. Er ging, und die Tür schloss sich hinter ihm. Anne ging alleine ins Bett ... und wachte am nächsten Morgen mit dem albtraumhaften Gedanken auf, den Mann ihrer Träume betrogen zu haben.

Zwei Tage später fuhr sie nach Hause und verlor in den folgenden sechs Jahren kein Wort über den Vorfall. Das war ein Fehler. Ein Fehler, der ihr ein einziges Mal passiert war und dessen einziger Zeuge niemals darüber reden würde.

Die Jahre vergingen. Sie hatte die Erinnerung an den Vorfall tief in ihrem Innersten vergraben. Sie wusste: Sobald jemand von ihrem Geheimnis erführe, wäre es das Ende ihres Lebens als Mensch, der niemals Fehler macht.

Aber eines Abends im Urlaub erzählte sie ihrem Mann alles. Er sah sie an und begann zu weinen. Von allen Reaktionen hatte sie mit dieser am wenigsten gerechnet.

Während der nächsten Wochen sprachen sie viel miteinander, mit ihren Freunden und ihrem Pastor. Ihr Mann trauerte, und jede Minute seiner Trauer brach ihr das Herz. Aber noch etwas anderes war zerbrochen – ihre perfekte Maske. Als Freunde von ihrem Fehltritt erfuhren, war sie überwältigt davon, etwas zu erfahren, womit sie niemals gerechnet hatte: Gnade und Vergebung.

Sie erkannte, dass die Wahrheit wirklich befreiend sein konnte. Annes kurzer Moment der Schwäche war nicht ohne Konsequenzen, aber indem sie den Fehler zugab und um Verzeihung bat, konnte sie ihr Leben aus einem ganz neuen Blickwinkel betrachten – und erkannte, dass sie auch dann geliebt wurde, wenn sie nicht perfekt war. Hätte sie sich dies nur sechs Jahre früher eingestanden!

Um zu dieser Erkenntnis zu kommen, müssen wir nur mutig genug sein, unsere Fehler zuzugeben. Jeder Narr kann einen Fehler leugnen – und die meisten Narren tun dies auch –, aber wenn wir unsere Fehler zugeben, heben wir uns von der Masse ab und fühlen uns besser.

Ende des Jahres 2010 beteiligten sich viele Menschen in der Welt des Sports an der Diskussion darüber, wen *Sports Illustrated* als »Sportler des Jahres« auszeichnen würde. Die Ehre ging schließlich an den Quarterback der New Orleans Saints Brees, weil er den einst erfolglosen Saints zu ihrem ersten Super-Bowl-Sieg verholfen hatte. Es war definitiv eine gute Wahl.

Aber Chris Harry von AOLnews.com war der Meinung, zwei andere Männer hätten den Preis noch mehr verdient. »Was sportliches Verhalten betrifft, ist für mich nichts mit den Ereignissen des 3. Juni vergleichbar.« Harry berichtet von dem zerstörten perfekten Spiel und schließt folgendermaßen:

> »Etwa sechzehn Stunden später spielten die Tigers und die Indians erneut gegeneinander, aber das wichtigste Treffen fand vor dem Spiel statt, als Galarraga sich zur Home Plate begab, um die Line-Up-Card zu übergeben. Joyce wartete auf ihn. Die beiden schüttelten sich die Hand und umarmten sich. Nie zuvor hatten die Zuschauer einen derart inspirierenden, emotionalen und bewegenden Sportsgeist gesehen. Dieser Moment war es wert, erneut durchlebt zu werden. Er lehrte uns Stil und Würde in einer Situation, in der die Umstände – besonders in der heutigen Zeit – sehr leicht zu einer ganz anderen Reaktion hätten führen können.«[4]

Wenige Worte haben die Kraft, alles zu verändern: »Es tut mir leid. Lo siento.«

4
Beginnen Sie mit Freundlichkeit

Erfolgreiche Führungskräfte ... sind immer auch Initiatoren«, schreibt der Leadership-Experte John C. Maxwell in seinem bahnbrechenden Buch *The 21 Irrefutable Laws of Leadership* (dt. *Leadership: Die 21 wichtigsten Führungsprinzipien*). Er berichtete von einer Situation, in der es nicht nur notwendig, sondern auch äußerst empfehlenswert war, mit Freundlichkeit zu beginnen. Als junger Mann sollte er die administrative Leitung einer von zahlreichen Problemen gebeutelten Kirche in Lancaster, Ohio, übernehmen. Er erfuhr, dass ein großer und einschüchternder Mann namens Jim Butz, Mitglied des Vorstands der Glaubensgemeinschaft, über den größten Einfluss verfügte. Man sagte ihm weiter, Jims Neigung zu Alleingängen habe die Kirche bereits häufiger auf den falschen Weg geführt.

Sofort nach seinem Amtsantritt vereinbarte Maxwell ein Treffen mit Jim in seinem Büro. Die Situation war heikel, denn Jim hätte es leicht falsch auffassen können, dass ein 25-jähriger Anfänger ihn, den 65-jährigen Patriarchen, zu einem Treffen aufforderte. Aber Maxwell konnte dieses Gefühl sofort zerstreuen. Sobald Jim sich gesetzt hatte, begann Maxwell mit einer Beschreibung der Situation. Jim war der einflussreichste Mann in der Gemeinde, und Maxwell wollte mit ihm zusammenarbeiten, nicht gegen ihn. Maxwell schlug anschließend vor, dass die beiden Männer sich einmal pro

Woche zum Mittagessen treffen sollten, um über aktuelle Probleme zu sprechen und gemeinsam Lösungen zu finden. »Zwar bin ich mit der Leitung der Gemeindebelange beauftragt«, sagte Maxwell, »aber ich werde in dieser Hinsicht keine Entscheidung treffen, ohne zunächst mit Ihnen darüber zu sprechen. Ich möchte unbedingt mit Ihnen zusammenarbeiten. (…) Wir beide können in dieser Kirche eine Menge großartiger Dinge erreichen. Die Entscheidung liegt bei Ihnen.«

Maxwell fuhr fort: »Als ich geendet hatte, sagte Jim kein Wort. Er stand von seinem Stuhl auf, spazierte im Vorraum herum und stoppte am Trinkbrunnen, um etwas Wasser zu trinken. Ich folgte ihm nach draußen und wartete. Nach einiger Zeit stand er auf und drehte sich um. (…) Ich konnte sehen, dass Tränen seine Wangen herunterliefen. Und dann umarmte er mich fest und sagte: ›Sie können auf mich zählen. Ich werde auf Ihrer Seite sein.‹«[1]

Freundlichkeit weckt auch bei anderen Freundlichkeit. Wir sind eher bereit, einer anderen Person zuzustimmen oder die Dinge aus ihrer Sicht zu sehen, wenn wir dieser Person gegenüber freundlich gestimmt sind. Wenn wir dagegen das Gefühl haben, die andere Person sei zu beschäftigt, unleidlich oder nicht interessiert daran, sich ebenfalls höflich zu verhalten, dann geben wir ihr dieses Gefühl direkt zurück. Das gilt für alte Bekannte ebenso wie für Menschen, die man gerade erst kennengelernt hat.

Beim Knüpfen neuer Kontakte ist nichts effektiver als Freundlichkeit und Offenheit, selbst wenn die andere Person Wut, Frustration und Ärger ausstrahlt. Eine freundliche Begrüßung vermittelt der anderen Person die Botschaft: »Ich nehme mir Zeit für dich. Du bist wertvoll.« Diese subtile Botschaft hat eine unglaubliche Kraft.

In seinem Buch *The Seven Arts of Change* berichtet David Shaner von einer Erfahrung, durch die er am eigenen Leib erfuhr, wie wichtig es ist, mit Freundlichkeit zu beginnen.[2] Ein alter Freund hatte ihn gebeten, Ki-Aikido an der Aspen-Snowmass-Academy of Martial Arts zu unterrichten. Die Akademie liegt in der Nähe von Pitkin County, einem Ort in Colorado, der im Jahr 1979 berühmt wurde, als der amerikanische Journalist Hunter S. Thompson über das »Freak Ticket« als Sheriff kandidierte und sich für die Entkriminalisierung von Drogen für den persönlichen Gebrauch einsetzte sowie die Verwandlung von asphaltierten Straßen in grüne Wiesen. Er wollte Gebäude verbieten lassen, die den Blick auf die Berge verstellten, und Aspen in »Fat City« umbenennen, um Investoren abzuschrecken. Thompson verlor die Wahl nur knapp, aber seine Vorarbeit bereitete den Weg für einen etwas weniger umstrittenen, aber ebenso unkonventionellen Mann. Sein Name war Dick Kienast, dessen Wahlplakat Sissela Boks Vision von sozialen Werten zitierte: »Vertrauen ist ein soziales Gut, das genauso geschützt werden sollte wie die Luft, die wir atmen, und das Wasser, das wir trinken.«[3]

Kienast glaubte daran, dass Höflichkeit und Einfühlungsvermögen sämtliche Handlungen der Polizei prägen sollten, egal, ob es um gewalttätige Kriminelle oder frustrierte Verkehrssünder ging. »Es handelte sich um eine bedeutsame Initiative zur Veränderung«, schreibt Shaner, »und eine, von der viele glaubten, sie sei dumm und unnötig. (...) Dennoch setzte er sich durch.« Unter Shaners ersten Ki-Aikido-Schülern waren Sheriff Kienast und seine Stellvertreter. Bob Braudis war einer der wichtigsten Stellvertreter von Kienast und sollte sein Nachfolger als Sheriff von Pitkin County werden. Vorher jedoch sicherte Deputy Braudis sein Erbe mit einer überzeugenden Demonstration der Empfehlung »Beginnen Sie mit Freundlichkeit«.

Braudis entsprach rein äußerlich dem Bild des klischeehaften bulligen, gradlinigen amerikanischen Cops. Sein Auftreten stand jedoch in einem starken und effektiven Kontrast zu der Art und Weise, wie er mit anderen Menschen umging. Er wurde niemals laut oder unfreundlich, nicht einmal in äußerst schwierigen Situationen. Ein Ereignis zeigte dies sehr deutlich.

Während seines Bereitschaftsdienstes erhielt Deputy Braudis die Meldung, ein bewaffneter Mann habe Besitzer und Gäste des Restaurants »The Woody Creek Tavern« als Geiseln genommen. Braudis traf als Erster am Ort des Geschehens ein und wurde auf der Stelle über die Situation informiert. Der Geiselnehmer und seine Ehefrau hatten sich getrennt, und die Frau hatte ihm den Kontakt zu seiner Tochter verboten. An diesem Abend hatte er seine Tochter in dem Restaurant entdeckt. Daraufhin rastete der Mann aus. Statt seine Tochter freundlich zu begrüßen, zog er ein Gewehr heraus und bedrohte die Gäste des Restaurants.

Braudis dachte über die Gefahr nach und beschloss, seinerseits auf Gewalt zu verzichten. Er näherte sich dem Fenster friedlich und unbewaffnet. Der Mann mit der Waffe spürte, dass Braudis ihm freundlich gesinnt war, und ließ zu, dass er das Lokal betrat. Braudis sprach höflich mit dem Mann und erklärte ihm, seine Tat könne im schlimmsten Fall dazu führen, dass er seine Tochter niemals wiedersehen würde.

»Bobs ruhiges Verhalten, sein besonnenes Gespräch über die wahren Probleme und sein Verständnis für die Wut des Mannes gaben dem Täter seine Würde zurück«, schreibt Shaner. »Und je länger der Mann mit Bob sprach, desto mehr verstand er, dass er vor allem auf sich selbst wütend war. Schließlich legte er die Waffe nieder. Das Verhalten des Mannes änderte sich auf der Stelle. (...) Bob erklärte ihm, dass es besser wäre, wenn er das Restaurant in Handschellen verließe, damit die Polizisten draußen beruhigt wären und sie sicher sein könnten, dass es zu keinem Schusswechsel käme. Der Mann kooperierte, und der Konflikt wurde friedlich gelöst.«[4]

Denken Sie an diese Geschichte, wenn Sie das nächste Mal

jemandem eine E-Mail schreiben, auf den Sie gerade wütend sind. Wollen Sie mit höflichen, freundlichen Worten beginnen oder Ihren Emotionen freien Lauf lassen, um damit direkt einen Konflikt heraufzubeschwören? Nehmen Sie sich einige Minuten Zeit, um über das Leben und die Situation der anderen Person nachzudenken und über gemeinsame Interessen eine echte Verbindung aufzubauen, indem Sie etwas über sich selbst erzählen. Wenn Sie mit Freundlichkeit beginnen, dann ist es sehr viel wahrscheinlicher, dass Sie die gewünschten positiven Ergebnisse erzielen, vor allem, wenn Sie mit der anderen Person einen Konflikt lösen müssen.

»Ich mag diesen Mann nicht«, sagte Abraham Lincoln einmal. »Das bedeutet, dass ich ihn besser kennenlernen muss.«[5]

Wenn Sie verstanden haben, dass eine freundliche Beziehung zu einem anderen Menschen entscheidend ist, um ein bestimmtes Ziel zu erreichen, dann werden Sie auch erkennen, dass Sie mit SMS, Chat-Messages oder anderen schnellen Kommunikationsarten wahrscheinlich nicht sehr weit kommen. Aufgrund der begrenzten Möglichkeiten und dem Fehlen von Betonung und nonverbalen Hinweisen, um Ihre Gefühle auszudrücken, ist es sehr schwierig, Freundlichkeit authentisch zu vermitteln. Ist ein persönliches Gespräch nicht möglich, sollten Sie zumindest ein Medium wählen, das Ihnen die Möglichkeit gibt, die andere Person spüren zu lassen, dass Sie ihr gegenüber freundlich eingestellt sind. Es bedarf einer gewissen Kreativität und erfordert etwas mehr Zeit, um die gleiche Wirkung wie die eines freundlichen Lächelns und eines festen Händedrucks zu erzeugen, aber es ist möglich.

»Die Social Media haben dafür gesorgt, dass Führungskräfte im Business denken müssen wie ein Ladenbesitzer in einer Kleinstadt«, stellt der Unternehmer Gary Vaynerchuk fest, der das Buch *The Thank you Economy* geschrieben hat.

»Das bedeutet, eine langfristige Strategie zu fahren und kurzfristige Benchmarks beim Messen der Erfolge zu vermeiden. (…) Kurz gesagt, Führungskräfte im Business müssen die ethischen Maßstäbe neu lernen, die die Generation unserer Urgroßeltern bei ihren Geschäften angelegt haben und die für sie selbstverständlich waren. (…) Nur die Unternehmen, die Wert auf die altmodischen guten Manieren legen und die das auch authentisch vermitteln können, werden sich auf Dauer behaupten.«[6]

Es gab eine Zeit, in der man morgens ordentlich gekleidet das Haus verließ und die Menschen freundlich grüßte, die man auf dem Weg zur Arbeit traf. Eine Zeit, in der ein Meeting ein Treffen zwischen echten Menschen war. Eine Zeit, in der man sich persönlich traf, statt anzurufen. Unsere Geschäftsbeziehungen umspannen heute die gesamte Welt, und dadurch werden solche persönlichen Begegnungen seltener. Es ist jedoch immer noch entscheidend, andere Menschen so zu behandeln, wie wir es tun würden, wenn sie vor uns stünden. Vaynerchuk berichtet, wie er seinen erfolgreichen Weinhandel führt: »Wir sprechen mit jedem einzelnen Kunden, als säßen wir mit ihm im Haus seiner Eltern beim Abendessen.«[7] Betrachtet man die Dinge auf diese Weise, wird die Verantwortung für das Gelingen einer Beziehung dem zurückgegeben, zu dem sie gehört – nämlich dem Überbringer der Botschaft.

Viele Menschen machen den Fehler, dem Empfänger einer Botschaft die Verantwortung zuzuschreiben. Wir nutzen die Antworten und Reaktionen der anderen als Maßstab dafür, ob unser Ansatz richtig war und ob wir den gewünschten Eindruck hinterlassen haben. Dies ist allerdings in zweierlei Hinsicht eine heikle Angelegenheit.

Erstens kann es dazu führen, dass man die Gefühle des Gegenübers nicht mehr berücksichtigt. Wenn es bei einem Kontakt zu einem anderen Menschen lediglich darum geht, eine tolle Antwort zu bekommen, dann sind wir schnell nur noch Unterhalter, Störenfriede oder Verkäufer, die nur darüber nachdenken, mit welchem Highlight sie als Nächstes das Interesse der anderen wecken können. Solche Highlights sind aber wenig wert, wenn es um eine echte Beziehung zu einem anderen Menschen geht.

Zweitens können diese Antworten auch enttäuschend sein, vor allem am Anfang. Eine Twitter-Nachricht kann unzählige Male weitergeleitet werden, aber das bedeutet nicht, dass die Nutzer, die Ihre Nachricht verbreiten, tatsächlich Ihre Fans oder Freunde sind. Vielleicht denken sie, dass andere Nutzer von dieser Nachricht profitieren könnten oder sich für das Produkt interessieren, vielleicht wollen sie sich auch gemeinsam mit anderen über Ihr mangelndes Wissen, Ihre Unehrlichkeit oder Ihr fehlendes Taktgefühl amüsieren. Zwar kann eine Online-Marketingkampagne die Zahl der Besucher einer Webseite erhöhen oder eine Printmedienkampagne Beachtung in der Presse finden, aber jeder kluge Geschäftsmann weiß, dass dies noch lange nicht heißt, dass der Umsatz steigt.

Der Unterschied zwischen bloßem Interesse der Kunden für ein Produkt oder ein Unternehmen und echter Kundenbindung ist riesig. Interesse kann auf zahlreiche Arten geweckt werden, von denen viele nicht wirklich genial sind. Häufig beginnt und endet alles auf einer sehr oberflächlichen Ebene, denn meistens sind nur Emotionen wie Neugier oder ein Überraschungseffekt im Spiel.

Eine echte Kundenbindung geht viel tiefer. Sie spricht die grundlegenden Werte einer Person an. Damit zeigt man anderen Menschen, dass man sie als wertvoll genug betrachtet, eine Beziehung zu ihnen aufzubauen. Wenn Sie eine andere Person auf freundliche Weise ansprechen, dann vermitteln Sie ihr, dass sie ein wertvoller Freund sein könnte und dass Sie sich wünschen, mit ihr eine gute Beziehung zu haben. Deshalb heißt es: »Wer Höflichkeit sät, erntet Freundschaft.«[8]

Beginnen Sie mit Freundlichkeit, um mit anderen Menschen mehr als nur eine oberflächliche Beziehung zu führen, ihre Motive anzusprechen und sie für sich zu gewinnen. Der erste Eindruck zählt viel stärker als das, was ein lauter oder provozierender Mensch erreichen wird, der nur die Aufmerksamkeit anderer auf sich ziehen möchte.

Vor vielen Jahren, als Dale Carnegie noch ein Kind war und morgens barfuß durch den Wald zu seiner Dorfschule im Nordwesten von Missouri lief, las er eine Fabel über die Sonne und den Wind. Sie erinnerte ihn stets daran, wie man wirkungsvoll das Vertrauen anderer gewinnen kann.

Die Sonne und der Wind waren sich uneins, wer von ihnen der Stärkere sei. Der Wind sagte: »Ich werde dir beweisen, dass ich es bin. Siehst du den alten Mann mit dem Mantel dort unten? Ich wette, dass ich es schneller als du schaffe, ihm seinen Mantel zu entreißen.«

Die Sonne versteckte sich hinter einer Wolke, und der Wind blies, bis er fast zum Tornado wurde. Aber je stärker er blies, desto mehr klammerte sich der alte Mann an seinen Mantel.

Schließlich beruhigte sich der Wind und gab auf. Anschließend kam die Sonne hinter den Wolken hervor und lächelte freundlich auf den alten Mann herab. Sofort wischte sich der Mann den Schweiß von der Stirn und zog seinen Mantel aus. Die Sonne erklärte dem Wind, dass man mit Freundlichkeit und Nettigkeit mehr erreicht als mit Wut und Kraft.

Diese Lehre gilt in unserer Zeit nach wie vor, auch wenn man heute scheinbar nur dann belohnt wird, wenn man die tollsten und schnellsten Dinge und den größten Lärm macht. Solche Belohnungen bedeuten langfristig sehr wenig, denn dauerhaftes Interesse für andere Menschen führt dazu, dass beide Seiten kontinuierlich von der Beziehung profitieren und gegenseitiges Vertrauen zunimmt. Wenn Sie nicht von Anfang an durch Freundlichkeit eine gute Grundlage schaffen, dann können Sie sich der anderen Person täglich weniger sicher sein. Wenn Sie zu lange warten oder zu oft versuchen, Aufmerksamkeit von anderen zu erhalten, dann werden Sie am Ende scheitern. Sie versuchen dann lediglich, Ihren Gesprächspartner in eine Beziehung zu drängen.

»Die andere Person muss spüren, dass Sie mit dem Herzen dabei sind«, schreibt Vaynerchuk, »oder es ist die Mühe nicht wert. (...) Unterschätzen Sie nicht die Fähigkeit anderer Menschen, eine herzlose, bürokratische Strategie, die aus sicherer Distanz gesteuert wird, zu erkennen. Das ist der Hauptgrund dafür, warum so viele Unternehmen, die es mit den Social Media versucht haben, kläglich gescheitert sind.«[9]

Freundschaft beginnt mit Freundlichkeit.

5

Schaffen Sie Nähe

Gefällt mir. Freund. Folge. Teile.

Im digitalen Zeitalter nennen wir Menschen unsere Freunde, die wir noch nie persönlich gesehen haben. Zu Dale Carnegies Zeiten war Freundschaft ohne persönlichen Kontakt undenkbar. Man traf sich. Man unterhielt sich. Man fand Gemeinsamkeiten und begann sich sympathisch zu finden. Und schließlich schloss man Freundschaft. Heutzutage folgen uns Menschen auf Twitter, gehören zur selben Facebook-Gruppe oder kommentieren unser neuestes Video auf You-Tube mit »Gefällt mir«, bevor wir wissen, wer sie sind. Häufig sind wir mit anderen über zahlreiche verschiedene Medien verbunden, bevor wir sie zum ersten Mal persönlich treffen.

Indem wir mit Hilfe digitaler Buttons und Symbole wie beispielsweise ein in die Luft gereckter Daumen anzeigen, dass uns Dinge gefallen, erhalten wir die Erlaubnis (und geben diese auch anderen), unsere Zustimmung oder Ablehnung einzig und allein an unserem persönlichen Geschmack festzumachen. Es gibt Punkte, bei denen wir der gleichen Meinung sind wie andere, und welche, bei denen wir nicht mit anderen übereinstimmen. Häufig haben solche Menschen den größten Einfluss auf uns, mit denen wir die meisten Gemeinsamkeiten haben. Das kann dauerhafte und nützliche Freundschaften enorm stärken.

Sie können sich zwar vornehmen, viele Freunde zu haben,

auf die Sie großen Einfluss haben, aber es wird sich nicht viel ändern, wenn Sie nicht ehrlich und aufrichtig versuchen, solche Freundschaften aufzubauen. Es geht also um das, was der Autor John C. Maxwell das »Gesetz des Magnetismus« nennt.

»Erfolgreiche Führungskräfte sind immer auf der Suche nach guten Mitarbeitern«, schreibt er.

> »Überlegen Sie: Wissen Sie, wen Sie gerade suchen? Welche Vorstellung haben Sie von einem perfekten Mitarbeiter? Welche Eigenschaften sollen diese Menschen haben? Wollen Sie, dass sie aggressiv sind und unternehmerisch denken? Suchen Sie nach Führungspersonen? Ist es wichtig für Sie, ob diese Menschen zwanzig, vierzig oder sechzig Jahre alt sind? (...) Und was entscheidet, ob die Menschen, die Sie wollen, auch die Menschen sind, die Sie bekommen, und ob sie wirklich die Eigenschaften besitzen, die Sie sich vorstellen? Die Antwort könnte Sie überraschen. Ob Sie es glauben oder nicht: Wen Sie bekommen, hat wenig damit zu tun, was Sie wollen. Es hat damit zu tun, wer Sie sind.«[1]

Gleich und Gleich gesellt sich gern – das gilt für den Charakter der Menschen wie auch für sonstige Gemeinsamkeiten. Heutzutage haben wir die Möglichkeit, das im Vorfeld zu überprüfen. Wir können herausfinden, ob jemand uns nahe ist, bevor wir mit dieser Person zu tun haben. »Gefällt mir« dient im digitalen Zeitalter als Türöffner, um einflussreich zu werden. Wenn jemand Ihrer Facebook-Gruppe beitritt, Ihren Blog verfolgt oder Kommentare auf Ihrer Webseite schreibt, dann sagt er oder sie »Ja« zu Ihnen. Damit haben Sie eine gute Ausgangsposition, die Sie stärken müssen, um tatsächlich Einfluss bei dieser Person zu haben.

Sagt jemand ernsthaft »Nein«, wird eine physiologische Reaktionskaskade in Gang gesetzt, welche diese Person in eine Verteidigungsposition bringt. Sie bereitet ihren Rückzug vor. Aber wenn die abgelehnte Person »Ja« sagt und es ernst meint, ist sie bereit, Dinge anzunehmen, sich zu öffnen, und macht ihrerseits einen Schritt auf den anderen zu. Je mehr positive Antworten Sie also zu Anfang einer Beziehung bekommen, auch wenn diese Antworten wenig mit dem eigentlichen Grund Ihres Kontakts zu tun haben, desto wahrscheinlicher ist es, dass die Person später ebenfalls »Ja« zu Ihnen sagt.

Jemand anderen zu einem »Ja« zu motivieren ist viel einfacher, wenn Sie selbst mit »Ja« beginnen.

Wir haben dann eine bessere Chance, weil wir das Gespräch positiv eröffnen. Angesichts der unzähligen Möglichkeiten, um mit Menschen in Kontakt zu treten, die an uns und an dem, was wir zu sagen haben, interessiert sind, gibt es kaum eine Entschuldigung dafür, eine Beziehung oder ein Gespräch auf negative Weise zu beginnen.

Mehr noch: Unternehmen haben heute ebenfalls die Möglichkeit, andere »Ja« sagen zu lassen. Microsoft beherzigte dieses Prinzip bei der Einführung seines neuen Betriebssystems Windows 7.

Der Computerriese hatte mit dem missglückten Start des Vorgängers Windows Vista, das weltweit auf Spott und Hohn gestoßen war, eine herbe Niederlage eingesteckt. Aber das Unternehmen war bereit, es mit Windows 7 besser zu machen, denn es hatte aus den Fehlern der Vergangenheit gelernt. Es hatte erkannt, dass es seine Kunden, die Computerkäufer, gleich zu Beginn ins Boot holen musste. Es musste sie dazu bringen, »Ja« zu sagen. Als Erstes galt es, Fans zu finden, die Einfluss in der Gemeinschaft der PC-Nutzer hatten.

In ihrem Buch *Empowered* untersuchten Josh Bernoff und Ted Schadler die Strategie von Microsoft, mit der der Markt zurückerobert werden sollte. Um die cleveren Werbebotschaften, mit denen der Mac dem PC gegenübergestellt wurde und die den PC als ineffizienten, altmodischen Zahlenschieber für Freaks darstellten, entgegenzuwirken, sendete man »Ich bin ein PC«-Videos über einen YouTube-Kanal, und zwar direkt von den Nutzern und nicht von Microsoft. Diese Videos wurden gemeinsam mit den Nutzern erstellt, um einen effektiven Start für die neue, »Ja-basierte« Marketingkampagne zu erreichen. Als eine Beta-Version von Windows 7 gezielt an ausgewählte Nutzer verteilt wurde, veröffentlichte Microsoft deren Feedback in Blogs, auf Twitter und Facebook, in Diskussionsforen und anderen sozialen Communities. Als Vorbereitung auf die Veröffentlichung erstellte man einen moderierten Feed der Inhalte, der auf anderen Seiten und Plattformen gepostet wurde, und präsentierte diesen auf seiner Webseite, der Facebook-Seite des Unternehmens und anderswo. Es wurden Werbematerialien erstellt, die Nutzer zeigten und die damit warben, dass Windows 7 zum Teil basierend auf Vorschlägen der User geschaffen worden war. Der Slogan lautete: »Ich bin ein PC, und Windows 7 war meine Idee.«

Der größte Clou jedoch war die Art und Weise, wie Microsoft seine Fans dazu brachte, Windows 7 zu feiern und mit anderen zu teilen. Das Unternehmen gab seinen treuen Kunden damit die Möglichkeit, sich wichtig zu fühlen:

»Als Windows-7-Fan konnten Sie sich anmelden, um eine Party bei sich zu Hause zu veranstalten, auf welcher die neuen Features vorgestellt werden sollten. Microsoft würde Ihnen das dafür nötige Material zusenden. (...) Die Nachricht von der Party verbreitete sich wie ein Lauffeuer über die sozialen Netzwerke, und innerhalb kürzester Zeit hatten sich Zehntausende Menschen aus vierzehn Ländern angemeldet. Microsoft schätzte, dass etwa achthunderttausend Menschen bei den Parties waren, wenn man die Gastgeber und deren Gäste zusammenrechnet.«[2]

Vor dem Hintergrund des schlechten Starts von Windows Vista hätten PC-Nutzer von Anfang an »Nein« zu Windows 7 sagen können, aber Microsoft gelang es, dass sie »Ja« sagten.

Wenn wir mit »Ja« beginnen, dann schaffen wir auf einer ganz grundlegenden Ebene Nähe. Aber um wirklich Einfluss zu gewinnen, ist Einfühlungsvermögen erforderlich. Wir müssen in der Lage sein, die Dinge kontinuierlich aus der Sicht des anderen zu sehen, damit wir den eigentlichen Wert unserer Berührungspunkte zu schätzen wissen.

Statt die digitalen Medien zu nutzen, um mit einem »Ja« zu beginnen und so die Zustimmung der anderen Person zu erhalten, ignorieren wir häufig, was die anderen sich vorstellen, und bombardieren sie mit dem, was wir wollen. Statt sie dazu zu motivieren, »Ja! Ja!« zu sagen, zwingen wir sie, »Stopp! Stopp!« zu schreien. Chris Brogan, Experte für Social Media, erklärt, dass dies eher einem »Business-Schneesturm« als einem sanften »Kommunikations-Schneefall« entspricht:

> »Gespräche und Beziehungen basieren auf verschiedenen Berührungspunkten. In der traditionellen Marketing- und Kommunikationswelt nutzen die Menschen jeden Berührungspunkt, um eine Bitte zu äußern oder jemanden zu einer Handlung aufzufordern. So funktionieren die digitalen Medien aber nicht. (…) Sie existieren, um Ihnen zu ermöglichen, mit jemandem in Kontakt zu treten, der sich auf eine Beziehung mit Ihnen einlässt. (…) Das ist wie Schnee. Die einzelne Schneeflocke bedeutet nicht viel, aber die Summe aller kann alles verändern.«[3]

Sie müssen Ihren Kunden das anbieten, was diese von der Kommunikation mit Ihnen erwarten. Nur dann haben Sie ein Maß an Vertrauen erreicht, mit dem Sie anderen selbstgewiss mitteilen können, was Sie anzubieten haben – egal, ob es sich um ein Produkt, eine Dienstleistung oder etwas anderes handelt.

Selbstverständlich ist dieses Prinzip außerhalb der digitalen Welt ebenfalls relevant und wichtig. Bei einem Zeitungsunternehmen war es üblich, jedem Kunden, der sich beschwerte, dass seine Zeitung durchnässt ankam, eine neue zu schicken. Im Laufe der Zeit jedoch machten es die gestiegenen Benzinkosten und die gesunkenen Abonnements unmöglich, diese Praxis weiter aufrechtzuerhalten. Daher schickte das Unternehmen seinen Kunden einen – wie es glaubte – sehr freundlichen Brief. Er begann so:

Sehr geehrter Kunde,
  wir werden in Zukunft keine Ersatz-Zeitungen mehr zustellen, wenn Ihre Zeitung wetterbedingt beschädigt wurde.

Sie erklärten, warum diese Veränderung notwendig gewesen war. Und schließlich, ganz am Ende des Briefes, schrieben sie Folgendes:

Sollten Sie eine beschädigte Zeitung erhalten, dann informieren Sie uns bitte. Wir werden Ihnen das Exemplar auf Ihrer nächsten Rechnung gutschreiben.

Die erste Reaktion, die ein Kunde beim Lesen hat, ist möglicherweise Ärger und Ablehnung. Gegen Ende des Briefes hat er sich bereits zu sehr aufgeregt, um noch zu sehen, dass ihm eine Alternative und wahrscheinlich sogar eine bessere – angeboten wird.

Wie wäre es gewesen, wenn das Unternehmen den Brief folgendermaßen formuliert hätte?

Sehr geehrter Kunde,

wir verstehen, wie ärgerlich es ist, wenn Ihre Zeitung durch Unwetter beschädigt wurde. (Ja, in der Tat!) *Sie bezahlen für ein Produkt sowie eine Dienstleistung und erwarten für beides die höchste Qualität.* (O ja!) *Aus diesem Grund werden wir Ihnen den Preis für jede Zeitung, die durch schlechtes Wetter nicht mehr lesbar ist, zurückerstatten.* (Wirklich? Das ist ja großartig!)

Wir möchten Sie auch darüber informieren, dass unser Unternehmen ebenso wie Sie von den steigenden Benzinpreisen betroffen ist. Daher können wir leider in Zukunft keine Ersatz-Zeitung mehr ausliefern. Rufen Sie uns einfach an, und Sie bekommen stattdessen Ihr Geld zurück. (Oh, okay.)

In diesem Fall hätten die Kunden die Entscheidung des Unternehmens vermutlich in einem sehr viel positiveren Licht gesehen.

Heutzutage gibt es zwei verschiedene Arten von Übereinstimmung. Beide sind wichtig für den Umgang mit anderen Menschen. Die erste Art ist altbekannt: Zwei Menschen haben zu einem bestimmten Thema dieselbe Meinung. Diese Art von Übereinstimmung setzt voraus, dass die beiden Personen irgendwann einmal miteinander gesprochen und dabei festgestellt haben, dass sie derselben Ansicht sind. Für die meisten von uns ist diese Art der Übereinstimmung nach einem Gespräch die einzig relevante.

Aber es gibt noch eine weitere Art von Übereinstimmung. Diese basiert darauf, dass zwei Personen dieselben Dinge mögen oder, anders ausgedrückt: sich ähnlich sind. Normalerweise nennen wir dies Harmonie und nicht »Übereinstimmung«, aber im digitalen Zeitalter sollte man es als solche betrachten. Denn Menschen, mit denen wir etwas gemeinsam haben, finden wir in der Regel anziehend.

Die neue Art des Ja-Sagens besteht darin, diese Art der

Übereinstimmung oder Nähe gleich zu Beginn herzustellen. Je früher und je häufiger andere »Ja« zu Ihnen sagen, desto wahrscheinlicher ist es, dass sie auch zu Ihrer Idee, Ihrer Lösung oder zu einem Geschäft mit Ihnen »Ja« sagen.

Sorgen Sie so früh und so häufig wie möglich für Gemeinsamkeiten.

6

Geben Sie anderen ehrliche
und aufrichtige Anerkennung

Ein Teilnehmer eines Dale-Carnegie-Trainings in Australien erzählte folgende Geschichte. Sie ist ein gutes Beispiel dafür, was geschieht, wenn wir die Empfehlung »Geben Sie anderen ehrliche und aufrichtige Anerkennung« ignorieren:

»Mein Geschäftspartner und ich besaßen eine der größten IT-Ketten in Brisbane. Wir hatten acht Filialen, über sechzig Mitarbeiter und einen Umsatz von mehr als zehn Millionen Dollar im Jahr. Obwohl mein Geschäftspartner mich sehr unterstützte und eine sehr umgängliche Person war, glaubte ich, dass ich alleine für all die Erfolge verantwortlich war. Es gab nur einen Weg, das Unternehmen zu führen, und das war meiner. Sobald eine Meinungsverschiedenheit in der Luft lag, sorgte ich dafür, dass daraus ein handfester Streit wurde, und setzte alles daran, als Sieger daraus hervorzugehen – egal, um welchen Preis. Ich begann unsere Meetings niemals freundlich und versuchte ständig, ihn auf meine Seite zu bringen. Ich nahm keine Rücksicht auf seine Gefühle und fragte mich häufig, warum er nicht so dachte wie ich.

Am Ende gewann ich jeden Streit und bekam meinen Willen, aber ich verlor meinen Partner und schließlich auch das Unternehmen. Nachdem ich diese Empfehlung kennengelernt hatte, blickte ich zurück und verstehe heute, wie sehr ich im Unrecht war. Ich denke oft daran, dass alles anders gekommen wäre, hätte ich diese Dinge früher gewusst. Ich weiß, dass ich die Vergangenheit nicht mehr ändern kann, aber ich habe meine Fehler erkannt und versuche, sie nicht zu wiederholen.«

Mittlerweile verhält sich der Mann komplett anders. »Heute frage ich meine Partner grundsätzlich nach ihren Zielen, bevor ich meine eigenen festlege«, schreibt er. »Danach stelle ich mir selbst die Frage, was ich dazu beitragen kann, dass der andere durch unsere Beziehung seine Ziele erreicht.«

Zwar liegt auf der Hand, dass jeder Mensch Anerkennung für hart erarbeitete Erfolge erhalten möchte, aber wenn wir diese Anerkennung von anderen einfordern, werden wir keine Freunde gewinnen, sondern ziemlich schnell jeglichen Einfluss bei anderen Menschen verlieren.

Was ist die schlechteste Eigenschaft, die eine Führungsperson haben kann? Fragen Sie Ihre Mitarbeiter, und sie werden es Ihnen erzählen: Das Schlimmste, was eine Führungskraft tun kann, ist, sich Erfolge auf die eigene Fahne zu schreiben und die Schuld für Misserfolge auf andere zu schieben. Wenige Verhaltensweisen senden stärker die Botschaft: »Alles dreht sich nur um mich.« Und nur wenige Botschaften führen schneller dazu, dass die Menschen sich von uns abwenden.

Denn wer will einen Freund, der glaubt, er selbst sei am wichtigsten? Wer will eine Führungskraft, die nicht sieht, was der Mitarbeiter geleistet hat? Die Antwort auf diese Fragen ist einfach.

Genauso einfach ist es, die umgekehrten Fragen zu beantworten: Wer wünscht sich einen Freund, der anderen ihre Erfolge gönnt? Wer will eine Führungskraft, welche die Leistungen der Mitarbeiter anerkennt?

»Anderen Anerkennung zu geben ist ein magischer Multiplikator«, schreibt der *Forbes*-Blogger August Turak, ein ehemaliges Gründungsmitglied von MTV:

> »Das funktioniert im Business genauso wie im Privatleben. Aber damit wir diese Magie nutzen können, müssen wir eine Haltung der Dankbarkeit annehmen. Ohne eine gewisse Dankbarkeit ist Anerkennung nur ein weiterer manipulativer Trick, der sich schnell wieder rächt. (...) Das alles ist kein Hexenwerk, sondern gesunder Menschenverstand. Warum erhalten viele Menschen so selten ihre wohlverdiente Anerkennung? Der übliche Verdächtige ist: Angst.«[1]

Jedoch sollte man in diesem Fall Angst davor haben, ein Mensch zu sein, der nichts mehr fürchtet, als seine Erfolge mit anderen zu teilen.

Turak berichtet von einer Predigt, die er einmal gehört hatte, die diesen Punkt sehr gut veranschaulicht:

> »Der See Genezareth ist ein lebendiges Gewässer voller Fische«, begann der Priester. »Das Tote Meer ist tot, ein Gewässer ohne jegliches Leben. Beide werden vom sprudelnden Wasser des Jordans gespeist. Was ist also der Unterschied? Der See Genezareth gibt sein Wasser weiter. Das Tote Meer behält alles Wasser für sich. Wenn wir wie das Tote Meer alles, was frisch und gut ist, für uns behalten, verwandelt sich unser Leben in eine trübe Suppe aus salzigen Tränen.«

Anderen Menschen Anerkennung für ihre Leistung bei einer Aufgabe oder einem Projekt zu geben darf keine falsche Bescheidenheit oder ein versteckter Versuch sein, im Rampenlicht zu stehen. Es geht hier nicht darum, selbst Aufmerksamkeit zu erhalten, sondern vielmehr darum, anderen zu zeigen, dass sie für das Gelingen eines gemeinsamen Projekts wichtig sind.

Dieses Prinzip können Sie bei jeder Preisverleihung in der Film- und Musikwelt erleben, vor allem bei großherzigen Preisträgern. Was wird als Erstes vom Gewinner einer Auszeichnung erwartet? Eine Dankesrede. Und was ist eine Dankesrede, wenn nicht eine Aufzählung der Menschen, die verantwortlich für den Erfolg des Gewinners sind? Man kann zwar durchaus behaupten, dass es sich hierbei lediglich um einen Vorgang mit klaren Spielregeln handelt, aber die Gesichter hinter dem Rednerpult sagen etwas anderes.

Wenn die Kamera sich auf die Gesichter der Preisträger richtet, dann strahlen sie allesamt – und manche vergießen sogar Freudentränen, während sie ihren Erfolg teilen und ihre Dankbarkeit ausdrücken.

Möglicherweise ist es kein Zufall, dass Greer Garson, die Frau, welche mit einer Dauer von fünfeinhalb Minuten die längste Dankesrede in der Geschichte des Oscars hielt, auch (gemeinsam mit Bette Davis) den Rekord für die meisten Oscar-Nominierungen in Folge – es waren fünf – hält. Könnte es sein, dass ihre Dankbarkeit zum großen Teil auch der Grund für ihren Erfolg war?

Häufig heißt es, um erfolgreich zu sein, müsse man sich mit erfolgreichen Menschen umgeben. Zwar beinhaltet diese Aussage ein Körnchen Wahrheit, aber wenige Menschen erkennen, dass es zwei Möglichkeiten gibt, das zu erreichen. Entweder kann man sich Freunde suchen, die bereits erfolgreich sind, oder aber man kann versuchen, den Menschen, mit denen man bereits befreundet ist, zum Erfolg zu verhelfen. Egal, welchen Weg Sie wählen, eines ist sicher. Der Erfolg, den Sie haben, hängt davon ab, wie viele Leute möchten, dass Sie erfolgreich sind. Einer der beiden Wege führt jedoch dazu, dass mehr Menschen diesen Wunsch für Sie haben werden.

Wenn Sie Ihre Freunde unter bereits erfolgreichen Menschen suchen, dann gibt es keine Garantie dafür, dass diesen auch daran gelegen ist, Sie erfolgreich zu machen. Unter Umständen müssen Sie hart arbeiten, damit die anderen nicht glauben, Sie wollten die Freundschaft nur für Ihre eigenen Zwecke nutzen. Wollen Sie jedoch, dass die Menschen, die bereits Ihre Freunde sind, Erfolg haben, dann haben Sie die Garantie, dass diese Menschen alles tun werden, damit auch Ihnen Erfolg beschert wird, so gut wie in der Tasche.

Anderen Anerkennung zu geben ist eine Geisteshaltung, die Sie sich zu eigen machen sollten, weil Sie dankbar sind für die Freundschaft dieser Menschen und für das, was sie Ihnen geben. Das bedeutet nicht mehr und nicht weniger, als zuerst den Erfolgen der anderen Priorität zu geben. Irgendwann gleicht es sich auch für Sie aus.

Mark Twain besaß ganz sicher eine gehörige Portion Selbstvertrauen, und Henry Irving konnte ihm nicht vorwerfen, er hätte nicht wenigstens versucht, dem Gesetz des Ausgleichs zu vertrauen. Es gibt in der Literatur eine lustige Anekdote über ein Gespräch der beiden Zeitgenossen, die das sehr gut wiedergibt.

Henry Irving erzählte Mark Twain eine Geschichte. »Sie kennen die Geschichte noch nicht, oder?«, fragte er nach den ersten Sätzen. Twain versicherte ihm, dass er sie noch nicht kenne. Kurz darauf hörte Irving erneut auf zu sprechen und stellte dieselbe Frage. Twain gab ihm die gleiche Antwort. Irving war schon beinahe beim Höhepunkt der Geschichte angekommen, als er erneut unterbrach und fragte: »Sind Sie sicher, dass Sie die Geschichte noch nicht kennen?«

Das dritte Mal war zu viel für seinen Zuhörer.

»Ich kann aus Höflichkeit zweimal lügen, aber jetzt ist Schluss damit. Ich kann auf keinen Fall zum dritten Mal lügen. Ich habe die Geschichte nicht nur schon einmal gehört, ich habe sie selbst erfunden.«[2]

Twain hätte es nichts ausgemacht, unerwähnt zu lassen, von wem die Geschichte stammt. Ging es ihm wirklich darum, dass er diese Geschichte vor langer Zeit erfunden hatte?

Nein. Es hätte ihm nichts ausgemacht, wenn die Geschichte für ein gutes Gespräch gesorgt hätte. Zwar gab Twain am Ende auf – und wer könnte ihm das anlasten –, aber die Geschichte zeigt dennoch, dass es egal ist, wer für eine Sache die Anerkennung bekommt, solange es für alle Parteien von Vorteil ist.

Das Prinzip, anderen Anerkennung zu geben, nennt man auch »Ausgleichsprinzip«. Wir geben nicht, um etwas zu bekommen, jedenfalls nicht sofort. Aber wir geben, um Beziehungen zu verbessern – und wir wissen, dass es sich auch für uns lohnen wird. Gegenseitiger Nutzen ist ein natürliches Nebenprodukt einer Beziehung, in der zwei Menschen Freud und Leid teilen. »Verdopple die Freude und teile die Sorgen«, sagt ein Sprichwort. In guten Beziehungen versuchen Freunde, ihren Freunden etwas zurückzugeben. Wie wäre es, wenn diese Haltung sich in einem ganzen Unternehmen oder einer ganze Branche oder sogar über eine ganze Wertschöpfungskette hinweg verbreitete?

Zwei Dinge sind sicher: 1. Jeder Beteiligte könnte sein Leben mehr genießen, und 2. wären Erfolge wahrscheinlicher, weil auf ganz natürlichem Wege eine gute Zusammenarbeit entstehen würde. Heute haben wir mehr denn je die Möglichkeit, diese Einstellung zu leben.

Auf lange Sicht erinnert sich niemand außer einer Person an solche Fragen wie jene, wessen Idee etwas war, wer zuerst davon gesprochen hat, oder wer den ersten Versuch gemacht hat. Aber Menschen erinnern sich an Großzügigkeit. Es ist paradox: Je mehr wir anderen Anerkennung geben, desto mehr werden sie sich an uns erinnern und desto mehr Anerkennung erhalten wir schließlich.

Präsident Ronald Reagan wurde einmal folgendermaßen zitiert: »Mein größter Wunsch ist, in die Geschichte einzugehen als der Präsident, der den Amerikanern den Glauben an sich selbst zurückgegeben hat.« Allein dieses Zitat sagt schon eine Menge über seinen Charakter aus. Er wollte, dass andere gewinnen. Seine politischen Ziele konzentrierten sich darauf, die Menschen groß und erfolgreich zu machen, die für ihn arbeiteten.

Was Reagan vielleicht am besten charakterisiert, ist ein Zitat auf einem Schild über seinem Schreibtisch im Oval Office. Darauf stand: »Ein Mensch kann unendlich viel tun und erreichen, wenn ihm egal ist, wer am Ende die Anerkennung dafür erhält.«[3]

Einflussreiche Menschen verhalten sich häufig so. Sie verfolgen ein höheres Ziel, das über die politischen, bürokratischen oder erfolgsorientieren Motive anderer Menschen hinausgeht. Reagan wies jeglichen Kommentar über das, was von seiner Amtszeit bleibt, mit dem Hinweis von sich, dass er nicht mehr miterleben würde, was die Gelehrten und Historiker über ihn zu sagen hätten. Deshalb wurde er von so vielen als Mensch und Führungsperson geschätzt. Er lebte und regierte mit Blick auf die höheren Ziele seines Landes und tat dies mit sehr unkonventionellen Methoden. Dies ist das Verhalten einer Person, die andere erhöhen will. Nur unkonventionelle Denker erkennen, dass Erfolg nichts mit Aufmerksamkeit und Ruhm zu tun hat, sondern mit Partnerschaft und effektiven Beziehungen.

7

Seien Sie empathisch

In diesem Buch ging es bereits um das Debakel um das fast perfekte Spiel Armando Galarragas, das von einem schwerwiegenden Fehler des Schiedsrichters zerstört wurde. Sieht man sich die Aufzeichnung an, kann man beobachten, wie sich Galarragas Gesichtsausdruck innerhalb weniger Sekunden von Freude zu Ungläubigkeit wandelt. Auf den Jubel der Zuschauer folgt eine unheimliche Stille. Anschließend ertönen laute Buhrufe und Beschimpfungen.

Galarraga wurde völlig unnötig dessen beraubt, was im Baseball als der »Heilige Gral« gilt. Das ist umso ärgerlicher, wenn man bedenkt, dass der Pitcher kein Superstar war, von dem man derartige Leistungen erwartet hatte. Er war ein durchschnittlicher Spieler gewesen, der Gewinne und Verluste im gleichen Maße verzeichnet hatte. Das war seine vielleicht einzige Chance, sich als Pitcher hervorzutun, und sie wurde ihm genommen. Jeder hätte es verstanden, wenn er auf den Schiedsrichter losgegangen wäre und lautstark Gerechtigkeit gefordert hätte. Sogar Joyce selbst sagte nach dem Spiel, an Galarragas Stelle hätte er dem Schiedsrichter seine Wut ins Gesicht geschrien. Aber die Geschichte hat noch eine andere Seite.

Eindrücklicher noch als Galarragas zerstörtes perfektes Spiel oder Jim Joyces anschließende Reue war die Reaktion von Galarraga selbst. Das beeindruckte die ganze Welt.

Nach dem Spiel gab Galarraga in einem Interview auf ESPN zu, dass er nicht gewusst hatte, welche Entscheidung der Schiedsrichter treffen würde. Er hatte sich nur darauf konzentriert, den Ball zu fangen und das Out zu bekommen. Er gab seine Enttäuschung zu, erklärte aber auch, dass der Läufer möglicherweise »safe« gewesen war. Er war nervös und aufgeregt gewesen und musste sich daher auf die Richtigkeit des Schiedsrichterurteils verlassen.

Nach dem Spiel jedoch sah sich Galarraga die Aufzeichnung an und erkannte, dass er um ein perfektes Spiel gebracht worden war. Als er mit dem Schiedsrichter sprach, gelang es ihm dennoch zu sagen: »Ich weiß, dass niemand perfekt ist.« Er sah, wie zerknirscht Joyce war, und wusste, dass er die Wahl hatte, noch mehr Salz in die Wunde zu streuen oder die Dinge aus der Sicht des anderen zu sehen. Dies führte dazu, dass er Joyce umarmen und ihm das Gefühl geben konnte, dass er die Entscheidung akzeptierte. Galarraga war ehrlich enttäuscht und fühlte gleichzeitig mit dem Schiedsrichter. Während des gesamten Interviews beantwortete er die ihm gestellten Fragen mit äußerster Fairness. Er versuchte nicht, den Schiedsrichter als Betrüger darzustellen. Er zeigte Bescheidenheit und Mäßigung. Beides sind wichtige Voraussetzungen für Empathie.

In einer Zeit, in der sich alles um die Vermarktung der eigenen Person dreht und in der es scheinbar nur darum geht, aus Beziehungen zu anderen Menschen den größtmöglichen Gewinn zu ziehen, nehmen wir uns selten die Zeit, darüber nachzudenken, wie sich unser Gegenüber in einer bestimmten Situation fühlt.

Niemand in der Welt des Sports hätte Galarraga verurteilt, wenn er den Schiedsrichter im Fernsehen öffentlich angeprangert hätte. Keiner hätte schlecht über ihn geredet, wenn er in einem Interview seiner Wut auf Joyce freien Lauf gelassen hätte.

Aber Galarraga tat nichts dergleichen. Seine Kommentare drehten sich darum, wie sich der Schiedsrichter wohl gefühlt hatte oder wie er sich jetzt fühlte, sowie darum, dass niemand perfekt ist. Die Menschen staunten über diese Reaktion, weil sie so ungewöhnlich war. Ein interessanter und wichtiger Punkt ist dabei auch, dass sich der junge Pitcher damit einen höheren Rang in der Geschichte des Sports verschafft hat, als es ihm mit dem perfekten Spiel gelungen wäre.

Wem es gelingt, auf diese Weise mit anderen Menschen umzugehen, der ist auf dem besten Weg, erfolgreich zu werden. Fragen Sie sich in einem Gespräch stets: »Wie würde ich mich an der Stelle des anderen fühlen, und wie würde ich reagieren?«

»Kooperation erreicht man dadurch«, schrieb Gerald S. Nirenberg, »dass man die Ideen und Gefühle der anderen Person für genauso wichtig wie die eigenen hält.«[1]

Politiker werden häufig und gerne kritisiert. Man sagt, es sei sehr einfach, als Politiker im Parlament zu sitzen und die Probleme des Landes zu lösen. Es wird nicht sehr oft Menschen geben, die sagen: »Ich kann mir sicher nicht annähernd vorstellen, unter welchem Druck Sie stehen müssen, weil Sie die Last eines ganzen Landes auf Ihren Schultern tragen. Bestimmt liegen Sie nachts oft wach und denken darüber nach, ob Sie die richtige Entscheidung getroffen haben oder ob Sie im letzten Fernsehinterview das Richtige gesagt haben.«

Wenn Sie sich die Zeit nehmen, über den Standpunkt einer anderen Person nachzudenken, dann können Sie ihre Gedanken und Gefühle besser nachvollziehen. Sie sind dann in der Lage ehrlich zu sagen: »Ich mache Ihnen keinen Vorwurf, weil Sie sich fühlen, wie Sie sich fühlen. Ich an Ihrer Stelle würde mich genauso fühlen.« Dieser so selten ausgesprochene Satz lässt andere Menschen sofort aufhorchen. Sie hören Ihnen zu und werden Ihre Ideen viel eher annehmen. Die meisten Menschen suchen jemanden, der ihnen zuhört und ihre Probleme versteht, egal, wie groß oder klein sie sind.

Wenn Sie das für eine andere Person tun, dann machen Sie ihr ein Geschenk, an das sie sich Tage, Wochen oder sogar Monate erinnert.

Ein Mann nahm vor vielen Jahren an einem Dale-Carnegie-Kurs teil. Er sprach darüber, wie das außergewöhnliche, ehrliche Interesse einer Krankenschwester sein ganzes Leben verändert hatte. Martin Ginsberg wuchs in ärmlichen Verhältnissen auf, ohne Vater und mit einer Mutter, die von Sozialhilfe lebte. Eines Tages an Thanksgiving wartete er alleine in einem Krankenhaus auf eine Operation. Seine Mutter musste arbeiten und konnte nicht für ihn da sein. Die Einsamkeit übermannte ihn. Er zog sich die Decke über den Kopf, vergrub sich in sein Kissen und weinte.

Da steckte eine junge Schwesternschülerin den Kopf zur Tür herein. Sie hörte sein Schluchzen, setzte sich an sein Bett, nahm die Decke von seinem Kopf und wischte seine Tränen weg. Sie erzählte ihm, dass auch sie einsam sei. Denn sie musste den ganzen Tag arbeiten und konnte nicht mit ihrer Familie feiern. Dann fragte sie den kleinen Martin, ob er mit ihr zu Abend essen wolle.

Er willigte ein.

Sie ging zur Cafeteria und kam mit zwei Tabletts Thanksgiving-Menü zurück. Sie redeten und redeten, und obwohl sie nur bis 16 Uhr nachmittags hätte arbeiten müssen, blieb sie bis 23 Uhr bei ihm, bis er eingeschlafen war.

»Seit damals gab es zahlreiche Thanksgivings«, schreibt Ginsberg, »aber es gibt kein Thanksgiving, an dem ich mich nicht an dieses eine und das Gefühl von Frustration, Angst sowie Einsamkeit und an die Wärme und Zärtlichkeit einer Fremden erinnere, die meine Situation erträglich gemacht hat.«

Es gibt keine Entschuldigung dafür, die Sichtweise einer anderen Person abzulehnen. Die meisten von uns teilen anderen über das Internet viele Details aus ihrem Leben mit, weil sie auf sich aufmerksam machen wollen oder möchten, dass jemand mit ihnen fühlt. Wenn Sie sich die Zeit nehmen, über die aktuelle Situation anderer Menschen zu recherchieren, vermeiden Sie, diese Personen vorschnell zu verurteilen. Wenn Ihnen jemand wichtig ist, dann lohnt sich jede Sekunde, in der Sie versuchen, ihn besser zu verstehen.

Der Mensch ist nicht von Natur aus empathisch, daher müssen wir an uns arbeiten, um uns in andere Menschen wirklich einfühlen zu können. Viele Dinge beeinflussen unsere Reaktionen in konkreten Situationen: Unsere Erziehung, unsere Überzeugungen, unser wirtschaftlicher Status oder unsere Karriere. Diese und andere Faktoren vermischen sich mit unseren Gefühlen und beeinflussen, wie wir mit unseren Mitmenschen umgehen.

Wir alle könnten buchstäblich über uns hinauswachsen, wenn wir anerkennen würden, dass alle Menschen Fehler machen. Welche persönlichen Hindernisse könnten Sie an Ihrem Arbeitsplatz, im Privatleben, bei Ihren Freunden überwinden, wenn Sie auf Fehler und Streitigkeiten immer großzügig reagierten? Wie würden andere Sie dafür behandeln? Wie würden andere Sie wahrnehmen?

Denken Sie daran: Empathie ist keine Networking-Strategie, sondern eine Möglichkeit, bessere Beziehungen zu anderen Menschen zu pflegen. Galarraga, der auf den verständlichen Impuls verzichtete, Jim Joyce vor aller Welt schlechtzumachen, ist ein hervorragendes Beispiel dafür. Es zeigt, dass wir erfolgreicher sind, wenn wir uns Fehlern von anderen gegenüber großzügig verhalten.

8
Appellieren Sie an das »bessere Ich«

Wir alle wünschen uns, Teil von etwas zu sein, das größer ist als wir selbst. Wir möchten für die Welt und die Menschen eine Bedeutung haben. Wir wollen, dass man von uns sagt, dass wir über uns hinausgewachsen sind, uns für eine Sache eingesetzt haben, weiter gedacht haben und richtige, ehrenvolle Dinge getan haben. Kleine Jungen stellen sich vor, starke Krieger oder heldenhafte Prinzen eines großen Königreichs zu sein. Kleine Mädchen wollen die kluge Gefährtin eines Helden oder eine schöne Märchenprinzessin sein.

Zwar sind die Verbesserung unserer Beziehungen zu anderen Menschen und Erfolg im Beruf zentrale Punkte unseres Lebens, aber sie sind eben genau deshalb so wichtig, weil wir als Menschen etwas bewegen möchten. Ein solch edles Motiv in anderen Menschen zu wecken kann daher von enormem Vorteil sein. Und es ist einfacher, als Sie glauben.

Als der britische Zeitungs- und Verlagsmagnat Lord Northcliffe herausfand, dass eine Zeitung ein Foto von ihm verwendete, das er nicht veröffentlicht sehen wollte, schrieb er dem Herausgeber einen Brief. Er bat nicht darum, das Foto nicht mehr zu veröffentlichen, weil es ihm nicht gefallen würde, sondern appellierte an ein höheres Motiv: den Respekt und die Liebe, die jeder Mensch für seine Mutter empfindet. Er bat darum, das Bild nicht mehr zu veröffentlichen, weil es seiner Mutter nicht gefiele.

Als John D. Rockefeller jr. verhindern wollte, dass die Fotografen großer Zeitungen Fotos von seinen Kindern veröffentlichten, appellierte er ebenfalls an höhere Motive. Er sagte nicht, dass er nicht möchte, dass Fotos von seinen Kindern veröffentlicht werden, sondern, dass jeder Mensch seine Kinder vor Schaden bewahren möchte. Auch Journalisten wüssten, wie das ist. Einige von ihnen hätten selbst Kinder. Es sei für Kinder nicht gut, wenn sie bereits in jungen Jahren so stark in der Öffentlichkeit stünden.

Mit einer solchen Strategie wird nicht nur das Gewissen der anderen Person angesprochen, sondern es wird vorausgesetzt, dass diese Person über ein Gewissen verfügt. Es vermittelt ihr die Botschaft: »Ich glaube, dass Sie in der Lage sind, die Dinge richtig, ehrenhaft und gut zu machen.« Es ist ein subtiles Kompliment, das letztlich folgende Botschaft hat: »Ich glaube an Sie.« Dies sind kraftvolle Worte, die Menschen dazu motivieren, aktiv zu handeln. Diese Erfahrung machte auch Sarah, eine Teilnehmerin eines Dale-Carnegie-Kurses.

Sie plante gemeinsam mit einer Freundin eine Reise nach Österreich und Deutschland, an der zehn Personen teilnehmen sollten. Sie kontaktierten ein Reisebusunternehmen, um die Fahrt von Österreich zum Europa-Park in Rust in Deutschland zu planen. Sie erhielten ein Angebot über 965 Euro für die Fahrt, das sie per Mail bestätigten. Eine Woche vor der Reise erhielt Sarah eine E-Mail von Peter, einem Mitarbeiter des Busunternehmens, in der er fragte, welchen Ort Rust sie mit der Gruppe besuchen wolle. Peter erklärte Sarah, die Fahrt nach Rust in Österreich koste 965 Euro, die Fahrt nach Rust in Deutschland jedoch 1889 Euro.

Verständlicherweise war Sarah verärgert über die plötzliche Preisänderung. Sie wusste, dass sie nicht mehr genügend Zeit hatte, um anderweitig eine Fahrt zu einem vernünftigen Preis zu organisieren. Sie befand sich in einem Dilemma. Sollte sie eine Reihe wütender E-Mails an Peter schicken, in denen sie sich über die plötzliche Änderung seines Angebots beschwerte? Oder gab es noch einen anderen Weg, das Problem zu lösen?

Sarah beschloss, dass es wenig bringen würde, sich mit Peter anzulegen. Außerdem hätte sie das Transportproblem dann nach wie vor nicht gelöst. Deshalb entschloss sie sich zu einer anderen Strategie. Sie würde an Peters Gewissen appellieren.

Sie beantwortete freundlich seine E-Mail und fragte ihn, ob es zwei verschiedene Europa-Parks in zwei verschiedenen Städten namens Rust gäbe. Peter verneinte.

Sarah antwortete mit einer weiteren E-Mail und hängte eine Kopie des ursprünglichen Angebots an. Sie erklärte, sie habe ganz klar geschrieben, dass die Fahrt zum Europa-Park nach Rust in Deutschland erfolgen solle und dass es, wie er selbst ihr bestätigt hatte, nur *einen* Europa-Park in einem Ort mit diesem Namen gäbe. Sie beendete ihre E-Mail folgendermaßen: »Ich bitte Sie höflichst um eine Erklärung für die Preisänderung, denn ich bin mir sicher, dass Sie als renommiertes Unternehmen zu Ihren ursprünglichen Angeboten stehen und es Ihnen wichtig ist, bei Ihren Kunden glaubwürdig zu bleiben.«

Sarah erhielt am folgenden Tag von Peter eine Entschuldigung, in der er erklärte, dass es auf ihrer Seite eine Verwechslung gegeben hätte. Er bestätigte dann das ursprüngliche Angebot.

Indem sie an das Gewissen von Peter und sein Unternehmen appellierte, konnte Sarah das Problem ohne weitere Kosten oder Ärger lösen.

Solange wir Kinder sind, erkennen wir diese höheren Motive nicht in uns, aber mit zunehmendem Alter erleben wir sie bei unseren Kindern und sehen sie in Filmen wie *The King's Speech*, *Gladiator* oder *Little Women*. In gewisser Weise wünschen wir uns alle etwas Heldenhaftes in unserem Alltag.

»Was wäre wenn?«, schreibt der Autor und ehemalige Ehe- und Familienberater John Eldredge, »was wäre, wenn diese Wünsche, die wir tief in unserem Herzen tragen, uns die Wahrheit erzählten und uns zeigten, welches Leben eigentlich für uns bestimmt ist?«[1] Kaum jemand würde leugnen, dass jeder Mensch ein höheres Ziel verfolgt.

Jeder von uns ist im Grunde seines Herzens ein Idealist und möchte sich selbst im besten Licht präsentieren. Wir alle denken gerne an ehrenhafte Motive. Wenn wir anderen die Chance geben, das Gleiche zu tun, wenn wir nicht annehmen, dass ihre Motive egoistisch oder betrügerisch sind, dann ermöglichen wir ihnen, im Umgang mit uns ihren eigenen Selbstwert zu steigern. Wir ermöglichen ihnen, unser positives Urteil über sie zu bestätigen.

Werbeexperten sind äußerst erfolgreich in der Anwendung dieses Prinzips. Denken Sie an Werbekampagnen für umweltfreundliche Produkte, Kosmetika für natürliche Schönheit und Produkte, die entweder den Käufer oder das Unternehmen in einem guten Licht erscheinen lassen. Nonprofit-Organisationen nutzen diese Strategie ebenfalls und setzen die Social Media ein, um ihre Botschaften zu verbreiten. Das funktioniert deshalb, weil viele Menschen positiv reagieren, wenn sie das Gefühl haben, dass man sie für ihre Ehrlichkeit, Selbstlosigkeit und Fairness bewundert.

Eines Morgens beim Frühstück erfuhr David Batstone, Professor für Wirtschaft an der Universität von San Francisco, dass eines seiner Lieblingsrestaurants in der Bay Area seine Mitarbeiter wie Sklaven ausbeutete. In einem Zeitungsartikel über dieses Restaurant kam die Wahrheit ans Licht: Die Leitung des Restaurants zwang seine Mitarbeiter dazu, unter schlimmsten Bedingungen zu arbeiten, indem es damit drohte, sie als illegale Immigranten an die Ausländerbehörde zu verraten.

David fiel aus allen Wolken. Die Geschichte weckte in ihm

die Idee, die Kampagne »Not for Sale« zu starten, eine Organisation, deren Ziel unter anderem ist, moderne Sklavenarbeit in Kommunen und Unternehmen in ganz Amerika aufzudecken.

Wenn man David über die Kampagne sprechen hört, möchte man sofort mitmachen. Und genau das ist sein Ziel. Er weiß, dass das Thema jeden angeht. Der Gedanke, dass es auch heute noch Sklavenarbeit gibt, ist erschütternd. Die Menschen sind empört und möchten etwas dagegen unternehmen.

Im Jahr 2010 starteten David und sein Team eine neue Initiative unter der Bezeichnung »Free2Work«. Das Programm ist eigentlich eine App für Smartphones. Der Kunde scannt ein Produkt, und die App zeigt dann eine Note für das Unternehmen, welches das Produkt anbietet. Wenn man zum Beispiel ein T-Shirt von Patagonia kaufen will, dann scannt man das Produkt, und die »Free2Work«-App zeigt eine Note, aus der zu ersehen ist, wie gut das Unternehmen in Bezug auf fairen Handel und Umgang mit seinen Mitarbeitern ist.

Die App nimmt Unternehmen und Konsumenten auf einer ganz neuen Ebene in die Verantwortung. Wir können nicht mehr behaupten, wir hätten von nichts gewusst, wenn wir von Herstellern kaufen, die mit Sklavenarbeit oder unredlichen Mitteln ihr Geld verdienen.

Auf einer weiteren Ebene spricht die App direkt das Gewissen der beteiligten Unternehmen an. Wenn sie für ihre Geschäfte zur Rechenschaft gezogen werden können und man von ihnen einen hohen und menschlichen Standard fordert, dann fügen sich die Unternehmen in der Regel diesen Forderungen. Denn sie haben erkannt, dass die Konsumenten sich zunehmend Gedanken darüber machen, wie Produkte hergestellt werden und wie Unternehmen ihre Mitarbeiter behandeln.

Die »Free2Work«-Kampagne zielt auf das Gewissen der Konsumenten und Unternehmen ab, um positive Veränderungen in der Wirtschaft zu erreichen. Wie können Sie damit beginnen, so an das Gewissen Ihrer Mitarbeiter und Verkäufer zu appellieren, dass Sie die ethischen Maßstäbe Ihrer Branche verändern helfen?

Diese Frage ist heutzutage sehr wichtig. Der Schlüssel für erfolgreiches Wachstum und positiven Einfluss innerhalb und außerhalb des Marktes ist das, was Amy Martin, Expertin für digitale Technologien, als das »Business der Menschlichkeit« bezeichnete. Ihre Antwort auf den Tsunami im Jahr 2011 in Japan ist ein gutes Beispiel für einen Appell an das Gewissen anderer Menschen im digitalen Zeitalter.[2] Sie dient auch als kluge Erinnerung an die Folgen, wenn man sich nicht an dieses Prinzip hält.

Während eines spätabendlichen Trainings am Crosstrainer las sich Martin die Twitter-Nachrichten auf ihrem iPad durch. In Japan gab es ein schreckliches Erdbeben mit anschließendem Tsunami, und plötzlich schwappten die Nachrichten darüber in die Twittersphäre. Sie schaltete CNN ein und konnte live zusehen, wie Fahrzeuge von den Wellen davongespült wurden und Menschen verzweifelt versuchten, den Wassermassen zu entkommen. »Ich wusste nicht, was ich tun sollte«, bloggte sie, »aber ich fühlte mich in gewisser Weise verantwortlich und in die Pflicht genommen.«

Sie begann, die wichtigsten Twitter-Nachrichten und Links zu sichten und sie an ihre Anhänger zu verschicken. Sie bat sie auch, ihr sämtliche nützliche Informationen zukommen zu lassen, um sie ebenfalls weiterzuleiten. Vier Stunden lang saß sie am Computer. Es ging ihr darum, dass »Menschen über ein virtuelles Medium zusammenkommen, um sich gegenseitig zu helfen«, schrieb sie. »Das war das ›Business der Menschlichkeit‹.«

Doch während ihrer Arbeit wurde sie Zeuge einer alarmierenden Tatsache – sie stellte fest, dass es einigen bekannten Nachrichtensendungen scheinbar nur um möglichst viele Zuschauer ging. Diese Sender schalteten hin und her zwischen der dramatischen Berichterstattung über die Katastrophe und dem neuesten Celebrity-Spektakel.

»Ich war entsetzt«, schrieb sie. »Meiner Meinung nach sollten Nachrichtensender, denen es nicht egal ist, wie die Öffentlichkeit sie wahrnimmt, klüger handeln, und es sollte ihnen wichtiger sein, Leben zu retten, als über Hollywood zu berichten. (…) Manchmal muss man Hollywood hintanstellen und sich auf das Wesentliche konzentrieren.«

Amy Martin berichtete über etwas, das nur allzu leicht in Vergessenheit gerät, wenn man in erster Linie Geschäfte machen möchte. Die vielen Kanäle der Social Media, die wir nutzen, sind in erster Linie Werkzeuge für die Kommunikation zwischen zwei Menschen. Sie schreibt: »Sie wurden nicht zu Marketingzwecken erfunden.«

Viele von Martins Anhängern gaben an, dass sie dasselbe Gefühl hatten, und schätzten ihren Appell an höhere Motive – nicht nur in Bezug auf die großen Nachrichtensender, sondern für jeden, der die Möglichkeit hatte, den notleidenden Menschen zu helfen. Es ist kein Wunder, dass Martin an diesem Abend 1,3 Millionen Menschen auf Twitter folgten, obwohl sie nichts verkaufte, und einige der bekanntesten Unternehmen, Prominente und Profi-Sportteams sie um Rat fragten. Sie weiß, dass Geschäfte machen im digitalen Zeitalter vor allem damit zu tun hat, das »Business der Menschlichkeit« richtig zu machen.

Häufig begnügen wir uns damit, andere in unsere digitale Welt aufzunehmen und sie wie eine Ware durch den Browser zu betrachten, bis wir bereit sind, einen echten Kontakt zu ihnen aufzubauen. Ein solches Gefühl zerstört jedoch die höheren Motive, die wir alle als Menschen haben. Unsere Beziehungen sind dann oft lediglich Mittel zum Zweck.

Um eine echte Verbindung mit anderen Menschen aufzubauen, müssen Sie respektieren, dass jeder Mensch über eine ihm angeborene Würde verfügt. Nur so erreichen Sie, dass auch Ihre eigene Würde respektiert wird. Appellieren Sie an das bessere Ich, und Sie können die Menschen bewegen.

9
Teilen Sie Ihre Erlebnisse mit anderen

Eskimos Eis anbieten? Meerwasser an Delphine verkaufen? Kunden überzeugen, Baumwolle zu tragen? Letzteres scheint heute ziemlich einfach zu sein. Sehen Sie sich die Materialanteile Ihrer Kleidung an, und die Chancen sind hoch, dass viele Ihrer Kleidungsstücke, wenn nicht sogar alle, aus Baumwolle sind. In den 1970er Jahren jedoch hätte die Sache sehr wahrscheinlich anders ausgesehen. Polyester und andere synthetische Stoffe waren der letzte Schrei. Sie verknitterten nicht, sie bekamen nicht so leicht Flecken und passten sich an die Körperform an. Das Ergebnis: Der Marktanteil der Baumwolle schrumpfte auf etwa 33 Prozent.[1]

In der Branche beschloss man, diesem Trend entgegenzuwirken. Man wollte dafür sorgen, dass die Menschen wieder Baumwolle trugen. Wie in jeder anderen Branche auch wurden Maßnahmen in die Wege geleitet: Man gründete einen Dachverband, heuerte Werbefirmen an und versuchte, das Image von Baumwolle aufzupolieren.

Der Slogan, mit dem die Branche gerettet werden sollte? »Baumwolle: Der Stoff unseres Lebens.«

Berühmtheiten warben mit diesem Slogan. Barbara Walters blickte mit einem Hawaiihemd bekleidet in die Kamera und sagte: »Baumwolle (…) macht mein Leben viel bequemer.«[2]

Während der Krise der Baumwollindustrie trafen ihre Akteure eine strategische Entscheidung: Sie beschlossen, Baumwolle mit einer persönlichen Geschichte zu verknüpfen und dadurch für den Kauf wieder interessant zu machen. Baumwolle war nicht einfach nur eine weiße, flauschige Faser, die zu Fäden gesponnen wurde, aus denen anschließend Stoffe gemacht wurden, die wiederum dazu dienten, Kleidungsstücke herzustellen. Baumwolle hatte stattdessen eine Bedeutung für das Leben der Menschen, weil in persönlichen Geschichten von ihr erzählt wurde. Heute liegt der Marktanteil von Baumwolle in den USA bei ca. zwei Dritteln.[3]

Menschen wollen nicht wie eine Ware behandelt werden, und noch weniger wollen sie das Gefühl haben, ihr Leben sei gewöhnlich. Menschen wollen sich wichtig und besonders fühlen. Die beste Möglichkeit, ihnen dieses Gefühl zu geben, besteht darin, sie mit einer Geschichte in Verbindung zu bringen. Menschen und Unternehmen, die dieses Prinzip verstehen, sind unschlagbar.

Im Jahr 2011 führte Apple im vierten Jahr in Folge die Liste der am meisten bewunderten Unternehmen in einer *Fortune*-Umfrage unter Geschäftsleuten an.[4] Ein Teil des Erfolgsgeheimnisses des Unternehmens wird deutlich in einem der berühmtesten TV-Werbespots aller Zeiten.

Im Jahr 1984, während der Super-Bowl-Übertragungen, stellte Apple zum ersten Mal seinen Macintosh vor. Der Werbespot zielte darauf ab, den radikal neuen und ungemein kreativitätsfördernden Mac von der grauen Masse (die nach Meinung von Apple IBM war) abzuheben.

In diesem Spot läuft eine athletische junge Frau mit einem großen Hammer in einen Raum mit identisch aussehenden und identisch angezogenen Pseudo-Menschen. Sie wirft den Hammer in einen riesigen Bildschirm und zerstört eine Figur, die Ähnlichkeit mit George Orwells »Big Brother« hat. Eine neue Zeit beginnt. Menschen werden nicht mehr bloß als Sozialversicherungsnummern mit Armen und Beinen behandelt. Geschäfte zwischen Menschen sind die Zukunft.

Dass Geschäfte zwischen Menschen die Zukunft sind, wird nicht nur in dem Spot von Apple verdeutlicht, sondern auch von einem bekannten Schuhunternehmen.

Blake Mycoskie gründete TOMS Shoes nach einer erschütternden Erfahrung in seinem Leben. Er bereiste verschiedene Entwicklungsländer und erkannte ein großes Problem: Die Kinder, die er sah, trugen keine Schuhe. Und wenn sie keine Schuhe trugen, bedeutete das, dass es ihnen auch an ganz anderen Dingen mangelte. Deshalb entschloss sich Blake, ein Unternehmen zu gründen, in dem für jedes Paar verkaufter Schuhe ein armes Kind ebenfalls ein Paar Schuhe erhalten sollte.

Im ersten Jahr konnte er 10 000 Paar Schuhe verschenken. Heute liegt die Anzahl bei über einer Million. Aber hier endet die Geschichte noch nicht. Eines Nachmittags entdeckte Mycoskie im Wartebereich eines Flughafens ein Mädchen mit roten Schuhen seines Unternehmens. Ohne seine Identität preiszugeben, sprach er das Mädchen darauf an. Das Mädchen erzählte ihm die Geschichte von TOMS in lebendigen Worten. In diesem Moment erkannte er: »In Wahrheit ist das, was sich in unseren Schuhkartons befindet, bei weitem nicht so wichtig wie das, wofür es steht. TOMS ist keine Schuhfirma mehr, sondern ein One-for-One-Unternehmen.«

»TOMS Shoes zog nicht nur das Interesse der Mainstream-Medien wie der Zeitschriften Vogue, Time und People auf sich, sondern konnte auch prestigeträchtige Partner für sich gewinnen«, erklärt Power-Bloggerin Valeria Maltoni. »Ralph Lauren, der seit vierzig Jahren mit keinem anderen Unternehmen zusammengearbeitet hat, kooperierte mit TOMS Shoes bei seiner Rugby-Marke. Die Werbeagentur, die mit AT&T zusammenarbeitete, produzierte einen Werbespot, der die ›wahre Geschichte‹ erzählte.«

Maltoni schließt ihre Gedanken über den Erfolg von TOMS, indem sie dieses Prinzip nochmals bestätigt: »Menschen erinnern sich. Und wenn eine Botschaft eine echte Mission hat, dann werden sie die Geschichte jedem erzählen, der sie hören will – sogar einem Fremden am Flughafen. Dadurch werden sie die besten Vertreter für die Vermarktung der eigenen Produkte. (…) Die Lehre daraus: Einfluss wird einem gegeben.«[5]

Große Geschichten können Menschen inspirieren, kleinere, persönliche Geschichten jedoch können sie aufrütteln. Es ist eine Sache, anderen einen Fall, eine Genesung oder ein Produkt vorzustellen. Es ist eine ganz andere Sache, etwas von sich selbst preiszugeben.

Im April 2003 fuhr der Schriftsteller David Kuo mit seiner Frau von einer Party nach Hause. Er wachte in der Notaufnahme eines Krankenhauses auf. Dort wurde ihm gesagt, er habe einen Gehirntumor und nur noch wenige Monate zu leben.

An einem Palmsonntag um drei Uhr morgens mussten David und seine Frau Kim eine Entscheidung treffen: Wie viel von ihrer Geschichte durften die Menschen erfahren? In welchem Maße wollten sie ihr Schicksal anderen mitteilen?

Eigentlich wollten sie lieber schweigen. Aber schließlich entschieden sie sich doch dagegen. Kim begann, Freunde anzurufen und ihnen von Davids Erkrankung zu berichten. Sie bat sie, es anderen weiterzuerzählen, damit möglichst viele Menschen für David beten konnten. Innerhalb weniger Stunden wurde eine Seite auf CaringBridge.org, einer Nonprofit-Webseite, eingerichtet, auf der schwerkranke Menschen Nachrichten, Bitten und sonstige Mitteilungen an andere Menschen veröffentlichen können.

In den folgenden Wochen und Monaten beschlossen die Kuos, dass sie mehr Menschen helfen konnten, wenn sie sich anderen mitteilten. Dann wüssten auch andere, dass sie in ihrem Kampf gegen den Krebs nicht allein waren. Diese Entscheidung veränderte ihr ganzes Leben. Sie erkannten, dass ihre Geschichte nicht nur sie allein etwas anging. Schließlich hatten sie dadurch erst die Möglichkeit, mit Menschen in Kontakt zu kommen, die ein ähnliches Schicksal teilten.

Was können Sie daraus lernen? Teilen Sie anderen Ihre Geschichte mit.

Das erkannte auch Ann M. Baker aus Seattle, Washington, Teilnehmerin eines Dale-Carnegie-Kurses:

»Den meisten Menschen ist ihre Privatsphäre heilig. Mir ebenfalls. Als ich an Brustkrebs erkrankte und mich einer Chemotherapie mit anschließender Bestrahlung unterziehen musste, wollte ich mit niemandem über meine Sorgen und Schmerzen sprechen.

Aber als meine Familie, meine Freunde und Kollegen von meiner Krebserkrankung erfuhren, erhielt ich unzählige aufmunternde E-Mails. Sogar Bekannte von meinen Familienmitgliedern, die ich gar nicht persönlich kannte, schickten mir ihre Erfahrungsberichte mit Telefonnummern und Genesungswünschen.

Mit diesen Menschen, die mir Mut machten und mir Glück wünschten, begann eine Reise zu einer Heilung, die mein Leben veränderte. (...) Und dank der vielen E-Mails weiß ich, dass niemand ganz alleine gegen den Krebs kämpfen muss – und das auch nicht sollte. Denn im Leben geht es nicht nur um mich. Es geht um uns.«

Nichts ist falsch daran, wenn Dinge, bei denen es »um uns« geht, auch »gut für mich« sind. Eine Bloggerin mit mehr als einer Million Leser verkündete, sie wolle sich einer Laserbehandlung unterziehen, um von einem Augenleiden geheilt zu werden. Und nicht nur das: Sie wollte die Operation auch noch live über ihren Blog senden – für alle, die ebenfalls mit dem Gedanken spielten, eine solche Operation vornehmen zu lassen. Mit dieser Art von Transparenz setzte sie echte Akzente. Sie bekam nicht nur ihre volle Sehkraft wieder, sondern erhielt Einblick in ganz neue Möglichkeiten, die digitale Welt zu nutzen, um andere an ihrem Leben teilhaben zu lassen. Sie erwähnt als weitere Beispiele einen Live-Stream von der Hochzeit eines Freundes oder einen Kunden, der sich die Football-Spiele seines Sohnes auf diese Weise anschaute, wenn er aus beruflichen Gründen nicht vor Ort sein konnte.

»Wofür lässt sich Live-Video noch verwenden, außer für Sport, Unterhaltung und Marketing?«, fragt sie. »Wird man es als neuen Kommunikationskanal mit ganz bestimmten Funktionen nutzen? (...) Wie wäre es mit Hochzeiten, Abschlussfeiern, Club-Meetings, religiösen Festen, Geburtstagen, Coaching, Unterricht, Kochkursen, Geburten oder sogar Beerdigungen? Es gibt unendlich viele Möglichkeiten, wenn man genau darüber nachdenkt.«[6]

An den meisten Tagen im Leben eines Menschen geschieht nichts besonders Aufregendes. Aber das digitale Zeitalter bietet so viele Möglichkeiten, den Menschen zu zeigen, wer wir sind und wie unser Unternehmen ist. So können wir Berührungspunkte schaffen, mit denen wir andere Menschen enger an uns binden. Es ist leicht, ein Video ins Netz zu stellen, statt lediglich ein paar Bilder zu präsentieren. Es ist nicht besonders schwierig, eine aufsehenerregende Webseite zu erstellen, um damit ein neues Unternehmen oder eine neue Organisation zu promoten. Es ist einfach, eine Videokonferenz durchzuführen, statt eine Telefonkonferenz einzuberufen, und es ist leicht, den Teilnehmern eine überzeugende Präsentation zu zeigen, statt lediglich einen Bericht zu erstellen. Heutzutage erwarten Ihre Kunden diese Dinge auch von Ihnen.

Damit Ihre Idee sich wirklich durchsetzt, müssen Sie einen einzigartigen Ansatz wählen. Überwinden Sie die Grenzen Ihres Computers und tun Sie etwas, das nicht alltäglich ist. Setzen Sie alle Mittel ein, die Ihnen zur Verfügung stehen und die Sie sich vorstellen können. Präsentieren Sie Ihre Ideen lebendig, interessant und aufrüttelnd. Teilen Sie Ihre Erlebnisse mit anderen, und andere werden ihre Erlebnisse mit Ihnen teilen. Gemeinsam mit anderen werden Sie eine Geschichte erzählen, die mehr ist als die Summe der einzelnen Geschichten.

Immer üblicher und effektiver ist heutzutage im Business eine ausgewogene, authentische Mischung von Privat- und Berufsleben. Zwar gibt es Grenzen, aber diese sind deutlich niedriger geworden oder völlig verschwunden. Denn die meisten Menschen haben erkannt, dass der kurz- und langfristige Erfolg sämtlicher Beziehungen davon abhängt, wie tief diese Beziehung ist. Je mehr ein Kollege, Freund oder Kunde über Ihr Leben weiß, desto mehr können Sie gemeinsam erreichen. Wenn Ihre Geschichte auch die Geschichte anderer Menschen ist, dann interessieren sie sich auch für deren Ende.

10

Fordern Sie andere
zum Wettbewerb heraus

Wenn es um die besten Basketballspieler aller Zeiten in der NBA geht, werden normalerweise zwei Namen genannt: Larry und Magic.

Larry Bird und Earvin »Magic« Johnson waren, jeder auf seine Weise, die besten Spieler, die es im Basketball jemals gab – talentierte Passer, die ein fast übermenschliches Gespür für die Spieler und Positionen auf dem Basketballfeld hatten. In schwierigen Situationen waren sie nahezu unschlagbar. Sie konnten auf ihre Verteidigung genauso stolz sein wie auf ihren Angriff, und sie brachten mehr Leistung als alle ihre Teamkollegen.

Ein ganzes Jahrzehnt lang waren sie die bekanntesten Persönlichkeiten im Basketball. Magic schlug Larry in der NCAA-Meisterschaft im Jahr 1979 und erneut im Jahr 1984 in der NBA-Meisterschaft. Larry schlug Magic im Jahr 1985 und verlor im Jahr 1987 gegen ihn.

Den größten Teil ihrer Karriere fanden sie einander nicht wirklich sympathisch, aber sie hatten bedingungslosen Respekt voreinander. Im Jahr 1991 schließlich war Magic aufgrund einer HIV-Infektion urplötzlich gezwungen, sich aus dem professionellen Basketball zurückzuziehen. Einen Tag nach Magics Ankündigung bereitete sich Bird auf ein unspektakuläres Saisonspiel vor. Er machte Dehnübungen, wärmte sich auf, indem er durch die Gänge des Stadions joggte, warf Körbe von seinen normalen Positionen auf dem Feld aus ... und hatte zum ersten Mal in seinem Leben keine Lust auf das Spiel. Sein Konkurrent, der inzwischen sein Freund geworden war, hatte den Sport an den Nagel gehängt. Magic hatte ein großes Stück dazu beigetragen, Bird zu dem zu machen, was er war.

Einige Monate später sagte Magic bei seiner Verabschiedung: »Ich möchte Larry Bird persönlich dafür danken, dass er das Beste aus Magic Johnson herausgeholt hat. Ohne dich wäre ich niemals so weit gekommen.«[1]

Manche Menschen glauben, Wettbewerb sei etwas Unanständiges. Das ist nicht wahr. Wettbewerb ist etwas ganz Natürliches. Beziehungen sind wichtig, damit wir überhaupt Erfolg haben können, aber Wettbewerb ist wichtig, damit wir dauerhaft Leistung bringen.

»Eisen schärft man an Eisen«, schrieb König Salomon, der dritte König Israels, »und einer schärft den Blick des anderen.«[2]

König Salomon hatte erkannt, dass der einzige Weg, das Beste aus sich und anderen herauszuholen, darin besteht, sie zum Wettbewerb und zur Konfrontation herauszufordern. Zwar erscheint ein Leben, in dem es nur freundliche Kontakte zu anderen Menschen gibt, sehr viel bequemer und friedlicher, aber es trägt keine Früchte.

Eine Herausforderung bedeutet jedoch noch lange nicht, dass Blut, Schweiß oder Tränen fließen. Im Jahr 2010 forderte Coca-Cola die Konsumenten in einer über die digitalen Medien verbreiteten Werbekampagne heraus – und zwar dazu, nicht zu lachen.

Coca-Cola stellte auf dem Campus einer Universität einen besonderen Automaten auf. Dieser Automat verkaufte nicht nur Softdrinks. Er überraschte die Studenten mit Dingen wie kostenlosen Cola-Flaschen, einem Blumenstrauß, einer Pizza oder einem belegten Brötchen.[3]

Die Kameras zeichneten alles auf, und die Ergebnisse wurden auf YouTube veröffentlicht. Die ausgelassene Freude und Überraschung der Studenten, welche die Geschenke erhielten – einige beglückwünschten sich, fielen sich in die Arme, lächelten oder lachten vor Freude –, zauberte auch ein Lächeln auf die Gesichter von fast vier Millionen Zuschauern, die sich die Reaktionen online ansahen. Die Herausforderung für die Zuschauer dabei war, nicht zu lachen – was zu Millionen von »gescheiterten« Versuchen führte. Genau das war das Ziel des Unternehmens.

Der Wettbewerb zwischen Microsoft und AOL bestimmte die Anfangsjahre des Internet. Zwar ist dieser Wettbewerb im Zeitalter von Apple und Google mittlerweile in Vergessenheit geraten, dennoch sollte man sich vergegenwärtigen, dass erst der Kampf zwischen AOL und Microsoft dazu führte, dass den Kunden die heutigen innovativen Dienstleistungen zur Verfügung gestellt werden konnten. Jedes der beiden Unternehmen arbeitete auf den Tag hin, an dem die Kunden die Mehrzahl ihrer Transaktionen online tätigten, Informationen ausschließlich online suchten und einen Großteil ihres Lebens online verbrachten.

Die beiden Unternehmen waren komplett verfeindet, und ihre Unternehmenskulturen waren sehr verschieden – das eine war ein kundenorientiertes Marketingunternehmen, das zufällig Technologie verkaufte, das andere hingegen ein Technologie-Unternehmen, das zufällig Kundenmarketing betrieb.[4] AOL sagte im Antitrust-Prozess gegen das riesige Software-Unternehmen Microsoft als Zeuge aus. Und doch führte dieser Konkurrenzkampf dazu, dass jedes der beiden Unternehmen größer und erfolgreicher wurde, als es ohne den jeweils anderen gewesen wäre.

Jeder Mensch steht in seinem Leben vor Herausforderungen. Man sagt, dass es eigentlich egal ist, um welche Herausforderungen es sich dabei konkret handelt. Wichtig ist, wie wir darauf reagieren.

Und es stimmt:

Manche Menschen sind verletzt, werden krank oder geben auf. Damit steuern sie direkt auf ihr persönliches Scheitern zu.

Andere aber vollbringen schier unglaubliche Leistungen. Zum Beispiel Teddy Roosevelt: Als Kind war er häufig krank und hatte Asthma. Oft bekam er schlecht Luft, und das Asthma schwächte sein Herz. Als er zwölf Jahre alt war, forderte sein Vater ihn heraus: »Theodore, du hast den Kopf, aber nicht den Körper, um herausragende Leistungen zu vollbringen. Ohne die Hilfe des Körpers kommt der Kopf aber niemals so weit, wie er sollte. Du musst deinen Körper stärken. Das ist harte Arbeit, aber ich weiß, dass du es schaffen wirst.«[5]

Die Antwort des Jungen war ein halbes Grinsen und ein halbes Zähnefletschen – die erste dokumentierte Situation, in der er den Blick zeigte, der später auf der ganzen Welt bekannt werden sollte. Anschließend warf er seinen Kopf nach hinten und antwortete mit zusammengebissenen Zähnen: »Ich werde meinen Körper stark machen.«[6]

Im gesamten folgenden Jahr bestand sein Leben aus hartem Training. Und je kräftiger er wurde, desto mutiger und kühner wurde er. Er sprang in eiskalte Flüsse und bestieg sieben Berge, davon einen zweimal an einem Tag. Und entdeckte dabei seine Liebe zur Natur. Vögel und Moos faszinierten ihn, und er sammelte Hunderte Ausstellungsstücke für das Roosevelt Museum of Natural History.[7]

Was wäre ohne die Herausforderung seines Vaters aus dem kränklichen Jungen geworden? Sie veränderte sein Leben für immer.

Es ist ebenfalls wahr, dass die Herausforderung selbst genauso wichtig ist wie die Reaktion darauf. Herausforderungen, die inspirieren und überzeugen, sind vollkommen anders als Herausforderungen, die entmutigen und deprimieren.

Im Jahr 2010 wollte Shaun King, Pastor der Courageous-Church in Atlanta, Geld für behinderte Waisenkinder aus Haiti sammeln. Aber wie sollte er seinen Vorsatz in die Tat umsetzen? Diese Frage war seine erste Herausforderung. Im digitalen Zeitalter gibt es kreative Lösungen dafür. Er wollte so viele Menschen wie möglich mit seiner Botschaft erreichen. Er hatte die Idee zu einer Auktion für wohltätige Zwecke, an der bekannte Stars teilnehmen würden. Die Besucher sollten jedoch nicht auf ein Foto, ein Autogramm oder ein Treffen mit dieser Person bieten. Sie sollten darauf bieten, dass ein Star ihnen auf Twitter folgte und ihre Nachrichten weiterleitete. Er trat mit dieser Herausforderung an Eva Longoria, den Star aus *Desperate Housewives,* heran. Sie wiederum forderte ihre Kollegen auf, ebenfalls mitzumachen. Sie taten es, und TwitChange wurde geboren.[8]

Im Jahr 2010 erzielten über 175 Celebrities mit insgesamt neun Millionen Anhängern 30 Millionen Klicks und nahmen über 500 000 Dollar ein.[9] Ein hervorragender Beweis für die Kraft einer bedeutsamen Herausforderung in einem Zeitalter, in dem wir eine große Zahl von Menschen erreichen und so unseren Einfluss schnell ausweiten können.

Es gibt Halbwahrheiten auf der Welt, die mehr schaden als nutzen, aber wenige sind so schlimm wie »Lauf mit der Masse, um Erfolg zu haben«. So kann man kein Leben führen, keine Familie ernähren und kein Geschäft erfolgreich machen. Menschen wollen nicht geringgeschätzt werden, sie wollen Anerkennung erhalten. Sie wünschen sich, dass ihre Vision ernst genommen wird, auch wenn das manchmal herausfordernd ist.

Charles Schwab, ein amerikanischer Unternehmer und Philanthrop, sagte einmal: »Man kann nur etwas erreichen, wenn es Wettbewerb gibt.« Wenn wir miteinander konkurrieren, wollen wir gewinnen, denn dann fühlen wir uns erfolgreich und wichtig. Wenn man Gewinnen als den Sieg eines Teams bezeichnet, dann ist dieser Sieg noch großartiger, denn der Wettbewerb zwingt uns, auf einer gemeinsamen Basis zu kommunizieren und eine Verbindung zu anderen Menschen aufzubauen. Auch deshalb hat Wettbewerb einen derart hohen Stellenwert, denn wir erreichen damit Kameradschaft und nicht nur irgendein Endergebnis.

Sehen Sie sich die Menschen an, bei denen Sie Einfluss haben, und suchen Sie einen Bereich, in dem Sie einer anderen Person nahe sind und sie herausfordern können, so dass Sie am Ende gemeinsam mehr schaffen, als lediglich ans Ziel zu kommen – nämlich eine stabile Beziehung aufbauen und positive Veränderungen einleiten.

Vierter Teil

Menschen führen in Zeiten der Veränderungen

1
Beginnen Sie positiv

In seinem Klassiker *Leadership Is An Art* (dt. *Die Kunst des Führens*) schrieb Max DePree den berühmten Satz: »Die erste Verantwortung einer Führungskraft besteht darin, die Realität zu definieren. Die letzte besteht darin, danke zu sagen. Dazwischen ist die Führungskraft ein Diener.«[1] Man könnte diesen Satz so verstehen, dass man die unangenehmen Dinge zuerst sagen sollte, als bedeute es für eine Führungskraft einen Vorteil, die schlechten Nachrichten sofort ad acta zu legen. Aber das ist nicht der Fall, vor allem nicht in einer Zeit, in der sich schlechte Nachrichten mit Lichtgeschwindigkeit verbreiten.

Auch wenn es in einer Beziehung Spannungen oder Schwierigkeiten gibt, zum Beispiel zwischen einem Unternehmen und seinen Kunden, ist es keineswegs vorteilhaft, das Gespräch negativ zu beginnen. Wie bei einem Theaterstück, dessen erster Akt zu viel Tragik enthält, führt das zu einer äußerst negativen Ausgangslage. Die Schultern hängen herab, die Gesichter fallen in sich zusammen, und das Herz rutscht dem Empfänger der schlechten Nachricht in die Hose. Stellen Sie sich vor, was geschieht, wenn dieser Effekt sich wie ein Virus in einer Organisation ausbreitet, über die gesamte Wertschöpfungskette eines Unternehmens hinweg oder in einem ganzen Land. Sie sind dann gezwungen, von Anfang an gegen eine Welle negativer psychologischer und physiologischer Reaktionen zu kämpfen. Und selbst dann, wenn Sie diese schnell überwinden können, gibt es keinen Grund, die wenige Zeit, die Ihnen zur Verfügung steht, damit zu verbringen, Dinge ungeschehen zu machen, die Sie von Anfang an hätten vermeiden können.

Beginnen Sie ein Gespräch stattdessen mit ehrlicher und aufrichtiger Anerkennung. Ihr Gegenüber wird Ihre Ideen leichter annehmen und weniger Widerstand zeigen.

Viele von uns haben derartige Widerstände im Kontakt mit Kundenservice-Mitarbeitern erlebt.

Sanjiv Ekbote dagegen hatte *Wie man Freunde gewinnt* gelesen und wusste, wie man mit schwierigen Situationen umgeht.[2]

Er hatte vor kurzem ein Haus gekauft und einen Vertrag mit einer Versicherung abgeschlossen, der ihm die Erstattung von Reparaturkosten garantierte. Eines Abends begann der Wasserhahn im Bad zu tropfen. Daraufhin rief er die Versicherung an. Vier Stunden später erschien ein junger Installateur, um das Problem zu beheben. Zunächst tauschte er das Ventil aus, aber der Hahn tropfte danach noch stärker. Anschließend klemmte er das Rohr ab, aber der erhöhte Wasserdruck führte dazu, dass die Rohre in der Wand undicht wurden und die Wände durchnässten.

Sanjiv war sehr aufgebracht und rief sofort bei der Versicherung an. Er bat darum, einen erfahreneren Installateur zu schicken. Natürlich hätte er die Person am anderen Ende der Leitung beschimpfen und wütend auf sie einreden können. Stattdessen holte er jedoch erst einmal tief Luft. Er schilderte ruhig die Lage und bedankte sich bei der Mitarbeiterin am Telefon, dass so schnell jemand vorbeigekommen war. Die Dame am anderen Ende der Leitung kontaktierte einen erfahrenen Installateur, vereinbarte mit diesem den frühestmöglichen Termin und sorgte dafür, dass Sanjiv die Reparaturkosten erstattet wurden.

Hätte er den gleichen Service erhalten, wenn er seiner Wut freien Lauf gelassen hätte?

Die Technik, positiv zu beginnen, scheint auf den ersten Blick ziemlich einfach zu sein, aber es ist gar nicht so leicht, sie in die Praxis umzusetzen. Um den Grund dafür zu verstehen, sollten wir uns DePrees Satz über die Verantwortung von Führungskräften genauer ansehen. Wir verstehen den Satz vor allem deshalb falsch, weil der Begriff »Realität« in unserem täglichen Leben eine weitere Bedeutung hat. Warum müssen wir »der Wahrheit ins Gesicht sehen«, »den anderen zeigen, was Sache ist«, jemanden »auf den Boden der Tatsachen zurückholen«? Impliziert das, dass wir ihn aus einem idyllischen Traumland holen, das kein bisschen mit den harten Fakten übereinstimmt? Auf diese Weise erscheint die »Realität« wie eine Medizin, die der andere nur sehr zögerlich und ungern einnimmt.

Ist die Realität wirklich eine bittere Pille, die es zu schlucken gilt? Wahrscheinlich nicht, aber scheinbar sind wir darauf gepolt, es so zu sehen. Vor allem, wenn uns etwas bedrohlich erscheint. Unsere Vergangenheit als Jäger und Sammler führt noch immer dazu, dass wir besondere Aufmerksamkeit auf die dramatischsten Ereignisse um uns herum richten, und diese sind in der Regel negativ. Zumindest früher hing unser Überleben davon ab. Neurowissenschaftler haben in zahlreichen Studien herausgefunden, dass »wir uns viel mehr mit der Bedrohung durch negative Dinge als mit der Aussicht auf positive Dinge beschäftigen. Unser Gehirn reagiert viel stärker auf negative Dinge als auf positive«, schrieb der Führungskräfte-Coach Ray Williams.[3] Es ist sogar so, dass wir uns besser an negative Ereignisse erinnern (oder zumindest glauben, uns besser daran zu erinnern) als an positive.

Leider haben Forschungen gezeigt, dass dieser Effekt nicht nur auf bestimmte Ereignisse beschränkt ist, sondern sich auch auf unseren Eindruck von anderen Menschen erstreckt. Charakterzügen oder Verhaltensweisen, die wir negativ einschätzen, messen wir mehr Bedeutung bei als den positiven, vor allem, wenn diese unsere moralischen und ethischen Werte berühren.[4]

Wenn wir andere unter allen Umständen zu einer Veränderung bewegen wollen, liegt das häufig daran, dass wir frustriert von ihrem aktuellen Verhalten sind. Unsere Gedanken kreisen dann ausschließlich um das vermeintlich negative Verhalten. Das verändert unsere Wahrnehmung der Realität und führt dazu, dass wir positive Dinge nicht mehr bemerken. Dann ist es wenig überraschend, wenn wir im Gespräch mit diesen Menschen nur von Problemen sprechen – oder (aus Sicht unserer Zuhörer) ausschließlich Kritik äußern.

Die Neuropsychologie hat in den letzten Jahren festgestellt, dass wir das, was der andere sagt, ständig bewerten und ihn dabei sehr häufig missverstehen. Sicher haben Sie das auch schon einmal erlebt: Der Gesichtsausdruck unseres Gegenübers verkrampft sich, sein Blick wird ausdruckslos, und in seinen Augen sieht man seinen Widerwillen, der dazu führt, dass er nicht mehr wahrnimmt, was wir sagen.

Wir müssen eine derart dramatische Reaktion möglichst vermeiden, sonst stellen wir uns am Ende selbst ein Bein. In einer Studie über die Auswirkungen von negativem und positivem Feedback auf unsere Leistung fanden J. Sidney Shrauger und Saul Rosenberg heraus, dass die Leistung abnimmt, wenn wir das Feedback erhalten, dass wir in bestimmten Punkten versagt haben.[5] Wenn wir selbstsicher sind und ein starkes Selbstbewusstsein haben, ist die Wirkung weniger dramatisch. Eine weitere wichtige Reaktion auf Kritik ist jedoch, dass wir den Inhalt des Feedbacks an sich in Frage stellen. Wir lehnen es insgesamt ab, so dass es keinen Einfluss auf unser Verhalten hat – außer, dass unsere Einstellung negativer wird.

Warum aber ein solches Risiko eingehen? Ist es nicht viel lohnender, sich die negativen Auswirkungen auf Leistung und Einstellung von Anfang an bewusstzumachen?

In einem Artikel über Führungskompetenzen für Lehrer erklärte Trent Lorcher, wie er als Basketballtrainer mit einer enttäuschenden Niederlage seines Teams umging. »Wir hatten ein wichtiges Spiel verloren, weil wir mehrere Freiwürfe verspielt hatten. Normalerweise hätte ich mein Team vor Wut angebrüllt. Stattdessen lobte ich sie für ihre aggressive Angriffsstrategie und dafür, dass sie so viele Freiwürfe erzielt hatten. Wir übten anschließend eine Stunde lang Freiwürfe. Meine Spieler, die über die Niederlage sehr traurig waren, sprachen extrem gut auf das Lob an.«[6]

In seinem neuesten Buch *Good Boss, Bad Boss* (dt. *Der Chef-Faktor*) erzählt der Unternehmenspsychologe Robert Sutton eine Geschichte, die ihm ein ehemaliger Offizier der US-Army berichtet hatte. Die meisten Vorgesetzten des Mannes waren unverschämt, arrogant und bösartig. Aber der Kommandant seines Bataillons war anders:

»Ich tanzte einige Male aus der Reihe, aber er brachte mich sofort wieder in die Spur und sprach mit mir über mein Verhalten. Er schrie mich nicht an und machte mich nicht fertig, aber ich verstand genau, was er mir sagen wollte. Also schämte ich mich dafür, dass ich seine Anweisungen nicht befolgt hatte. Ich bin dadurch ein besserer Mensch geworden, und hoffe, dass ich seine Gewohnheiten und sein Verhalten übernommen habe und Menschen so behandle, wie sie behandelt werden sollten.«[7]

Wir können unsere niedersten Instinkte überwinden, wenn wir unserem Gewissen folgen und daran arbeiten, uns auf das Positive zu konzentrieren. Dabei geht es nicht einfach nur um positives Denken, sondern darum, unsere Einstellung zu verändern, und zwar so, dass wir erkennen, dass unsere Wahrnehmung nicht notwendigerweise der Realität entspricht. Wir dürfen eine vorgefasste Meinung nicht mit einer realen Tatsache verwechseln. Stattdessen sollten wir diese so lange in Frage stellen, bis wir uns ein genaues Bild von der Situation gemacht haben. Wir können uns zudem auf die Kraft der Spiegelneuronen verlassen. Diese Zellen, auf die man erst in den letzten Jahrzehnten aufmerksam wurde, befähigen uns, die Handlungen anderer Menschen zu verstehen, ihre Absichten zu interpretieren und einzuschätzen, was sie als Nächstes tun werden.

Wer den anderen besser versteht, kann seine Handlungen besser anerkennen. Wir müssen dafür einen eindeutig positiven Punkt finden, an dem wir ansetzen können. Sie sollte den Empfänger wirklich ansprechen und ihm in Erinnerung bleiben. Robert Sutton sagt, dass die besten Chefs sich die Zeit nehmen, herauszufinden, wie die Mitglieder ihres Teams denken und handeln. Das ist gar nicht so einfach. Führungskräfte bekommen häufig nichts von solchen Situationen am Arbeitsplatz mit, die am meisten über die individuellen Beweggründe ihrer Mitarbeiter preisgeben könnten.

Wenn wir den Wert, den ein Mensch für unser Unternehmen hat, zu schätzen wissen, dann fällt es uns leichter, ein offenes, positives Gespräch mit ihm zu beginnen.

Natürlich müssen wir die Dinge irgendwann beim Namen nennen. Schlimmer noch als der Versuch, schlechte Nachrichten vom Tisch zu wischen, ist es, sie abzuschwächen oder einfach gar nicht darüber zu reden. Dieser »Positivierungseffekt« wurde in den frühen 1970er Jahren durch die Psychologen Sidney Rosen und Abraham Tesser unter dem Begriff »MUM-Effekt« bekannt. Damit ist gemeint, dass Menschen verhindern wollen, zur Zielscheibe der negativen Emotionen anderer zu werden.[8] Wir alle haben die Möglichkeit, andere zu Veränderungen zu motivieren, aber häufig bedeutet das, dass wir den Mut haben müssen, unseren Vorgesetzten schlechte Nachrichten zu überbringen. Niemand möchte der schuldlose Überbringer einer schlechten Nachricht sein, der dann in die Schusslinie gerät. Wenn sich unsere Überlebensinstinkte einschalten, verlässt uns schnell der Mut, und wir sehen die Realität mit getrübtem Blick. »Der Positivierungseffekt und die daraus resultierende gefilterte Wiedergabe von Informationen kann in einer starren Hierarchie verheerende Auswirkungen haben«, schreibt Sutton.

»Was eigentlich eine schlechte Nachricht ist, klingt auf jeder weiteren Hierarchiestufe positiver – denn nachdem ein Chef die Nachricht von seinem Mitarbeiter erhalten hat, macht er sie ein bisschen weniger negativ, bevor er sie als nächstes Glied in der Kette nach oben weitergibt.«[9]

Eine positive Führungsstrategie, bei der Schwierigkeiten nicht dramatisiert werden, kann uns helfen, Probleme entschlossen und selbstsicher anzugehen. Führungskräfte, die ihren Mitarbeitern eine solche Haltung vorleben, riskieren seltener, Katastrophen zu übersehen, die sie schon lange vorher hätten erkennen können.

Andrés Navarro fand bei Sonda einen Weg, diesen Ansatz zu institutionalisieren, indem er die »Drei-für-Eins-Regel« einführte. »Wir versuchen, so wenig wie möglich zu kritisieren. Wir haben eine Regel: Wenn Sie in dieses Unternehmen kommen und auf jemanden treffen, den Sie nicht mögen oder von dem Sie denken, dass er seinen Job nicht richtig macht, dann sagen Sie es nicht. Schreiben Sie es auf ein Stück Papier.« Die Mitarbeiter werden anschließend aufgefordert, mindestens drei gute Dinge an der Person zu finden, bevor sie darüber sprechen dürfen, wie das Verhalten der anderen Person verändert werden sollte.[10]

Wie können wir also Gespräche beginnen, in denen unschöne Themen besprochen werden sollen? Intuitiv weiß jeder von uns, dass es viel leichter ist, sich unerfreuliche Dinge anzuhören, wenn wir vorher gelobt worden sind. Dieses Prinzip scheitert aber, wenn das Lob nur erfunden ist oder der Übergang vom Lob zur Kritik zu unvermittelt ist. Denken Sie an die folgenden Punkte, um dies zu vermeiden:

Erstens: Das Lob, das Sie der anderen Person geben, muss ehrlich und aufrichtig sein – nicht nur eine Verzögerungstaktik, bevor Sie Ihre Kritikpunkte loswerden.

Zweitens: Sie müssen in der Lage sein, einen guten Übergang zwischen Lob und Kritik zu schaffen.

Drittens: Bieten Sie Ihrem Gesprächspartner anschließend konstruktiven Rat statt Kritik an.

Diese Methode, Kritik vorzubringen, kann besonders bei der schriftlichen Kommunikation Schwierigkeiten bereiten. Ohne den natürlichen Fluss eines Gesprächs mit der Möglichkeit, elegant von einem Punkt zum nächsten überzugehen, kann es für den Empfänger so aussehen, dass Sie ihm lediglich schmeicheln wollen. Ist das Thema besonders heikel, sollten Sie in jedem Fall ein persönliches Gespräch vorziehen.

Viele Menschen beginnen ihre Kritik mit aufrichtigem Lob, gefolgt von dem Wörtchen »aber«, womit sie signalisieren, dass nun die Kritik beginnt. Dann kann es jedoch sein, dass der Angesprochene auch das Lob in Frage stellt. Verwenden Sie stattdessen »und« als Übergang und geben Sie der anderen Person anschließend konstruktive Tipps, statt sie zu kritisieren. Das ist wahrscheinlich der effektivste Weg, um ein Problem schriftlich mitzuteilen, ohne dass das Lob unehrlich wirkt.

Wenn Sie mit Lob und Anerkennung beginnen, helfen Sie Ihren Mitarbeitern, produktiver zu sein. Sie unterstützen Ihre Zulieferer, Termine besser einzuhalten, und sorgen dafür, dass Ihre Freunde und Familienmitglieder Ihren Standpunkt besser verstehen. Ein positiver Anfang führt meistens dazu, dass Gespräche auch positiv weitergehen.

2

Geben Sie eigene Fehler zu

Beth hatte eine hohe Position als Führungskraft in einem Fortune-100-Unternehmen. Sie wurde von ihren Vorgesetzten und ihrem Team sehr geschätzt, aber sie hatte Schwierigkeiten mit Harvey, einem ihrer Kollegen, der eine andere Abteilung leitete. »In der Liebe und im Krieg ist alles erlaubt« – nach diesem Motto lebte Beth und zeigte im Umgang mit diesem Kollegen ihre rachsüchtige Seite.

Aber Beth wollte eine bessere Führungskraft werden, und so suchte sie sich Unterstützung bei Marshall Goldsmith, einem bekannten Führungskräfte-Coach und Autor des Buches *What Got You Here Won't Get You There* (dt. *Was Sie bis hierher gebracht hat, wird Sie nicht weiterbringen*). Während des Coachings fand sie heraus, dass zwar viele Menschen sie respektierten, die Art und Weise, wie sie mit Harvey umging, jedoch ihrem Ruf enormen Schaden zufügte. Sie musste mit Harvey Frieden schließen, und dazu musste sie zugeben, dass sie Fehler gemacht hatte.

Das ist eines der schwierigsten Dinge überhaupt, nämlich zu der anderen Person, die man unangemessen behandelt hat, zu sagen: »Ich habe einen Fehler gemacht.« Die Spannungen auf beiden Seiten sind hoch, und eine Wettbewerbssituation kann diese Spannungen noch erhöhen. Sie könnten dann das Gefühl haben, dass es sehr ungünstig ist, sich selbst verwundbar zu machen. Dennoch werden genau diese Situationen am effektivsten dadurch gelöst, dass Sie zunächst von Ihren eigenen Fehlern sprechen.

Wie ging Beth vor?

»Du weißt, Harvey, dass ich hier häufig Feedback bekomme. Zunächst möchte ich sagen, dass dieses Feedback meistens positiv ist. Aber es gibt auch einige Dinge, die ich verbessern möchte. Ich habe mich dir, dem Unternehmen und den Traditionen in diesem Unternehmen gegenüber respektlos gezeigt. Bitte nimm meine Entschuldigung an, auch wenn es für ein solches Verhalten eigentlich keine Entschuldigung gibt.«[1]

Harveys Antwort? Er hatte Tränen in den Augen und gab zu, dass auch er sich nicht immer optimal verhalten hatte. Er versprach, dass sie zusammen vieles besser machen würden.

Ein langer, erbitterter Revierkampf endete ganz einfach damit, dass Beth ihre eigenen Fehler zugab.

Es ist gar nicht mehr so schwer, offen für ein Gespräch zu sein, wenn beide Gesprächspartner zugeben, einen Fehler gemacht zu haben. Die eigenen Fehler zuzugeben – auch wenn man sie noch nicht korrigiert hat – kann die andere Person dazu bringen, ihr eigenes Verhalten zu überdenken.

Dale Carnegie, der über hervorragende Kommunikationsfähigkeiten verfügte, wendete dieses Prinzip beim Schreiben seiner eigenen Bücher und Vorträge an. Er begann seinen Text mit einer Geschichte darüber, wie er als Mentor und Coach darin versagt hatte, seinen Lesern dieses Prinzip nahezubringen. Das ist eine äußerst subtile und meisterhafte Strategie – und der Beweis, dass sie höchst effektiv sein kann.

Dass es Führungskräften häufig schwerfällt, diese Strategie anzuwenden, hat einen entscheidenden Grund: Sie müssten zugeben, dass sie selbst Fehler gemacht haben und damit nicht unfehlbar sind. Führungskräfte auf der ganzen Welt haben damit ihre Schwierigkeiten, obwohl die meisten von ihnen einsehen, wie wichtig es ist.

Forscher am Institute for Health and Human Potential führten eine Studie mit 35 000 Menschen über die wichtigsten Faktoren für Beförderungen durch. Der Punkt, der Karrieresprünge am meisten förderte? Wenn Menschen ihre Fehler offen zugeben konnten.[2]

Einen Fehler einzugestehen ist wie der erste Schritt in einem langen Prozess. Es ist der schwierigste und zugleich der wichtigste Schritt. Wenn wir uns unserer eigenen Verantwortung nicht bewusst sind, wie können wir dann aus unseren Fehlern lernen und sie nutzen, um uns weiterzuentwickeln und anderen das Gefühl zu geben, dass sie uns vertrauen können? »Um den Weg ständigen Scheiterns zu verlassen, muss ein Mensch zunächst die Worte aussprechen: ›Ich habe einen Fehler gemacht.‹ Er muss seine Augen öffnen, seine Fehler zugeben und die volle Verantwortung für seine falschen Handlungen und Einstellungen übernehmen.«[3]

Portia Nelson beschreibt diesen Prozess sehr poetisch in ihrem Buch *There's a Hole in My Sidewalk*. Ein Problem, das uns häufig im Leben begegnet, kann erst gelöst werden, wenn wir die Verantwortung für unsere Fehler übernehmen. Nur dann, wenn wir einen Zusammenhang zwischen unserer aktuellen Situation und unseren Handlungen erkennen, beginnen wir, Lösungen für unsere Probleme zu finden. Nur dann wird es uns gelingen, nicht mehr in die tiefen Löcher auf unserem Weg zu fallen, von denen Portia Nelson in ihrem Text schreibt. Und irgendwann lernen wir ganz einfach, einen anderen Weg zu nehmen. Das bedeutet, dass wir nicht bloß einzelne Probleme kompetent lösen, sondern uns in unserem ganzen Leben kompetenter verhalten.[4]

Neben dem persönlichen Gewinn, wenn wir unsere Fehler zugeben, ist von unschätzbarem Wert das Vertrauen, das wir dadurch bei unseren Kollegen sowie Kunden, unseren Freunden, Familienmitgliedern und Nachbarn aufbauen. Marshall

Goldsmith schreibt: »Niemand erwartet von uns, dass wir immer recht haben. Aber wenn wir unrecht haben, erwartet man von uns ganz einfach, es auch zuzugeben. In diesem Sinne ist es eine Chance, unrecht zu haben – nämlich die Chance, zu zeigen, welche Art von Mensch und Führungskraft wir sind. (…) Die Tatsache, dass Sie Ihre Fehler wirklich zugeben können, macht auf andere Menschen größeren Eindruck als all Ihre Erfolge.«[5]

Wir sind menschlicher, wenn wir auch über unsere Fehler sprechen. Andere Menschen können dann leichter eine Beziehung zu uns aufbauen. Sie haben das Gefühl, dass wir uns in sie hineinversetzen können. Und wenn sie uns mit dieser Einstellung gegenübertreten, sind sie offener für unsere Vorschläge.

Ein großer Vorteil dieses Prinzips ist, dass wir Fehler machen und somit eine ganze Reihe von Geschichten haben, die wir einsetzen können, um jemandem ein gutes Gefühl zu geben. Denken Sie daran, stets konstruktiven Rat zu geben, statt zu kritisieren.

Wie setzte Carnegie dieses Prinzip bei seiner Nichte und Assistentin Josephine ein? Er dachte über ihre mangelnde Erfahrung nach und rief sich in Erinnerung, was er in ihrem Alter alles falsch gemacht hatte.

»Du hast einen Fehler gemacht, Josephine«, begann er, »aber dieser Fehler ist weiß Gott nicht schlimmer als viele Fehler, die ich gemacht habe. Man braucht Erfahrung, um bestimmte Fehler zu vermeiden, und du machst viel weniger Fehler als ich in deinem Alter. Ich habe selbst so viele dumme Dinge gemacht, dass ich dich oder jemand anderes ganz sicher nicht kritisieren will. Wäre es nicht vielleicht besser gewesen, die Dinge so oder so zu machen?«

Wenn Sie Ihre eigenen Fehler zugeben, erreichen Sie, dass die andere Person sich weniger auf ihre eigenen Fehler konzentriert. Durch diesen sanfteren Ansatz vermeiden Sie,

dass Ihr Gegenüber sofort eine Verteidigungsposition einnimmt.

Wenn Sie Ihre Fehler offen zugeben, bauen Sie Vertrauen
auf.

3

Sprechen Sie Fehler sachlich an

In den ersten Tagen seiner Präsidentschaft bewohnten Coolidge und seine Familie übergangsweise eine Suite im dritten Stock des Willard-Hotels in Washington. In den frühen Morgenstunden wachte der Präsident von einem Geräusch auf. Er stellte fest, dass ein Einbrecher gerade dabei war, seine Kleidung zu durchsuchen und seine Brieftasche sowie eine Taschenuhr zu stehlen. Coolidge sagte: »Ich wünschte, Sie würden das hier nicht mitnehmen. (…) Ich meine nicht die Uhr und die Kette, sondern das Amulett. Lesen Sie, was auf der Rückseite eingraviert ist.«

Der Einbrecher las: »Für Calvin Coolidge, Sprecher des Hauses, verliehen vom Obersten Gericht des Staates Massachusetts.«

Coolidge stellte sich dann als der neue Präsident der Vereinigten Staaten vor und überzeugte den Einbrecher, das Amulett zurückzugeben. Er führte ganz ruhig ein Gespräch mit ihm. Er fand heraus, dass der junge Mann und sein College-Zimmergenosse die Hotelrechnung nicht bezahlen konnten und außerdem Zugtickets zurück zu ihrem Campus brauchten. Er zog 32 Dollar aus seiner Brieftasche (die der überraschte junge Mann ihm ebenfalls zurückgegeben hatte), erklärte, dass er ihm das Geld leihen würde, und gab dem Studenten den Rat, so unauffällig zu verschwinden, wie er gekommen war, um nicht vom Geheimdienst geschnappt zu werden.[1]

Die Strategie, die Aufmerksamkeit indirekt auf die Fehler oder Vergehen einer anderen Person zu lenken, wirkt Wunder bei Menschen, die direkter Kritik nicht zugänglich sind – und das dürften die meisten Menschen sein.

Führungskräfte jeder Art verfügen über ein phantastisches Tool, um eine subtile Botschaft über ein Verhalten zu senden, das sie verändern wollen. Sie müssen dieses Verhalten einfach nur bei sich selbst ändern. Tun sie das nicht, dann ist die Botschaft für die Menschen um sie herum eindeutig: »Ich will, dass Sie sich so und so verhalten, aber eigentlich ist es gar nicht wichtig. Sonst würde ich es selbst auch tun.«

Dieses Konzept ist das 13. Gesetz für Führungskräfte aus John Maxwells Klassiker *The 21 Irrefutable Laws of Leadership* (dt. *Leadership: Die 21 wichtigsten Führungsprinzipien*). Er nennt es das »Gesetz des Bildes«, weil die Menschen das tun, was sie sehen. Er erzählt die Geschichte des Zugführers Dick Winters, der während des Zweiten Weltkriegs die Easy Company befehligte. Winters glaubte daran, dass es die Verantwortung eines Offiziers sei, voranzugehen, den Soldaten ein Vorbild zu sein, die Führung zu übernehmen und Risiken einzugehen, um seine Männer zu schützen.

»Eines der bemerkenswertesten Ereignisse, das Winters Führung durch Vorbild demonstrierte, geschah kurz nach dem D-Day auf der Straße nach Carentan, einer Stadt, welche die Easy Company von den Deutschen zurückerobern musste. Als die amerikanischen Fallschirmjäger sich unter seinem Kommando der Stadt näherten, gerieten sie unter Beschuss durch das Maschinengewehrfeuer der Deutschen. Sie versteckten sich in Straßengräben und bewegten sich keinen Meter vorwärts, obwohl sie den Befehl dazu erhalten hatten. Das aber war der sichere Weg in den Tod. Winters versuchte, sie dazu zu bringen, vorwärtszumarschieren. Er redete ihnen gut zu. Er versuchte, sie zu zwingen. Er rannte durch das Maschinengewehrfeuer hindurch von einem Graben zum nächsten. Schließlich sprang er in die Mitte der Straße. Maschinengewehre feuerten rechts und links von ihm, und er schrie die Männer an, dass sie sich endlich bewegen sollten. Alle standen auf und schritten als Einheit voran. Es gelang ihnen, die Stadt einzunehmen.«[2]

Manchmal ist es nicht einfach, Vorbild für andere zu sein und ihr Verhalten zu beeinflussen. Das kann daran liegen, dass wir nicht in der Nähe der Menschen sind, die wir beeinflussen wollen, oder dass wir nicht genau wissen, was sie tun. Wie können wir dann ihr Verhalten beeinflussen? Die Autoren des Buches *Influencer* (dt. *Die Kunst, alles zu verändern*) bieten für solche Situationen überzeugende Empfehlungen:

- »Finden Sie heraus, wer in der Gruppe, dem Team, der Familie oder der Gemeinschaft den meisten Einfluss auf andere hat, und überzeugen Sie genau diese Menschen davon, das Verhalten vorzuleben, das Sie erreichen wollen.
- Richten Sie die Gemeinschaft auf das Verhalten aus, indem Sie an das Wohl aller appellieren. Der sanfte Druck einer Gemeinschaft kann viel bewirken, wenn man die Gedanken und Handlungen anderer beeinflussen möchte.
- Sorgen Sie dafür, dass notwendige Ressourcen verfügbar sind und das Umfeld stimmt, damit es anderen leichtfällt, das neue Verhalten oder die neue Einstellung zu übernehmen.«[3]

Am Ende des Zweiten Weltkriegs kehrten die amerikanischen Soldaten von der Front zurück und begannen, ihre früheren Jobs wiederaufzunehmen. Im Zuge dessen verdrängten sie die Frauen, die während ihrer Abwesenheit einen Großteil der Arbeit übernommen hatten. Viele Frauen wollten jedoch im Beruf bleiben, was zu Konflikten zwischen den Geschlechtern führte, aber auch zu einer neuen Sicht auf die Rolle der Frau im amerikanischen Wirtschaftsleben.

Die Restaurants des Landes hatten ein ganz besonders heikles Problem zu lösen. Den heimkehrenden Soldaten war versprochen worden, dass sie beispielsweise ihren früheren Job als Koch zurückbekämen. Die Frauen, die diese Position übernommen hatten, wurden zur Kellnerin herabgestuft und erhielten infolgedessen weniger Geld. Das Ergebnis: Feindseligkeiten zwischen Köchen und Kellnerinnen in einer Umgebung, in der Kooperation ein absolutes Muss ist. Jeder litt unter der Situation, einschließlich die Gäste, die entweder sehr spät ihr Essen erhielten oder das falsche Gericht serviert bekamen. Einige Mitarbeiter kündigten, und die Restaurants verloren Gäste.

Daher bat die National Restaurant Association William Foote Whyte, Professor an der Universität von Chicago, um Hilfe. Er sollte das Problem lösen. Er beobachtete die Arbeit in einigen ausgewählten Restaurants und sah, wie Köche und Kellnerinnen sich beleidigten, einander ignorierten und einander das Leben schwermachten (auf Kosten der Gäste).

»Viele Berater hätten in dieser Situation dazu tendiert, dieses ungesunde soziale Klima zu verändern, indem sie den Mitarbeitern Sozialkompetenz beibrachten, Teambildungstrainings durchführten oder die Gehaltsstruktur veränderten. Aber Whyte wählte einen anderen Ansatz«, berichten die Autoren. »Aus seiner Sicht bestand die beste Methode zur Lösung dieses Problems darin, die Art und Weise zu verändern, wie die Mitarbeiter miteinander kommunizierten.«[4]

Whyte probierte seinen Ansatz zunächst in einem Testrestaurant aus. Er empfahl, eine einfache Metallspindel einzusetzen, um Bestellungen an die Küche weiterzugeben. Die Kellnerinnen würden die Bestellung auf die Spindel stecken. Die Köche würden anschließend die Bestellung so effizient wie möglich ausführen. Sie mussten lediglich dafür sorgen, dass die Gerichte, welche zuerst bestellt worden waren, als Erstes zubereitet wurden.

Sofort zeigte sich ein Ergebnis: Es gab weniger Konflikte, weniger Beschwerden von Gästen, und beide Seiten verhielten sich der jeweils anderen Seite gegenüber respektvoller.

Manchmal ist es besser, ein Verhalten nicht zu bestrafen, wenn man es korrigieren möchte. Vielmehr sollte die Situation als Chance genutzt werden, um Selbstsicherheit und stabile Beziehungen aufzubauen. Bob Hoover, ein berühmter Testpilot und häufiger Flugshow-Teilnehmer, flog von einer Vorführung in San Diego zurück nach Los Angeles, seinem Heimatort. In einer Höhe von 300 Fuß über dem Boden versagten plötzlich beide Motoren. Durch geschicktes Manövrieren gelang es ihm, das Flugzeug sicher zu landen und sich selbst sowie die zwei anderen Personen an Bord zu retten. Das Flugzeug aber war stark beschädigt. Sofort nach der Notlandung inspizierte Hoover den Benzintank des Flugzeugs. Wie er vermutet hatte, war sein Propellerflugzeug aus dem Zweiten Weltkrieg fälschlicherweise mit Flugzeugtreibstoff statt mit Motorenbenzin betankt worden. Nach seiner Rückkehr an den Flughafen wollte er den Mechaniker sprechen, der das Flugzeug betankt hatte. Dem jungen Mann war wegen seines Fehlers schlecht vor Angst. Tränen liefen ihm die Wangen herunter, als Hoover auf ihn zukam. Sein Fehler hatte zum Verlust eines sehr teuren Flugzeugs und beinahe zum Tod dreier Menschen geführt.

Sicher können Sie sich vorstellen, wie wütend Hoover war. Der stolze Pilot, der stets mit höchster Präzision ans Werk ging, hätte dem Mechaniker am liebsten eine gehörige Standpauke gehalten. Aber Hoover schimpfte nicht mit dem Mechaniker. Er kritisierte ihn auch nicht wegen seines grob fahrlässigen Verhaltens. Stattdessen legte er seinen starken Arm auf die Schultern des Mannes und sagte: »Ich bin ganz sicher, dass Sie einen solchen Fehler niemals wieder machen werden. Deshalb möchte ich Sie bitten, morgen meine F-51 zu betanken.«

Manchmal sind Fehler das Nebenprodukt ungünstiger Umstände. Wir scheitern nicht deshalb im Job, weil wir inkompetent sind. Im Gegenteil: Wir machen Fehler, weil wir abgelenkt sind, weil wir Probleme im Privat- oder Berufsleben haben. Eine gute Führungskraft hat erkannt, dass Fehler und Niederlagen in jedem Lebensbereich auftreten können und man sie daher auch nur als einmalige Ereignisse behandeln sollte.

Heutzutage sind junge leitende Angestellte unangemessenen Führungsstrategien gegenüber sehr skeptisch eingestellt. In unserer Zeit ist es am besten, Fehler ehrlich anzusprechen, sie aber nicht als Gelegenheit zu nutzen, andere zu verurteilen. Viele Menschen bekommen durch aggressive Ansätze oder manipulative Strategien ein schlechtes Bild von der Führungskraft und werden zynisch über deren Arbeit oder das Unternehmen urteilen. Es ist vorteilhafter für Sie, wenn Sie Menschen aus diesem niederdrückenden Zustand so schnell wie möglich herausholen. Tun Sie das, indem Sie besonnen über ihre Fehler sprechen und ihnen so ihre Stärke und Selbstsicherheit zurückgeben.

4

Stellen Sie Fragen, anstatt direkte Anweisungen zu geben

Beim Militär sind Befehle tägliche Routine. Die Soldaten erhalten Anweisungen, und es wird erwartet, dass sie ihnen folgen. Als Kapitän D. Michael Abrashoff jedoch das Kommando des Lenkwaffenzerstörers USS Benfold übernahm, erkannte er, dass er vor einer Herausforderung stand, die eine komplett andere Strategie erforderte.

Die Benfold war bei weitem nicht das beste Schiff der amerikanischen Flotte. Die Crew war mürrisch, die Moral im Keller, und die meisten Matrosen saßen nur die Zeit bis zum Ende ihres Dienstes ab. Schlimmer noch: Der vorherige Kommandant war nicht sehr beliebt gewesen, weshalb die Crew den neuen Befehlshaber misstrauisch und kritisch beäugte.

Kapitän Abrashoff aber hatte zum ersten Mal das Kommando über ein Schiff, und er war fest entschlossen, seine Sache gut zu machen. Sein erster Schritt bestand darin, mehr über seine Crew zu erfahren. »Ich brauchte nicht lange, bis ich herausgefunden hatte, dass meine junge Crew klug, talentiert und voll von guten Ideen war, die häufig nicht umgesetzt wurden, weil niemand ihnen jemals zugehört hatte«, schrieb er in seinem Buch *It's Your Ship*.[1]

Abrashoff nahm sich daher vor, der Crew zuzuhören – aber nicht nur dann, wenn jemand von sich aus etwas sagte. Er wusste, dass die Ideen von der Crew selbst kommen mussten, damit sich die Situation auf dem Schiff verbessern konnte. Er beschloss, die Besatzung zu interviewen, um mehr über ihre Ideen und Vorstellungen zu erfahren. Abrashoff interviewte fünf Crewmitglieder pro Tag, so lange, bis er mit allen 310 gesprochen hatte. Was erfuhr er?

Zum Beispiel, dass sehr viel Zeit für eintönige Arbeiten verschwendet wurde, beispielsweise sechsmal im Jahr das Schiff zu streichen. Abrashoff fand daraufhin einen Weg, um alle Teile auf dem Schiff, die Roststellen verursachen konnten, zu ersetzen, und ordnete an, dass große Teile der Außenverkleidung mit einer speziellen Farbe gestrichen werden sollten. Das Schiff musste daraufhin fast zwei Jahre lang nicht mehr gestrichen werden. Dadurch stand Zeit für sinnvollere Tätigkeiten zur Verfügung, unter anderem ein intensives Training der Crew. Er erfuhr, dass viele von ihnen zur Marine gegangen waren, um ihre Collegeausbildung zu finanzieren. Deshalb organisierte er Tests, um den Wissensstand der Matrosen festzustellen, und sorgte dafür, dass sie bevorzugt für ein Fernstudium zugelassen wurden. Er erfuhr, dass viele von ihnen eine schwierige Vergangenheit und es im Leben nicht leicht gehabt hatten, aber auch, dass die Bindung zu ihren Familien sehr stark war. Deshalb bezog er die Familienmitglieder so gut es ging in das Leben der Matrosen ein, indem er Geburtstagskarten, Lobbriefe und andere wichtige Nachrichten an die Eltern und Partnerinnen der Matrosen schickte. »Ich wollte unsere Ziele miteinander in Einklang bringen«, schrieb Kapitän Abrashoff, »so dass die Matrosen eine Möglichkeit für sich sahen, ihre Talente einzusetzen und ihrem Job einen echten Sinn zu geben.«

Was war das Ergebnis der vielen Fragen, die er seiner Crew gestellt hatte? Die Moral verbesserte sich signifikant, die Crew war bereit, bis an die Grenzen ihrer Leistungsfähigkeit zu gehen, und das Schiff erzielte im Ranking einen der besten Werte, die es jemals in der Marine gegeben hatte.

Wäre Abrashoff jedoch an Bord marschiert und hätte den Befehl gegeben, besser zu werden, und hätte er anschließend seiner Besatzung erklärt, wie das zu geschehen hätte, was wäre das Ergebnis gewesen? Wir werden es nie erfahren, aber es ist extrem unwahrscheinlich, dass die Benfold in so beeindruckender Weise zu einem der beliebtesten Schiffe der US-Marine geworden wäre.

Fragen verringern nicht nur Widerstände, sie regen auch die Kreativität und Innovationskraft zum Lösen von Problemen an. Menschen folgen viel eher einem neuen Weg, wenn sie das Gefühl haben, an seiner Gestaltung beteiligt gewesen zu sein.

Die Führungskräfte an der Spitze des Familienunternehmens Marriott waren bekannt dafür, dass sie die Hotels, die zu der Kette gehörten, sehr sorgfältig überprüften, um sicherzustellen, dass sie gut geführt wurden. Bill Marriott jr. insbesondere »war ständig unterwegs, stellte Fragen und hörte genau auf die Antworten«, schreibt Ed Fuller, Leiter von Marriott International Lodging.

> »Tatsächlich wurde er sogar dafür kritisiert, dass er zu vielen Menschen zuhörte – und dass er den Menschen an der Basis genauso gut zuhörte wie den obersten Führungskräften. (…) Seine Lieblingsfrage bei den Besuchen an der Basis war: ›Was denken Sie darüber?‹ Das war seine Art, zu verhindern, dass die Mitarbeiter dem Chef unangenehme Nachrichten vorenthielten oder nicht wagten, über die Dinge zu sprechen, die sie ärgerten.«[2]

Bill Marriot jr. war eine kluge Führungskraft, die die negativen Folgen des »MUM-Effekts« erkannt hatte und wusste, wie sie die Mitarbeiter am besten dazu motivieren konnte, die Marriott-Hotels nach ihren Vorstellungen zu führen.

Obwohl es auf der Hand liegt, dass Fragen die Motivation

derer, die wir beeinflussen wollen, erhöhen, setzen viele Führungskräfte diese Strategie nicht ein. Warum ist das so? Es könnte damit zu tun haben, dass Fragen manchmal den Anschein erwecken, wir wollten den anderen unsere eigenen Antworten in den Mund legen. Wäre es dann nicht besser, die Antworten einfach selbst zu geben? Nein, denn kein Mensch möchte gerne Befehle erhalten.

Führungskräfte stellen auch deshalb nicht gerne Fragen, weil sie nicht mit Antworten konfrontiert werden möchten, die ihnen unangenehm sind. Was, wenn Ihr Gesprächspartner sich nicht in die Richtung bewegt, die Sie sich vorgestellt haben? Diese Möglichkeit lässt sich nicht ausschließen. Aber Führungskräfte sollten es als Chance sehen und nicht als Risiko.

Ian Macdonald war Geschäftsführer eines kleinen Unternehmens in Johannesburg, Südafrika, das sich auf die Produktion von Präzisionsteilen für Maschinen spezialisiert hatte. Eines Tages erhielt er eine Anfrage für einen sehr großen Auftrag. Er war überzeugt, dass er das Lieferdatum nicht würde halten können. Die anderen, bereits in Planung befindlichen Aufträge und die kurze Frist bis zur Fertigstellung machten es eigentlich unmöglich, den Auftrag anzunehmen.

Statt seine Mitarbeiter zu drängen, schneller zu arbeiten und den Auftrag auszuführen, berief er eine Versammlung ein, erklärte ihnen die Situation und sprach davon, wie wichtig es für das Unternehmen und für die Mitarbeiter selbst sei, dass der Auftrag fristgerecht ausgeführt würde. Anschließend begann er, Fragen zu stellen: »Gibt es irgendeine Möglichkeit, diesen Auftrag doch zu schaffen? Hat jemand eine Idee, wie wir die Arbeitseinteilung so gestalten können, dass wir den Auftrag annehmen können? Können wir unsere Arbeitspläne und Personalplanung vielleicht so anpassen, dass es funktionieren könnte?«

Die Mitarbeiter hatten viele Ideen und bestanden darauf,

dass er den Auftrag annahm. Der Auftrag wurde angenommen, abgewickelt und fristgerecht geliefert.

Leider fürchten sich viele Führungskräfte davor, mit ihren Mitarbeitern über deren Leistung zu sprechen. Sie wissen, dass es in ihrem Team Mitarbeiter gibt, die sich noch verbessern könnten, aber sie fürchten die Konfrontation, wenn sie Kritik üben. Sie haben Angst davor, dass die Mitarbeiter sich immer mehr zurückziehen und sich verteidigen wollen. Diese Führungskräfte sollten unbedingt für sich selbst nach einem anderen Weg suchen.

Die meisten Mitarbeiter kennen ihre eigenen Stärken und Schwächen sehr genau. Einige werden sich vielleicht herausreden wollen, der größte Teil jedoch wird Ihnen genau das erzählen, was Sie bereits wissen. Viele Unternehmenspsychologen empfehlen, in das Mitarbeitergespräch einen Zwischenschritt zu integrieren, bei dem der Mitarbeiter sich selbst einschätzt. Studien haben gezeigt, dass diese Selbsteinschätzung dazu führt, dass Manager und Mitarbeiter zufriedener mit dem Gespräch sind und der positive Effekt auf die Leistung größer ist.[3] Stellen Sie dem Mitarbeiter zunächst einige Fragen, über die er vor dem Gespräch nachdenken soll: »Worin sind Sie besonders gut? Was sind Ihre Ziele für das nächste Jahr? In welchen Bereichen könnten Sie Ihre Fähigkeiten noch verbessern, damit Sie diese Ziele erreichen?«

Wenn Sie das Gespräch damit beginnen, dass der Mitarbeiter diese Fragen beantwortet, sind Sie schon ein ganzes Stück weiter und müssen die Antworten nicht mehr selbst geben. Bei mindestens 80 Prozent der Antworten werden Ihre Mitarbeiter zum gleichen Schluss kommen wie Sie. Aber das Gespräch wird sehr viel positiver verlaufen, als wenn Sie die Antworten gegeben hätten.

Fragen kann man über fast jedes Medium effektiv stellen. Vielleicht können Sie Ihrem Team eine SMS oder Twitter-Nachricht schicken mit der Frage, wie man mit einem zögernden Kunden umgeht? Unter Umständen könnte dies dazu beitragen, dass Mitarbeiter, die in diesem Bereich schwach sind, ihre Methoden überdenken oder erkennen, dass sie noch gar keine richtige Strategie haben. Selbst mit 140 oder weniger Zeichen kann man sehr effektive Fragen stellen.

Durch Fragen ergibt sich erst die Chance, die Situation für alle Beteiligten zu verbessern. Anschließend hat jeder das Gefühl, an der Gestaltung des Ergebnisses beteiligt gewesen zu sein.

Was halten Sie davon, statt einer direkten Anweisung eine Frage gestellt zu bekommen?

5

Lassen Sie andere ihr Gesicht wahren

Im Sommer 1941 wurde Sergeant James Allen Ward das Viktoria-Kreuz verliehen, weil er 13 000 Fuß über Zuiderzee nur durch ein Seil gesichert auf den Flügel seines Wellington-Bombers geklettert war, um ein Feuer im Steuerbordmotor zu löschen. Es gelang ihm, das Feuer zu ersticken und anschließend am Flügel entlang in die sichere Kabine zurückzuklettern. Winston Churchill, der mutige Unterfangen bewunderte und auch selbst für solche bekannt war, ließ den schüchternen Neuseeländer in die Downing Street 10 kommen. Ward, der in Churchills Anwesenheit vor Ehrfurcht schier erstarrte, war nicht in der Lage, die Fragen des Premierministers zu beantworten. Churchill betrachtete den unglücklichen Helden mitleidig. »Sie müssen sich in meiner Gegenwart sehr klein und hilflos fühlen«, sagte er.

»Ja, Sir«, brachte Ward hervor.

»Dann können Sie sich sicher vorstellen, wie klein und hilflos ich mich in Ihrer Gegenwart fühle«, erwiderte Churchill.[1]

Mit wenigen Worten hatte Churchill es geschafft, dass Ward sich nicht mehr wie ein bemitleidenswerter Idiot fühlte, sondern als der Held, der er tatsächlich war. Churchill machte keine große Sache aus Wards Unbeholfenheit und half ihm, sein Gesicht zu wahren.

Nur wenige Menschen überlegen sich, was sie tun können, damit ihr Gegenüber sein Gesicht wahren kann. Wir treten die Gefühle anderer Menschen mit Füßen, verfolgen stur unseren eigenen Weg, schieben die Schuld auf andere, stoßen Drohungen aus und kritisieren ein Kind oder einen Mitarbeiter in der Öffentlichkeit. Wir könnten genau über unsere Worte nachdenken, die Gefühle der anderen Person berücksichtigen, sie diskret zur Seite nehmen – wir hätten jede Möglichkeit, es der anderen Person leichter zu machen. Aber häufig nehmen wir uns ganz einfach nicht die Zeit dafür.

Was löst ein derart unsensibles Verhalten bei den Menschen in unserem Umfeld aus? Es führt dazu, dass sie Angst haben, zu versagen. Denn wenn wir wissen, dass wir für unsere Fehler an den Pranger gestellt werden, vielleicht sogar in aller Öffentlichkeit, können wir bei unserer Arbeit überhaupt noch Risiken eingehen? Werden wir versuchen, innovativ oder kreativ zu sein? Werden wir unsere Ideen mitteilen und unsere Meinung sagen? Wahrscheinlich nicht.

Dennoch sind Niederlagen Teil unseres Lebens – in allen Bereichen. Sie sind so alltäglich, dass die renommierte Zeitschrift *Harvard Business Review* dem Thema im April 2011 eine ganze Ausgabe widmete. Der Titel: »Fehler: Wie man sie versteht, aus ihnen lernt und sie überwindet.« Kein Wort darüber, wie man sie vermeidet!

Natürlich wissen wir intuitiv, dass Fehler unvermeidbar sind. Weshalb können wir andere Menschen dann nicht besser unterstützen, wenn sie Fehler machen? Eine weibliche Führungskraft eines großen Medienunternehmens war verantwortlich für die Einführung einer neuen Zeitschrift. Die leitende Angestellte verbrachte ein Jahr damit, alles zu tun, damit die Zeitschrift bekannt wurde, aber es funktionierte einfach nicht. Sie musste wieder eingestellt werden.

Der Geschäftsführer des Unternehmens hätte sie wegen dieser Pleite entlassen, degradieren oder sie anderen als Beispiel dafür präsentieren können, wie man es nicht machen sollte. Aber er ermöglichte ihr stattdessen, ihr Gesicht zu wahren. »Der CEO erhob sich bei einer Versammlung der obersten Führungsriege des Unternehmens und gratulierte der Führungskraft zu ihrem Mut und ihrer Kompetenz, und dazu, dass sie zwar gescheitert war, aber dennoch das Richtige getan hatte. Er betonte, dass sie nicht allein falsche Entscheidungen getroffen hatte, sondern dass das gesamte Management ebenfalls verantwortlich war und dass die Zeitschrift trotz hervorragender Inhalte und guten Marketings gescheitert war«, schreibt Robert Sutton in seinem Buch *Good Boss, Bad Boss* (dt. *Der Chef-Faktor*).[2]

Mit diesem Vorgehen setzte der CEO eine Technik um, die Sutton »Vergeben und Erinnern« nennt, eine wichtige Methode, um aus Fehlern zu lernen und Verhalten zu verändern. Diese Technik wurde zum ersten Mal von Charles L. Bosk in seinem Buch *Forgive and Remember: Managing Medical Failure*[3] beschrieben. Das Ziel ist dabei, Menschen zu helfen, für ihre Handlungen die Verantwortung zu übernehmen und gleichzeitig das existentielle Problem des Scheiterns zu meistern. Ist nicht genau das die eigentliche Verantwortung jeder Führungskraft? Denn wenn der Kampf bereits verloren ist, wird die Person nicht aus ihren Fehlern lernen, ihr Selbstbild ist beschädigt, sie hat Angst und trägt weniger zum Erfolg eines Unternehmens, einer Familie oder einer Organisation bei.

Trotz aller Anstrengungen der Führungskraft werden ihre Mitarbeiter Fehler machen. Und auch die Führungskraft selbst wird Fehler machen. Wenn wir das erkennen und aus Fehlern positiven Nutzen ziehen, helfen wir anderen, Fehler zu überwinden und das rettende Ufer sicher und mit einer positiven Einstellung zu erreichen. Hervorragende Führungskräfte wissen die Kreativität und Innovationskraft ihrer Teams zu nutzen, indem sie ihnen helfen, ihr Gesicht zu wahren, noch bevor sie einen Fehler gemacht haben.

Fiona Lee, Amy Edmundson und Stefan Thomke führten während der Einführung eines neuen Datenbanksystems in einer großen Gesundheitsorganisation eine Studie mit 688 Mitarbeitern durch. Das neue System integrierte Daten aller Abteilungen und Bereiche der Organisation. Die Mitarbeiter erhielten kaum Training, und ihnen wurde gesagt, sie sollten das System kennenlernen, indem sie damit experimentierten.

Das Ergebnis? In Abteilungen, in denen die Manager ihren Teams explizit mitgeteilt hatten, dass Fehler okay seien, und kein System eingeführt hatten, das die Mitarbeiter für ihre Fehler bestrafte, wurde sehr viel mehr experimentiert. In Abteilungen, in denen die Manager unklare Anweisungen gaben oder Fehler kritisierten, probierten die Mitarbeiter das System viel weniger aus. Manche Mitarbeiter in diesen Abteilungen nutzten es sogar überhaupt nicht, weil sie Angst vor Fehlern hatten. Erwartungsgemäß lernten die Mitarbeiter, die am meisten mit dem neuen, effizienteren System experimentierten, es am besten kennen und nutzen es regelmäßig für ihre Arbeit.

Die Manager, die ihre Teammitglieder unterstützten, entwickelten bei ihnen das, was heute als »Resilienz« bezeichnet wird. Resilienz, erklärt Martin P. Seligman, Autor und Pionier der Positiven Psychologie, beschreibt den positiven Umgang mit Niederlagen. In seinen Büchern und sonstigen Beiträgen berichtet er, dass manche Menschen Niederlagen besser überwinden können, aus ihren Erfahrungen lernen und an ihnen wachsen, während andere dadurch schwach, zu selbstkritisch und ängstlich werden. Welche Tendenz möchten Sie bei den Menschen in Ihrem Umfeld fördern?

Unternehmen, die ehemalige Armee-Angehörige einstellen, haben den Wert der Resilienz zu schätzen gelernt: Sie stellten fest, dass solche Männer und Frauen es gewohnt sind, mit Fehlern und Misserfolgen umzugehen, die manchmal sehr überraschend von einem Moment zum anderen auftreten können, und trotz allem weitermachen.

Donovan Campbell, Autor des Buches *Joker One*, eines Berichts über seine Erfahrungen als Zugführer einer Einheit im Irak, arbeitet heute mit am Eliteprogramm zur Entwicklung von Führungskräften bei Pepsi. Er berichtet von den Erkenntnissen aus seiner Zeit als Zugführer:

>»In der Schule wird man belohnt, wenn man alles richtig macht. Und dann ist man mit der Schule fertig, tritt ins Berufsleben ein und wird häufig befördert, wenn man kaum Fehler macht. Auf diese Weise entwickelt man im Laufe der Zeit eine Einstellung, die besagt, dass Fehler unter allen Umständen vermieden werden müssen. In der Armee lernt man, dass es egal ist, wie sehr man sich anstrengt oder wie gut man ist. Erstens: Man wird Fehler machen. Und zweitens: Manchmal führen bestimmte Ereignisse, der Feind oder eine veränderte Situation dazu, dass man einfach keinen Erfolg haben kann und scheitert. Und man gewöhnt sich an diesen Gedanken.«[4]

Ein derart reifer Umgang mit Misserfolgen ist wichtig für Mitarbeiter und Führungskräfte. Denn nur so kann verhindert werden, dass sie in einem Zustand der Unentschlossenheit oder Untätigkeit verharren. Wenn wir dafür sorgen, dass unsere Mitarbeiter sich sicher fühlen, wenn sie Fehler machen, erreichen wir, dass sie eher bereit sind, ihre Fehler zuzugeben (was eines der wichtigsten Voraussetzungen für unseren Erfolg als Führungskraft ist), dass sie ihre Fehler schneller überwinden und mehr aus ihnen lernen. Auf diese Weise erhalten Sie als Führungskraft eine genauere Vorstellung von der Arbeit Ihrer Mitarbeiter und sind ihnen ein besserer Coach und Mentor.

Wie schaffen wir ein solches Umfeld? Charlene Li zählt in ihrem wichtigen Buch *Open Leadership* fünf Maßnahmen auf, die Führungskräfte umsetzen können, um ihre Teams widerstandsfähiger gegenüber Niederlagen zu machen:

- *Erkennen Sie an, dass Fehler passieren.* Führungskräfte sollten Fehler nicht nur anerkennen, sie sollten mit ihrem Team auch darüber reden, wie wahrscheinlich es ist, dass bestimmte Fehler vorkommen.
- *Regen Sie den Dialog an, um offene Kommunikation zu fördern.* Ein ehrliches Gespräch über Probleme ist die beste Möglichkeit, aus ihnen zu lernen und sie zu lösen, bevor sie unüberwindbar sind.
- *Betrachten Sie den Fehler und die Person getrennt.* Statt zu sagen: »Sie sind gescheitert«, sollten Sie sagen: »Das Projekt ist gescheitert.« In den meisten Fällen entspricht das auch der Wahrheit. Amy Edmondson, Harvard-Professorin und Forscherin, untersuchte diesen Punkt bei einigen Führungskräften. »Wenn ich die Führungskräfte bitte ..., zu schätzen, für wie viele der Fehler in ihren Unternehmen wirklich eine konkrete Person verantwortlich gemacht werden kann, dann kommt als Antwort ein Wert von knapp zwei oder fünf Prozent. Aber wenn ich sie frage, bei wie vielen Fehlern Mitarbeiter tatsächlich dafür zur Verantwortung gezogen werden, dann sagen sie normalerweise (nach einer Pause oder einem verlegenen Lachen), dass es siebzig bis neunzig Prozent sind. Die traurige Folge ist, dass die meisten Fehler nicht bekannt werden und man so auch nicht aus ihnen lernen kann.«[5]
- *Lernen Sie aus Ihren Fehlern.* Anderenfalls verpassen Sie und Ihre Mitarbeiter eine wichtige Chance zur Weiterentwicklung und zum richtigen Coaching.
- *Schaffen Sie ein Risiko- und Fehlersystem.* Ein methodischer Umgang mit Risiken und Fehlern kann dazu beitragen, emotionale Reaktionen abzuschwächen.

Warum lohnt sich diese Mühe? Alberto Alessi, ein bekannter italienischer Designer, berichtet, dass in seinem Unternehmen Design der Versuch sei, die Grenzlinie zwischen dem Möglichen und dem Unmöglichen zu finden und daran entlang zu arbeiten. Die besten Arbeiten sind die, welche sich direkt an der Grenzlinie zum gerade noch Möglichen befinden. Dort findet Innovation statt, dort können wir unsere Talente unter Beweis stellen und als Mensch wachsen. Selbstverständlich bringt dieses Vorgehen automatisch mit sich, dass man die Grenze überschreitet und scheitert, weil man feststellt, dass Dinge nicht möglich sind. Aber es ist ein ehrenvolles Scheitern, aus dem man eine Menge lernen kann. Der berühmte Staubsaugerproduzent Sir Richard Dyson stellte mehr als 5000 Prototypen her, bevor er seinen ersten Staubsauger auf den Markt brachte.

Wenn wir mit einer Person zu tun haben, die einen Fehler gemacht hat, sollten wir niemals vergessen, dass ihr Umgang mit dem Fehler davon abhängt, welche Unterstützung sie von uns in diesem schwierigen Moment erhält. Ein grundlegender Unterschied zwischen gewöhnlichen und ungewöhnlichen Menschen liegt darin, wie sie ihre Fehler wahrnehmen und darauf reagieren. Eine gute Führungskraft kann beeinflussen, zu welcher Gruppe ihre Mitarbeiter gehören.

Außerdem gibt es Fehler und vermeintliche Fehler. Einige Fehler rühren daher, dass man eine Situation falsch eingeschätzt hat, dass man unerfahren ist oder gecoacht werden müsste. Das sind echte Fehler. Andere entstehen dadurch, dass jemand rücksichtslos oder habgierig ist, ihm nichts am Wohlergehen anderer Menschen liegt oder dass er sich auf Kosten anderer erhöhen möchte. In diesen Situationen fühlt sich die Person, die den Fehler gemacht hat, sehr wahrscheinlich nicht verantwortlich. Ist es richtig, einem solchen Menschen zu helfen, sein Gesicht zu wahren? Vielleicht nicht. Wenn der Fehler und die dazugehörige Einstellung sehr schlimm sind, dann ist es wahrscheinlich, dass sich das Problem verstärkt, wenn Sie der anderen Person helfen, ihr Gesicht zu wahren. Dann ist es am besten, so wenig Kommentare wie möglich abzugeben und Gespräche unter vier Augen zu führen, um die Schwere des Problems anzusprechen.

Charlene Lis Ratschläge lassen sich nicht nur dafür nutzen, eine Umgebung zu schaffen, in der mit Fehlern konstruktiv umgegangen wird. Sie lassen sich auch auf Situationen übertragen, in denen wir einem Menschen helfen sollten, sein Gesicht zu wahren, um über einen kleinen Fehler, eine Nachlässigkeit oder ein Versehen hinwegzukommen.

- Erkennen Sie an, dass ein Fehler passiert ist, aber tun Sie es vorsichtig. Vorgeben, dass nichts passiert ist, erfüllt zwar das Kriterium »vergeben«, ist aber unehrlich, wenn der Fehler offensichtlich ist.
- Erkennen Sie Ihre eigene Verantwortung für den Fehler an und sprechen Sie das offen an.
- Konzentrieren Sie sich darauf, was man aus dem Fehler lernen kann.
- Wenn es passt, dann sprechen Sie auch über die Begleitumstände und das Umfeld, in dem der Fehler passiert ist, ohne anderen die Schuld zu geben.

Stellen Sie sich folgende Situation vor: Sie sind zu einem Fest eingeladen. Dort werden Sie einer Person vorgestellt, die Sie schon einmal getroffen haben. Aber diese Person kann sich ganz offensichtlich nicht an Sie erinnern. Sie könnten ihr das zeigen, indem Sie sagen: »Wir kennen uns ja bereits.« Oder Sie könnten sagen: »Oh, guten Tag Herr X. Es ist schön, Sie wiederzutreffen. Haben wir uns nicht letzten Monat bei einem Business-Frühstück getroffen? Es war ein wirklich tolles Networking-Event, obwohl ziemlich viele Leute dort waren.«

Heutzutage werden unsere Fehler, Fehltritte und Schnitzer viel schneller öffentlich bekannt als früher. Wenn ein Mitarbeiter einen Fehler macht, dann ist es keine Überraschung, wenn ein Kunde darüber in einem Blog schreibt, seine Erfahrung auf Facebook festhält oder seiner Wut in einer E-Mail an den CEO des Unternehmens freien Lauf lässt. Der Mitarbeiter ist dann bereits in einer Position, in der er sich gedemütigt fühlt. Warum sollten wir es noch schlimmer machen? Andere ihr Gesicht wahren zu lassen ist im digitalen Zeitalter entscheidend.

Natürlich ist es wesentlich schwieriger, jemandem zu helfen, sein Gesicht zu wahren, wenn seine Fehler öffentlich bekannt geworden sind. Es ist wichtig, in E-Mails darauf zu achten, was Sie schreiben. Eine E-Mail, die versehentlich an die falsche Person geschickt oder in einem Blog veröffentlicht wird, kann nicht nur zu peinlichen Situationen führen, sondern auch den Ruf einer Person ruinieren. Wenn Sie einen Fehler mit einer anderen Person besprechen müssen, dann ist es am besten, es persönlich oder per Telefon zu tun. In der schriftlichen Kommunikation sollten Sie vor allem loben oder konstruktive Ratschläge geben.

Zwar ist es wichtig, anderen dabei zu helfen, konstruktiv mit ihren Fehlern umzugehen, es kann aber auch eine gute Geschäftsstrategie sein, einem Kunden oder potentiellen Kunden zu helfen, sein Gesicht zu wahren. Wolfgang Schmidt von Rubbermaid erklärte, wie in seinem Unternehmen diese Technik eingesetzt wird, neue Kunden zu gewinnen:

»Wir erhalten jede Menge Beschwerden. Etwa die Hälfte dieser Beschwerden stammt von Kunden, die ein Produkt kaufen und denken, es sei von uns, obwohl es von einem Konkurrenten kommt. Die Kunden richten ihre Beschwerden einfach an uns. Unsere Strategie besteht dann darin, einen persönlichen

Brief zu schreiben, in dem wir Folgendes mitteilen: ›Wir verstehen, dass Sie Ihre Beschwerde fälschlicherweise an uns gerichtet haben, weil manche unserer Mitbewerber unsere Produkte kopieren. Das Produkt, von dem Sie sprechen, stammt nicht von uns. Wir möchten, dass Sie direkt vergleichen können, welchen Wert unsere Produkte im Vergleich zu denen unserer Mitbewerber haben. Wir geben Ihnen die Möglichkeit, eines‹ unserer Produkte kostenlos zu testen.‹ Wir schicken den Menschen dann einen Ersatz für das Produkt, über das sie sich beschwert haben. Und wir glauben, dass dies eine hervorragende Methode ist, um Kunden wirklich vom Nutzen unserer Produkte zu überzeugen.«[6]

Auch wenn die andere Person unrecht hat, zerstören wir nur ihr Selbstwertgefühl, wenn wir zulassen, dass sie ihr Gesicht verliert. Auf diese Weise ändern wir jedoch nicht ihr Verhalten.

Andererseits retten wir nicht nur das Selbstwertgefühl der anderen Person, wenn wir ihre Fehler marginal erscheinen lassen, sondern wir bauen auch Vertrauen auf. Sie werden in Zukunft mehr Einfluss bei dieser Person haben.

6

Loben Sie jede Verbesserung

Im Jahr 2010 stellte die Hotelkette Best Western eine ganz besondere Facebook-Seite ins Netz. Zahlreiche Besucher klickten die Seite an. Hunderte Nachrichten wurden auf der Pinnwand veröffentlicht:

>»Wallace sorgt dafür, dass müde Reisende das Gefühl haben, nach Hause zu kommen. Das Beste an der Hotel-Lobby ist sein Lächeln.«

>»Wallace ist der Beste. Wir kommen gerne zurück, um ihn wiederzusehen!«

>»Als wir das Hotel verließen, fragten die Kinder, wann wir Wallace wiedersehen würden!«

>»Ich kann während meines Aufenthalts fünfzehnmal in der Lobby oder der Eingangshalle an ihm vorbeilaufen, und jedes Mal lächelt er mich strahlend an und sagt mir etwas Nettes. Er ist das Beste an meiner Reise!«

>»Wir alle sollten so miteinander umgehen wie Wallace mit uns. Falls er überhaupt jemals einen schlechten Tag hat, bekommt es niemand mit.«

>»Auf keiner meiner Reisen habe ich einen Menschen kennengelernt, der freundlicher und hilfsbereiter war und dem mehr daran lag, dass die Gäste sich willkommen fühlen.«

>»Mein Tag ist viel besser, wenn ich Wallace sehe. Sein warmherziger Willkommensgruß, seine Informationen über die

Stadt, seine Freundlichkeit und Professionalität, und dieses wunderbare Lachen, das ihn so angenehm macht. (…) Er hat eine spezielle Gabe im Umgang mit Menschen.«

Wer ist dieser Wallace? Es handelt sich um Wallace Pope aus Chicago, alleinerziehender Vater und langjähriger Mitarbeiter des Best-Western-River-North-Hotels.

Als Wallace für den Stars-of-the-Industry-Preis der Illinois Hotel and Lodging Association nominiert wurde, wollte Best Western zeigen, wie stolz das Unternehmen auf ihn war.[1] Deshalb erstellte es eine Facebook-Seite mit dem Titel »Wallace Should Win« (*Wallace sollte gewinnen, Anm. d. Übers.*) und ermutigte Hotelgäste, auf dieser Seite über den hervorragenden Service von Wallace zu berichten. Die Seite verzeichnete in der ersten Woche bereits 2722 Besucher. Herzliche und wohlwollende Geschichten der Kunden wurden darauf gepostet. Seine ehrliche Freundlichkeit und die Fähigkeit, den Aufenthalt des Kunden schöner zu machen, wurden überschwänglich gelobt. Zwar gewann Wallace den Preis am Ende nicht, aber das Lob und die Ermutigung, die er auf der Facebook-Seite erhalten hatte, waren mehr wert als jeder Pokal.

Lob und Ermutigung – das sind die beiden wichtigsten Faktoren, um andere Menschen zu motivieren, ihr Potential zu entfalten, sich zu verbessern oder Veränderungen umzusetzen. Trotzdem fällt es vielen Menschen schwer, die Bemühungen ihrer Mitmenschen anzuerkennen.

Dr. Gerald Graham fragte sich, was Manager tun können, um ihre Mitarbeiter besser zu motivieren. Er befragte dazu 1500 Mitarbeiter. Das Ergebnis war schockierend:

- »58 Prozent berichteten, dass sie selten oder nie Lob von ihrem Vorgesetzten erhielten.
- 76 Prozent gaben an, dass sie selten oder nie schriftlichen Dank erhielten.

- 81 Prozent gaben an, dass sie selten oder nie vor anderen Lob erhielten.«

Und das, obwohl Lob von einem Vorgesetzten, schriftlicher Dank und öffentliche Anerkennung bei den befragten Mitarbeitern zu den Top-5-Motivationsfaktoren gehörten.[2]

Diese Ergebnisse stammen aus dem Jahre 1982. Jahrzehnte später haben sich die Dinge nicht wirklich geändert. Mitarbeiter, die häufig Lob und Anerkennung erhalten, sind immer noch produktiver, und Unternehmen, in denen Mitarbeiter häufig gelobt werden, sind im Allgemeinen erfolgreicher. Das ist einer der zwölf Indikatoren für Erfolg, die Marcus Buckingham und Curt Koffman in ihrem Buch *First, Break All the Rules* (dt. *Erfolgreiche Führung gegen alle Regeln: Wie Sie wertvolle Mitarbeiter gewinnen, halten und fördern*) beschreiben. Diese Indikatoren basieren auf umfangreichen Forschungsarbeiten des Gallup-Instituts. Trotzdem sind Manager nach wie vor schlecht darin, zu loben.

Wir alle sehnen uns nach Anerkennung. Jeder Mensch möchte das Gefühl haben, wichtig zu sein. Wenn wir uns verbessert und gute Arbeit geleistet haben, dann ist Lob von anderen eine klare Botschaft, dass sie es wahrgenommen haben und ein Unterschied erkennbar ist. Das gilt für die Arbeit, zu Hause, in der Schule, in unserer Nachbarschaft. Eine der grundlegendsten Lehren der Psychologie für menschliches Verhalten ist, dass wir Verhalten, für das wir gelobt werden, weiterhin zeigen. Verhalten, das nicht positiv erwähnt wird, bleibt hingegen früher oder später auf der Strecke.

Das Center for Management and Organization Effectiveness gibt die folgenden Ratschläge, wie wir die Menschen in unserem Umfeld loben können:[3]

1. »Geben Sie Lob aus vollem Herzen.« Seien Sie dabei ehrlich und aufrichtig.
2. »Loben Sie so schnell wie möglich.« Warten Sie nicht auf das nächste Meeting, das nächste Mitarbeitergespräch, das nächste Familientreffen oder die nächste Vereinssitzung. Denn dann hat sich die Freude der anderen Person über ihren Erfolg bereits verflüchtigt und Sie verlieren die Möglichkeit, diese Freude zu verstärken.
3. »Geben Sie konkretes Lob.« Ein einfaches Dankeschön ist noch kein Lob, sondern Höflichkeit. Damit die Menschen Ihr Lob ernst nehmen können, müssen sie verstehen, was genau Ihnen daran gefallen hat.
4. »Loben Sie Menschen öffentlich.« Im Zeitalter der Social Media wird es immer einfacher, andere öffentlich zu loben. Deshalb gibt es keine Entschuldigung, es nicht zu tun. Best Western hat dieses Prinzip in die Tat umgesetzt. Sie müssen heutzutage nicht bis zum nächsten Quartalsmeeting warten, um jemanden zu loben.

Wir sollten andere so oft wie möglich loben. Den meisten von uns dürfte es leichtfallen, das zu tun. Wir müssen dazu die Chancen, die sich uns jeden Tag bieten, nur nutzen. Kapitän Abrashoff von USS Benfold hatte besser als die meisten Menschen erkannt, welche Kraft Lob haben kann:

»Die meisten meiner jungen Matrosen kamen aus schwierigen Verhältnissen und hatten sehr darum gekämpft, in die Marine aufgenommen zu werden. Ich versuchte, mich in die Lage ihrer Eltern zu versetzen und mir vorzustellen, wie es für mich wäre, wenn ich einen Brief vom Kommandanten meines Kindes erhielte. Und ich stellte mir vor, wie sich die Kinder fühlen würden, wenn ihre Eltern es ihnen erzählten. Ich begann, Briefe an die Eltern zu schreiben, vor allem dann, wenn ihre Söhne oder Töchter etwas getan hatten, was wirklich ein Lob wert war. Nachdem die Briefe bei ihnen angekommen waren, riefen die Eltern ihre Kinder an, um ihnen zu sagen, wie stolz sie auf sie waren.«[4]

Einer seiner Matrosen gehörte zu einem Team, das sehr gute Arbeit geleistet hatte. Er selbst war jedoch nicht gerade ein Überflieger. Abrashoff erkannte, dass dieser Matrose genau den Ansporn erhalten würde, den er wahrscheinlich brauchte, wenn er seine Leistung als Teil des Teams lobte. Deshalb schickte er einen Brief an die Eltern des jungen Mannes. Zwei Wochen später klopfte der Matrose an die Tür des Kapitäns. Tränen flossen seine Wangen herunter.

»Ich habe gerade einen Anruf von meinem Vater bekommen. Mein Vater hat mir mein ganzes Leben lang gesagt, dass ich ein Versager bin. Dieses Mal hat er gesagt, dass er Ihren Brief gelesen hat und dass er sehr stolz auf mich ist. Das ist das erste Mal in meinem Leben, dass er mich gelobt hat.«

Dies war ein wichtiger Moment für den jungen Mann. Es veränderte seine Einschätzung bezüglich dessen, was er erreichen konnte, und das führte dazu, dass er seine Anstrengungen für den Erfolg seines Teams verstärkte.

Lob ist zwar kraftvoll und nützlich, impliziert aber auch, dass eine Bewertung vorgenommen wird. Erfolgreiche und einflussreiche Führungskräfte haben erkannt, dass man die restliche Zeit über mit Ermutigung arbeiten muss. »Lob erhält man nur, wenn ›gute‹ Ergebnisse erzielt werden. Andere ermutigen kann man jedoch immer, auch wenn die Dinge schlecht laufen.«[5]

Das bedeutet Ermutigung im eigentlichen Sinne – zu zeigen, dass man an die Talente, Fähigkeiten und Fertigkeiten der anderen Person glaubt, egal, wie die Dinge gerade tatsächlich laufen.

Andere zu ermutigen erfordert die richtige Einstellung. Wenn Sie eine andere Person ansehen, dann sollten Sie nicht ihre Fehler und Schwächen, sondern ihre Stärken und Möglichkeiten sehen – das, was sie schaffen kann. Unehrliche Ermutigung, ohne dass Sie aufrichtig an die andere Person glauben, führt jedoch dazu, dass deren Anstrengungen geringer werden.

Was löst Ermutigung bei anderen Menschen aus? Sie haben die Kraft, mit den stressigen und beängstigenden Herausforderungen umzugehen, vor denen sie tagtäglich stehen. Sie gewinnen die Fähigkeit, sich diesen Herausforderungen zu stellen und trotz allem nach vorne zu schauen, wenn sie auf große Hindernisse stoßen. Genau das ist das Kennzeichen positiver, erfolgreicher Menschen.

Ermutigung führt zu Motivation. Andere Menschen zu motivieren ist für Führungskräfte in der Regel eine große Herausforderung. Warum? Häufig nehmen wir uns nicht die Zeit, darüber nachzudenken, was andere Menschen wirklich motiviert. Wir nehmen einfach an, dass Menschen sich materielle Belohnung wünschen, dass dies die beste Möglichkeit ist, sie zu motivieren – aber das ist selten der Fall. Durch persönliche Ermutigung lassen sich Menschen sehr viel besser motivieren als durch materielle Belohnung.

Im Zuge seiner Forschungen über gesunde Ehen und Familien arbeitete der Autor und Psychologe Jon Carlson einige grundlegende Strategien heraus, mit denen wir eine ermutigende Umgebung für andere schaffen können:[6]

1. »Gesunde Beziehungen sollten Priorität haben. Respekt und positive Kommunikation sind zwei grundlegende Elemente, damit das funktionieren kann.

2. Ermutigen Sie andere täglich. Warten Sie nicht, bis jemand auf seinem Weg zu einem wichtigen Ziel strauchelt. Erkennen Sie jede Anstrengung und jede Verbesserung an, sei sie auch noch so gering, damit andere Menschen wissen, dass Sie weiterhin an sie glauben.

3. Beziehen Sie andere ein, wann immer es möglich ist, zum Beispiel bei einer wichtigen Entscheidung. Damit zeigen Sie ihnen, dass Sie auf ihr Urteil vertrauen.

4. Lassen Sie nicht zu, dass Konflikte im Verborgenen gären. Wenn wir uns im Konflikt-Modus befinden, geschieht es leicht, dass wir andere im Gespräch entmutigen oder kleiner machen.

5. Haben Sie Spaß.«

Clarence M. Jones, ein Lehrer am Carnegie-Institute, erklärte, wie Ermutigung und das Gefühl, Fehler leicht korrigieren zu können, das Leben seines Sohnes komplett verändert hatten:

»Mein Sohn David war fünfzehn, als er zu mir nach Cincinnati zog. Sein Leben war bis dahin nicht einfach gewesen. Im Jahr 1958 hatte er bei einem Autounfall eine schwere Kopfverletzung davongetragen. Davon blieb eine große Narbe auf seiner Stirn zurück. Im Jahr 1960 ließen seine Mutter und ich uns scheiden. Er zog mit seiner Mutter nach Dallas in Texas. Den größten Teil seiner Schulzeit hatte er in Schulen für Lernbehinderte verbracht. Wahrscheinlich wegen der Narbe gingen die Schulbehörden davon aus, dass sein Gehirn in Mitleidenschaft gezogen worden war und er nicht normal lernen konnte. Er lag zwei Jahre hinter seinen Altersgenossen zurück und besuchte mit seinen fünfzehn Jahren gerade einmal die 7. Klasse. Er konnte nicht multiplizieren, führte Additionen mit Hilfe seiner Finger durch und konnte kaum lesen.

Es gab jedoch einen positiven Punkt. Er bastelte gerne an Radios und Fernsehern herum. Er wollte Rundfunktechniker werden. Ich ermutigte ihn dazu und erklärte ihm, dass er gut in Mathe sein musste, um diese Ausbildung zu machen. Ich beschloss, ihm dabei zu helfen, besser zu werden. Wir kauften vier Sets von Lernkarten: Multiplikation, Division, Addition und Subtraktion. Wir gingen die Karten durch und legten die Karten mit den richtigen Antworten weg. Wenn David etwas falsch machte, sagte ich ihm die richtige Antwort und legte die Karte in den Wiederholungsstapel. Das machten wir so lange, bis keine Karten mehr übrig waren. Ich lobte ihn sehr für jede Karte, die er richtig hatte, besonders, wenn er die Aufgabe schon einmal falsch gelöst hatte.

Jeden Abend gingen wir den Wiederholungsstapel durch, bis keine Karten mehr übrig waren. Jeden Abend stoppten wir die Zeit. Ich versprach ihm, dass wir mit der Übung aufhören würden, wenn er alle Aufgaben innerhalb von acht Minuten ohne falsche Antworten lösen konnte. Für David erschien dieses Ziel unerreichbar. Am ersten Abend brauchte er zweiundfünfzig Minuten, am zweiten Abend achtundvierzig, dann fünfundvierzig, dann vierundvierzig, einundvierzig schließlich unter vierzig Minuten. Wir feierten jedes Mal, wenn er weniger Zeit brauchte. Ich rief meine Frau zu uns, und wir umarmten ihn beide und tanzten vor Freude durchs Zimmer. Am Ende des Monats konnte er alle Karten perfekt in weniger als acht Minuten lösen. Wenn er sich verbessert hatte, wollte er die Übung erneut machen. Er hatte die phantastische Entdeckung gemacht, dass Lernen leicht war und Spaß machte.

Seine Noten in Algebra wurden besser. Es ist erstaunlich, wie viel leichter Mathe ist, wenn man multiplizieren kann. Er wuchs über sich hinaus, als er eine Zwei in Mathe nach Hause brachte. Das hatte er noch niemals geschafft. Mit fast unglaublicher Geschwindigkeit erzielte er weitere Fortschritte. Er verbesserte seine Lesefähigkeiten und begann, sein angeborenes Zeichentalent zu nutzen. Später im Schuljahr erhielt er von seinem Lehrer in Naturwissenschaften die Aufgabe, ein Modell zu entwickeln. Er beschloss, eine Reihe sehr komplexer Modelle zu entwickeln, um den Hebeleffekt zu demonstrieren. Dazu waren nicht nur ausgezeichnete Zeichen-

und Modellbaufähigkeiten notwendig, sondern auch Kenntnisse in angewandter Mathematik. Das Modell erhielt den ersten Preis im Naturwissenschaftswettbewerb seiner Schule und wurde zum städtischen Wettbewerb zugelassen, wo es den dritten Platz gewann.

Mit einem Male war alles ganz leicht: Ein Kind, das zwei Klassen wiederholt hatte, dem man gesagt hatte, es sei ›hirngeschädigt‹, das von seinen Klassenkameraden ›Frankenstein‹ genannt worden war und dem man gesagt hatte, dass sein Gehirn wahrscheinlich bei der Verletzung aus seinem Kopf ausgetreten war – plötzlich erkannte er, dass er Dinge lernen und etwas erreichen konnte. Das Ergebnis? Von den letzten drei Monaten der 8. Klasse an bis zu seinem Abschluss an der Highschool erzielte er stets Bestnoten. In der Highschool wurde er sogar in die National Honor Society gewählt. Als er erkannt hatte, dass Lernen leicht war, änderte sich sein ganzes Leben.«

Sagen Sie jemandem, dass Sie daran glauben, dass er ein Ziel erreichen kann, und ermutigen Sie ihn, indem Sie alle Fähigkeiten aufzählen, die diese Person besitzt. Dann wird diese Person alles versuchen, um hervorragende Leistungen zu erbringen.

Denken Sie daran: Bei Kritik verkümmern die Fähigkeiten anderer Menschen. Aber sie blühen auf, wenn sie ermutigt werden. Sie helfen anderen, ihre Talente zu entfalten, wenn Sie sie für jede Verbesserung loben.

7
Zeigen Sie Ihre Wertschätzung

Benjamin Zander war genervt: Er hatte es satt, dass seine Studenten an der Musikhochschule so viel Angst vor der Benotung in seinem Kurs hatten, dass sie extrem vorsichtig an die Musik herangingen. In den obersten Rängen der Musikwelt herrscht ein starker Wettbewerb. Er dachte darüber nach, die Benotung ganz sein zu lassen, aber das hätte eine ganze Reihe von Problemen mit sich gebracht. Es wäre zum Beispiel schwierig gewesen, den Direktor der Schule von einem solch radikalen Schritt zu überzeugen.

Stattdessen beschloss er, jedem Studenten bereits am ersten Kurstag eine Eins zu geben.

Beim ersten Treffen mit seinen neuen, nervösen Studenten sagte er: »Jeder Student in diesem Kurs bekommt eine Eins. Aber es gibt eine Voraussetzung, die Sie alle erfüllen müssen, um diese Note zu erhalten: Innerhalb der nächsten zwei Wochen müssen Sie mir einen Brief schreiben, der auf Mai nächsten Jahres datiert ist. In diesem Brief beschreiben Sie mir so detailliert wie möglich, wie Sie sich bis Mai entwickelt haben werden und warum dies die Eins rechtfertigt.«

Er trug den Studenten auf, über sich selbst in der Zukunft nachzudenken und ihm mitzuteilen, was sie getan haben würden, um die Bestnote zu erhalten. Sie sollten über Erkenntnisse, wichtige Erfolge und Wettbewerbe, die sie gewonnen hatten, berichten. Aber Zander wollte mehr sehen als nur eine oberflächliche Analyse: »Ich bin ganz besonders daran interessiert, was aus Ihnen persönlich im nächsten Mai geworden ist. Ich bin interessiert an der Einstellung, dem Gefühl und dem Weltbild dieser Person, die alles getan haben wird, was sie tun wollte«, sagte er zu ihnen.[1]

Was bekam er von seinen Studenten zurück? Zum Beispiel folgenden Brief eines jungen Posaunisten:

Sehr geehrter Herr Z,

heute kennt mich die ganze Welt. Diese Energie und intensive Emotion, die Sie in mir gesehen haben und die ich bislang doch nicht bei meinen Auftritten oder Gesprächen zeigen konnte, sie wurde heute Abend in einem für mich komponierten Konzert freigesetzt. (…) Das Konzert war zu Ende, und niemand regte sich. Eine unheimliche Stille lag im Raum. Seufzer ertönten, und dann ein tosender Applaus, der mein Herzklopfen übertönte.

Vielleicht habe ich mich verbeugt – ich kann mich nicht mehr erinnern. Der Beifall hielt so lange an, dass ich dachte, ich könnte genauso gut mein Debüt komplettieren, indem ich meine Befreiung feiere:

Die Maske und die Haut
die, mich darin zu verstecken,
ich mir gebaut
durch eine Zugabe meiner eigenen, improvisierten Melodie
*   unbegleitet.*
Die Welt verschwamm vor meinen Augen, und ich
vergaß Technik, Anspruch, Tradition, Schulbildung,
*   Geschichte –*
sogar das Publikum.
Aus der Posaune kam, so glaube ich, meine eigene Stimme

Lachen, Lächeln, Staunen, ein weinender Tuckerspirit
sang.

– *Tucker Dulin*

Während des zehnmonatigen Kurses konnte Zander zusehen, wie sich seine Studenten auf erstaunliche Weise veränderten. Er nennt seine Strategie »Die Bestnote geben«. In seinem Buch *The Art of Possibility*, das er zusammen mit seiner Frau Rosamund Stone Zander veröffentlichte, schreibt er Folgendes über das Potential, wenn man andere zu Höchstleistungen anspornt:

> »Eine Eins kann man jedem Menschen in jeder Lebenslage geben – einer Kellnerin, einem Arbeitgeber, der eigenen Schwiegermutter, den Mitgliedern des gegnerischen Teams, den anderen Autofahrern. Wenn Sie ihnen eine Eins geben, dann bewerten Sie andere Menschen nicht nach Ihren eigenen Standards, sondern zeigen ihnen Respekt, damit sie sich selbst verwirklichen können. (…) Diese Eins ist keine Erwartung, die der andere erfüllen muss, sondern eine Chance für ihn, seine Fähigkeiten zu entfalten.«[2]

Coachs, Mentoren, Führungskräfte und Eltern stellen häufig fest, dass andere Menschen ihre Erwartungen erfüllen wollen, egal, wie klein diese Erwartungen sind. Wenn sich jemand unwichtig und nicht respektiert fühlt, dann wird er wenig Motivation haben, sich zu verbessern. Warum also keine Vision dieser Person aufbauen, die alles umfasst, was sie erreichen kann, sowie über alles, was Sie noch nicht über ihre Möglichkeiten wissen?

Paige Ann Michelle McCabes Mutter beschrieb ihre Erlebnisse, als sie versuchte, ihre kleine Tochter wie eine Erwachsene zu behandeln:

»Die vierjährige Paige Ann Michelle McCabe saß auf einem Stuhl in der Küche, und hörte, wie ich zu ihrem sechsjährigen Bruder Brandon sagte, dass es von nun an seine Aufgabe sei, jeden Abend den Tisch zu decken. Paige sah mich hoffnungsvoll an. Sie war den Tränen nahe. ›Was kann ich machen, Mama? Ich bin doch auch schon groß.‹ Weil ich ihr kleines Herz nicht brechen oder ihrem Selbstwertgefühl schaden wollte, suchte ich schnell nach etwas, wofür sie die Verantwortung übernehmen konnte.

Gerade noch rechtzeitig hatte ich eine Idee. ›Paige Ann Michelle‹, verkündete ich triumphierend, ›du bist jetzt vier Jahre alt und damit groß genug, deine eigenen Entscheidungen zu treffen. Deshalb bist du ab heute verantwortlich dafür, deine Kleidung für den nächsten Tag auszusuchen. Jeden Abend, bevor du dir die Zähne putzt, holst du die Sachen aus dem Schrank und legst sie aufs Bett, damit du sie am nächsten Morgen gleich anziehen kannst.‹

Das Haus war voller Aktivität. Brandon war damit beschäftigt, den Tisch zu decken, und Paige rannte sofort in ihr Zimmer, wo sie in höchster Eile Schubläden und Schränke öffnete. Etwa zehn Minuten später kam sie wieder herunter, um mir von ihrem Erfolg zu berichten. ›Schau, Mama, ich habe es geschafft, ich habe die Kleider hingelegt! Schau es dir an! Schau es dir an!‹ Ihre Kleidung lag ordentlich und vorbereitet auf dem Bett. Ich sagte ihr, wie stolz ich auf sie sei und dass sie nun schon groß war und ihre eigenen Aufgaben hatte, und sie platzte fast vor Stolz.

Am nächsten Morgen geschah ein kleines Wunder. Normalerweise musste ich eine verschlafene Paige aus dem Bett holen und sie mit viel Mühe anziehen. Hatte ich einen blauen Rock herausgesucht, wollte sie rote Hosen tragen. War es ein weißes Hemd mit Schmetterlingen, dann wollte sie das lilafarbene mit Blumen darauf anziehen. Wenn ich schließlich nachgegeben hatte und ihr erlaubt hatte, sich ihre Kleidung selbst auszusuchen, dauerte es ewig. Paige blieb schlecht gelaunt, und ich war frustriert.

Aber nicht an diesem Morgen. ›Schau, was ich anhabe, Mama!‹, sagte sie. Sie hatte sich schon angezogen, bevor ich kam, um sie zu wecken. Ich küsste sie stolz und sagte ihr, dass sie wirklich tolle Sachen ausgewählt hatte. Es war früh am Morgen, und Paige Ann Michelle McCabe war gut gelaunt und voller Tatendrang. Was für ein Unterschied!«

Paige Ann Michelle McCabe war dem Ruf, ein großes Mädchen zu sein, den ihre Mutter ihr gegeben hatte, gerecht geworden.

Um das Verhalten einer anderen Person zu verändern, sollten Sie ihr zeigen, dass Sie sie respektieren. Dazu müssen Sie ihr zeigen, dass Sie sie wertschätzen.

8

Schaffen Sie Gemeinsamkeiten

Nach einem sechsmonatigen Streik der Mitarbeiter eines Produktionsbetriebs wurde endlich ein Arbeitsvertrag abgeschlossen. Die Bedingungen entsprachen jedoch keineswegs dem, was die Mitarbeiter ursprünglich gefordert hatten. Zwar nahmen sie die Arbeit wieder auf, aber auf beiden Seiten herrschten extreme Spannungen. Die Arbeitsatmosphäre war vergiftet. Wie konnten sie die Differenzen überwinden und wieder nach vorne schauen?

In ihrem Buch *Crucial Conversations* (dt. *Heikle Gespräche*) beschreiben die Autoren Kerry Patterson, Joseph Grenny, Ron McMillan und Al Switzer ihre Arbeit mit den Kontrahenten. Sie setzten Mitarbeiter und Geschäftsführung in jeweils einen Raum und baten beide Gruppen, sich Gedanken über ihre Ziele für das Unternehmen zu machen, diese auf ein großes Plakat zu schreiben und es in ihrem Raum an die Wand zu hängen. Die Coachs baten dann die Teams, Räume zu tauschen und sich die Ziele der anderen Gruppe durchzulesen, um zumindest ein paar Gemeinsamkeiten zu entdecken.

Was geschah?

Die Mitglieder der beiden Gruppen waren verblüfft. Ihre Ziele waren nahezu identisch: »ein profitables Unternehmen, stabile und erfüllende Jobs, qualitativ hochwertige Produkte und ein positiver Einfluss auf die Gemeinschaft«.[1]

Zwar konnten diese Enthüllungen die Vergangenheit nicht ungeschehen machen, aber jede Gruppe gewann einen neuen Blick auf die andere. Sie lernten etwas über die jeweils andere Seite, was es einfacher machte, in Zukunft positive Ergebnisse zu erreichen.

Warum sind Gemeinsamkeiten so wichtig? Damit eine Führungskraft das Verhalten oder die Einstellung einer anderen Person effektiv beeinflussen kann, muss sie Widerstände überwinden. Nur so wird die andere Person das, was von ihr gefordert wird, gerne tun. Hier geht es nicht um Manipulation oder Gehirnwäsche. Wenn Sie darüber nachdenken, welche Ziele die andere Person verfolgt, und wenn Sie diese Ziele mit Ihren eigenen in Verbindung bringen können, dann schaffen Sie eine Win-Win-Situation, von der jeder profitiert.

Heute ist es erstaunlich einfach, einen Zugang zu einer anderen Person zu finden, wenn wir uns die Zeit dafür nehmen. Wenn Sie ein Gespräch oder eine Verkaufsverhandlung führen, recherchieren Sie schließlich auch vorher über das Unternehmen, seine Vision, Ziele und Werte. All diese Informationen stellen Unternehmen auf ihren Webseiten bereit. Und viele gehen sogar noch weiter und veröffentlichen Biographien ihrer Mitarbeiter, Pressemitteilungen und aktuelle Informationen in ihren Blogs.

Dennoch nehmen wir uns häufig nicht die Zeit, diese Anstrengungen für die Menschen in unserem Umfeld zu unternehmen, den Personen, die direkt vor unserer Nase sitzen – obwohl das im Grunde genauso einfach ist. Fragen Sie, wie ihr Wochenende war, was sie in ihrem nächsten Urlaub tun werden oder welche Bücher sie kürzlich gelesen haben, und Sie werden einiges über ihre Ziele und Träume erfahren. Und wenn Sie mit ihnen in einem sozialen Netzwerk in Kontakt sind, ist es sogar noch einfacher.

Das Online-Spiel *Six Degrees of Kevin Bacon* ist ein interessantes Phänomen der Popkultur, aber auch eine wundervolle Methode, um über die Menschen nachzudenken, die man beeinflussen will. Wenn man die »sechs Ecken« auf gemeinsame Interessen, gemeinsame Erfahrungen und gemeinsame Ziele erweitert, dann sind wir in Wahrheit nur eine Ecke von anderen Menschen entfernt. Damit andere gerne das tun, was wir uns vorstellen, müssen wir lediglich dieses eine Verbindungsglied finden.

Ein Teilnehmer eines Dale-Carnegie-Trainings in Deutschland erkannte, dass er sehr einfach mehr über Menschen herausfinden konnte, wenn er ihnen Briefe schrieb. Dadurch fand er genau diese Verbindung, die zu wundervollen Ergebnissen führte:

> »Da ich sehr schüchtern war, beschloss ich, den Menschen, für die ich mich interessierte, E-Mails zu schreiben. Ich recherchierte und fand die Adressen sehr berühmter und bekannter Menschen und fragte sie nach ihrer Geschichte, warum sie ihren Beruf gewählt hatten und was für sie persönlich wichtig war.
>
> Zwei Wochen später erhielt ich einen zweiseitigen Brief des damaligen deutschen Bundespräsidenten Johannes Rau, der meine Fragen beantwortete. Sechs Wochen später erhielt ich einen weiteren Brief. Es war ein dicker Umschlag, der ein Buch enthielt, das meine Fragen beantworten würde. Seine Heiligkeit der Dalai Lama hatte es mir geschickt.«

Was lernte der Teilnehmer daraus? Wenn Sie es ernsthaft versuchen, besteht eine wirkliche Chance, dass Ihnen sogar berühmte Menschen ihre Geschichten, ihre Motivation und ihre Ziele erzählen.

Eines Nachts twitterte Dana White, der Präsident der Ultimate Fighting Championship Sports League, versehentlich seine Telefonnummer an über eine Million Fans, die sie umgehend über Twitter an unzählige weitere Menschen weiterleiten. Schon nach wenigen Minuten riefen ihn die ersten Fans an. Die meisten Geschäftsleute hätten wahrscheinlich sofort die Telefongesellschaft angerufen und die Nummer sperren lassen. Aber Dana White tat genau das nicht.

Über eineinhalb Stunden lang nahm er Anrufe an und unterhielt sich mit den Fans. Sie waren fasziniert.

Es war ein glückliches Missgeschick, und Dana White hatte viel daraus gelernt, nämlich, dass es wertvoll war, mit den Fans zu sprechen. Das PR-Unternehmen, das UFCs Online-Präsenz managte, lernte so eine neue Möglichkeit kennen, den Fans »etwas Wertvolles mitzugeben, und zwar dann, wann, wo und wie sie es brauchen«.[2]

Dana White hat nun eine spezielle Telefonnummer, die er verwendet, um Anrufe seiner Fans entgegenzunehmen. Sie ist auf all seinen Profilen in den Social Media veröffentlicht. Wenn er Zeit hat, teilt er den Fans mit, dass er Anrufe entgegennehmen kann, und das Telefon beginnt zu klingeln.

Hinter den ersten 90 Minuten am Telefon mit UCF-Fans auf der ganzen Welt stand zwar keine Strategie, aber genau diese 90 Minuten waren entscheidend dafür, dass Ultimate Fighting zu einer der am schnellsten wachsenden Sportarten der Welt wurde, berichtet Greg Ferenstein von Mashable.[3] White suchte von Anfang an über die Social Media den Kontakt zu seinen Fans und konnte in dem Moment auf die Unterstützung der Basis zählen, als große Fernsehsender sich weigerten, UFC-Veranstaltungen zu übertragen. Als er Digital Royalty anheuerte, um die Online-Präsenz von UFC zu erhöhen und die Sportler im Umgang mit den sozialen Netzwerken zu trainieren, erklärte er ihnen: »Ich will, dass ihr twittert, was das Zeug hält!« Das Geheimnis seines Erfolgs im Kontakt mit den Fans: Er ist brutal ehrlich und offen.

Um einem Freund die Kraft von Twitter zu beweisen, verließ White das Restaurant, in dem die beiden sich aufhielten, und ging um 23.30 Uhr zu einer gegenüberliegenden Tankstelle. Er gab über Twitter seinen Standort durch. Innerhalb von drei Minuten waren etwa 100 Fans vor Ort.

Greg Ferenstein analysierte Dana Whites Umgang mit den Social Media: »Transparenz, freundliche Kontakte und Offenheit sind heute wichtiger denn je, denn die digitalen Medien ermöglichen es den Fans, traditionelle Kanäle zu unterlaufen und ihre Meinung direkt mitzuteilen. White ist bereit, sie auf halbem Wege zu treffen und dabei keine falsche Show abzuziehen, sondern aufrichtig mit den Fans in Kontakt zu treten.«

Die sozialen Netzwerke sind auf der einen Seite großartige Werkzeuge, um herauszufinden, was andere Menschen motiviert. Aber sie sind eben nur Werkzeuge. Führungskräfte müssen den aufrichtigen Wunsch haben, die Antwort auf diese Frage zu hören und entsprechend zu handeln. Das haben viele gescheiterte Führungskräfte nicht ernst genommen – absichtlich oder unabsichtlich. Dr. Tim Irwin, Autor des Buches *Derailed*, schreibt darüber:

»So, wie Bescheidenheit entscheidend für den Erfolg einer Führungskraft ist, scheint Arroganz für gewöhnlich die Wurzel der Niederlagen einer Führungskraft … und unserer eigenen Niederlagen … zu sein. Arroganz kommt in vielfältiger Weise vor. Die rudimentärste Form besteht darin, sich nur auf sich selbst zu konzentrieren, was dazu führt, dass man glaubt, man sei bedeutend, wenn es um das Überleben des Unternehmens, der Abteilung oder des Teams geht. Die Folge davon ist, dass man nicht mehr wahrnimmt, welchen Beitrag die anderen leisten. Wird schließlich aus Arroganz Überheblichkeit, führt dies dazu, dass man sich Sonderrechte herausnimmt: ›Diese Abteilung kann ohne mich nicht funktionieren, und deshalb habe ich besondere Rechte.‹ Arrogante Führungskräfte lehnen Feedback ab. Genau dieses Feedback ist jedoch für sie so wichtig. Sie verlieren jeglichen Sinn für die Realität.«[4]

Einen komplett anderen Ansatz vertritt Yvon Chouinard, Mitbegründer des Unternehmens Patagonia (zusammen mit seiner Frau Malinda) und Autor des Buches *Let My People Go Surfing* (dt. *Lass die Mitarbeiter surfen gehen*). Yvon ist stolz darauf, dass Patagonia vor allem sehr unabhängige, selbständig arbeitende Menschen beschäftigt. Menschen, die man in einem normalen Unternehmen niemals einstellen würde, wie ihm internationale Berater mitteilten. Zwar schwört er auf seine selbständigen Mitarbeiter, aber sie fordern ihn auch heraus: Wie soll man aus diesen Menschen ein Team bilden, das zusammenarbeitet und dieselben Ziele verfolgt?

Eine seiner Strategien hat mit der Bürogestaltung zu tun: »In unserem Unternehmen hat niemand ein eigenes Büro. Jeder arbeitet in offenen Räumen ohne Türen oder Trennwände [auch Yvon und Malinda].

Wir haben dadurch zwar keinen ›stillen Rückzugsort, um in Ruhe nachzudenken‹, aber das wird durch bessere Kommunikation und eine Umgebung, in der jeder gleich behandelt wird, mehr als kompensiert.«[5]

Denken Sie an Admiral Janitorial Services, das fiktive Unternehmen aus Matthew Kellys Buch *The Dream Manager*. Die Fluktuation ist hoch und verursacht hohe Kosten, was bei einem Unternehmen, das aus Gelegenheitsarbeitern besteht, nicht weiter überraschend ist. Was kann man dagegen tun? Man sollte zunächst herausfinden, welches das größte Problem ist. Die Unternehmensleitung vermutete, dass die Hauptursache für die Fluktuation die Bezahlung sei, aber bei genauerer Betrachtung stellte man fest, dass die größte Herausforderung der Weg zur Arbeit war. Viele Mitarbeiter waren auf den öffentlichen Nahverkehr angewiesen, der nachts jedoch selten fuhr und nicht ganz ungefährlich war. Wie reagierte das Unternehmen darauf? Es stellte einen Shuttle-Service zur Verfügung. Das kostete zwar Geld, aber die reduzierten Fluktuationskosten konnten die Summe mehr als kompensieren. Die Mitarbeiter blieben durchschnittlich doppelt so lange beim Unternehmen, die Krankheitstage sanken und die Moral war viel höher.

Neben dem Shuttle-Service überlegten die Führungskräfte, was sie noch verbessern könnten, und stellten dabei fest, dass die Jobs der Mitarbeiter in eine Sackgasse und keineswegs die Karriereleiter hinaufführten. Die Firmenleitung musste sich eingestehen, dass sie das nicht ändern konnte, aber dass es vielleicht Möglichkeiten gäbe, die Mitarbeiter dennoch ihren Träumen näher zu bringen, solange sie für Admiral arbeiteten. Deshalb fragten sie die Mitarbeiter: »Welche Träume haben Sie?« Überraschenderweise (oder vielleicht auch nicht) erzählten diese es ihnen sehr genau. Die Führungskräfte verfügten nun über wichtige Informationen – und nutzten sie, um den Mitarbeitern dabei zu helfen, ihre Träume zu verwirklichen. Ein Mitarbeiter wollte Spanisch lernen, ein anderer, dessen Muttersprache Spanisch war, wollte gerne unterrichten. Das Unternehmen brachte die beiden in Kontakt.

Gewiss, es handelt sich hier um eine erfundene Geschichte, aber ist das Beispiel wirklich so abwegig? Warum sollten wir nicht wissen, wovon unsere Kollegen, Mitarbeiter, Freunde und Familienmitglieder träumen? Denn diese Informationen könnten extrem wertvoll sein. Und sie sind entscheidend, um einen Kurs einzuschlagen, bei dem Sie selbst und die Menschen in Ihrem Umfeld das erreichen, was sie sich wünschen.

Wissen Sie, was die Menschen um Sie herum motiviert? Es gibt einfache Möglichkeiten, das herauszufinden. Und sobald Sie es wissen, ist es ganz einfach, Ihre eigenen Wünsche mit den Zielen der anderen in Verbindung zu bringen:

1. Seien Sie ehrlich. Versprechen Sie nichts, was Sie nicht halten können.
2. Seien Sie empathisch. Fragen Sie sich, was die andere Person will.
3. Denken Sie darüber nach, welchen Nutzen die andere Person hat, wenn sie das tut, was Sie wollen.
4. Bringen Sie diesen Nutzen mit den Wünschen der anderen Person in Verbindung.
5. Wenn Sie die andere Person zu einer Handlung auffordern, dann tun Sie es so, dass die andere Person versteht, welchen Nutzen sie davon haben könnte.

Je mehr Sie über andere wissen und je mehr andere über Sie wissen, desto einfacher ist es, Gemeinsamkeiten zu finden, auf denen eine Zusammenarbeit basieren kann. Führungskräfte denken oft nächtelang darüber nach, wie sie im digitalen Zeitalter mit ihren Kunden in Verbindung bleiben können, sagt Richard Branson, der Mogul der Virgin Group, dem kürzlich der Titel »Most Influential British Businessman Figure« (*einflussreichster britischer Geschäftsmann, Anm. d. Übers.*) verliehen wurde.

> »Wie sich die Unternehmen an diese dynamische und manchmal chaotische Welt anpassen, ist entscheidend für ihren Erfolg in der Zukunft. Die Webseite, das Facebook-Profil, Blog und Twitter-Feeds sind längst nicht mehr zusätzliche Posten auf dem Marketingbudget eines Unternehmens, sondern sie könnten zentrale Elemente der Marketingstrategie sein und in Kombination mit anderen Marketingstrategien eingesetzt werden.«[6]

Der Schlüssel, sagt Branson, liegt darin, dass es bei den digitalen Medien nicht nur darum geht, Geschäfte zu machen. Sie sollten stattdessen jederzeit offen für Kommunikation sein.

Wir leben in einer Welt, in welcher der Gedanke, dass Unternehmen und Kunden ständig in Kontakt sind, keine Ausnahme, sondern allgemeine Erwartung ist.

> »Das Aufkommen der Social Media«, schreibt Branson, »hat zu aufregenden Herausforderungen geführt und dazu, dass wir den normalen Weg, Geschäfte zu machen, in Frage stellen. (…) Solche Maßnahmen müssen vom Management unterstützt werden, um erfolgreich zu sein. David Cush, CEO von Virgin America, hat die Arbeit mit den Social-Media-Kanälen von der normalen Hierarchie des Unternehmens abgekoppelt. Sein Social-Media-Team besteht aus einigen knapp über Zwanzigjährigen, denen man vage Richtlinien an die Hand gegeben hatte und die anschließend alleine arbeiteten.«

Diese jungen Menschen, die sich hervorragend in den digitalen Medien auskennen, nutzen Facebook und Twitter als Teil der Kommunikationsstrategie von Virgin. Ihre offene digitale Kommunikation hat eine einzigartige Möglichkeit zur Kommunikation geschaffen, die zu einer erfolgreichen Marketingkampagne geführt hat:

Viele Tierheime an der Westküste hatten viel zu viele Chihuahuas, und es musste etwas getan werden, um den kleinen Hunden eine bessere Chance zu geben, ein neues Zuhause zu finden. Die amerikanische Tierschutzorganisation nahm sich der Sache an, kontaktierte Virgin America und fragte, ob die Airline mehrere Hunde von San Francisco nach New York fliegen würde. Virgin stimmte sofort zu und stellte sogar Crewmitglieder zur Verfügung, um die kleinen Passagiere zu begleiten.

Virgins digitales Team promotete diese Geschichte über sämtliche Kommunikationskanäle. »Es verbreitete sich wie ein Lauffeuer«, erklärt Branson, »und weckte auch das Interesse der traditionellen Medien. Wir nutzten diese Geschichte dann als Aufhänger für den Online-Verkauf von Flügen nach Mexiko.«

Die traditionellen Rollen von Werbung, Marketing und Kundenbeziehungen haben sich verändert. Genauso hat sich die Rolle der Führungsriege verändert. Im digitalen Zeitalter, wo ein offener Zugriff auf sämtliche Inhalte und ständige Kommunikation die Regel sind, gelten oberflächliche Unternehmensaktivitäten größtenteils als überholt und werden durch grundlegende Prinzipien für den Umgang mit Menschen ersetzt. Wenn Sie nicht wissen, wie Sie auf ehrliche und positive Weise Freunde gewinnen und einflussreich werden können, dann werden Sie nicht nur Schwierigkeiten haben, in dem heutigen, von den Kunden regierten Markt Schritt zu halten, sondern es wird Ihnen auch schwerfallen, Ihre Mitarbeiter zu halten.

Die Zeiten sind lange vorbei, in denen Führungskräfte hinter verschlossenen Türen in den obersten Etagen über ihren Berichten brüteten. In Wahrheit haben diese Zeiten niemals existiert – zumindest nicht, wenn es um effektive Führung ging –, weder im Jahr 1936 noch jetzt. Heute ist es die Norm, dass man ständig und zu jeder Zeit mit anderen in Verbindung steht. Die Folgen einer distanzierten Führung sind noch verheerender. Physische Nähe ist dabei nicht das Hauptproblem, sondern Nähe in der Beziehung zu der anderen Person.

Keine Führungskraft kann auf Dauer Einfluss auf ihre Mitarbeiter haben, ohne Nähe zu ihnen aufrechtzuerhalten.

Es stimmt: Die Welt ist nun für Geschäfte jeder Art offen. Ihre erste Aufgabe wird jedoch das Business der Menschlichkeit sein. Bei großen Projekten ist es nach wie vor erforderlich, dass Menschen zusammenarbeiten. Die Kunst, im digitalen Zeitalter Freunde zu gewinnen und Menschen zu beeinflussen, lässt sich so zusammenfassen: Finden Sie Gemeinsamkeiten und erhalten Sie diese aufrecht!

Anmerkungen

Vorwort

Warum Dale Carnegies Empfehlungen
nach wie vor aktuell sind

1 James Thurber, »Friends, Romans, Countrymen, Lend Me Your Earmuffs«, aus: *Lanterns and Lances*. Harper & Brothers, New York 1961.
2 »Leading Thoughts: Quotes on Communication«. *Leadership Now*. Blog. http://www.leadershipnow.com/communicationquotes.html.
3 Dank an Steve Scanlon, Unternehmenscoach bei Building Champions, für seine scharfsinnigen Bemerkungen zu diesem Carnegie-Prinzip. Mehr Informationen unter: www.buildingchampions.com oder www.realityandhope.com.
4 Jesus, als er in Galiläa zu den Pharisäern spricht, zit. nach *Matthäus 12,34.*
5 Antoine de Saint-Exupéry, französischer Schriftsteller, Dichter und Pilot. Das Zitat wird ihm zugeschrieben, die genaue Quelle ist unbekannt.
6 Shakespeare, *Macbeth*, 5. Akt, 5. Szene, Verse 19–28.
7 Luc de Clapiers, Marquis de Vauvenargues, *The reflections and maxims of Luc de Clapiers, marquis of Vauvenargues*. H. Milford, London 1940.
8 Dr. John Andrew Holmes, *Wisdom in Small Doses*. University Publishing Company, Lincoln, NE 1927.
9 Tom Butler-Bowdon, *50 Self-Help Classics*. Nicholas Brealey, London 2004.
10 »The 2010 TIME 100«. *Time*. http://www.time.com/time/specials/packages/0,28757,1984685,00.html.
11 Lynn Hirschberg, »The Self-Manufacture of Megan Fox«. *New York Times Magazine*, 11. November 2009.

Erster Teil:
Grundregeln für den Umgang mit Menschen

1 Hören Sie auf zu kritisieren

1 ThinkExist. http://thinkexist.com/quotes/adolf_hitler; http://thinkexist.com/quotes/martin_luther_king,_jr.
2 Lori Culbert, »Ex-Doctor Fined for Facebook Comments«. *Vancouver Sun*, 20. November 2010.
3 »Liverpool's Ryan Babel fined £ 10,000 for Twitter Post«. *BBC*, 17. Januar 2011. http://news.bbc.co.uk/sport2/hi/football/teams/l/liverpool/9363567.stm.
4 Ben Dirs, »How Twitter Changed The Rules«. *BBC*, 17. Januar 2011. http://www.bbc.co.uk/blogs/bendirs/2011/01/twitter_blog.html.
5 Webseite von Proofpoint. http://www.proofpoint.com/outbound.
6 Catharine Smith und Craig Kanalley, »Fired over Facebook: 13 Posts that Got People Canned«. *Huffington Post*, 26. Juli 2010. www.huffingtonpost.com/

2010/07/26/fired-over-facebook-posts_n_659170.html#s115707&title=
Swiss_Woman_Caught.

7 »Waitress Fired for Facebook Comment«, 17. Mai 2010. UPI.
www.upi.com/Odd_News/2010//0517/Waitress-fired-for-Facebook-
comment/UPI-39861274136251.

8 Matthew J. Darnell, »Eagles Fire Employee for Calling Them ›Retarded‹ on
Facebook«. Yahoo Sports, 9. März 2009. http://sports.yahoo.com/nfl/blog/
shutdown_corner/post/Eagles-fire-employee-for-calling-them-retarted-
?urn=nfl-146801.

9 »Farm Boy Workers Fired after Chat Site Critiques«. Ottawa Citizen, 18. Januar
2007. http://www.canada.com/ottawacitizen/news/business/story.html?id
=8b2bf234-06b4-419f-b5f7-35e3dc338637.

10 Baseball's Steroid Era. http://www.baseballssteroidera.com.

11 »Jesse Jackson Apologizes for Comments Critical of Obama«. CNN, 9. Juli 2008.
http://politicalticker.blogs.cnn.com/2008/07/09/jesse-jackson-apologizes-
for-comments-critical-of-obama.

12 Jesus, aus der Bergpredigt. Matthäus, 7,2.

13 Philip Yancey, Soul Survivor. Galilee Trade, Colorado Springs 2003.

14 »Books: Orthodoxologist«. Time, 11. Oktober 1943. http://www.time.com/
time/magazine/article/0,9171,774701-3,00.html.

15 Gilbert Keith Chesterton, The Autobiography of G. K. Chesterton. Ignatius
Press, San Francisco 2006.

16 »G. K. Chesterton«. Wikipedia, http://en.wikipedia.org/wiki/G._K._
Chesterton.

2 Heben Sie das Positive hervor

1 ThinkExist. http://thinkexist.com/quotation/thought_is_the_blossom-
language_the_bud-action/177845.html.

2 The King's Speech. Weinstein Company und UK Film Council, 2010.

3 Ein berühmtes Gleichnis von Jesus nach Matthäus 18,12–14 und Lukas 15,3–7.

4 Clifton Fadiman und André Bernard (Hg.), Bartlett's Book of Anecdotes. Little,
Brown, New York 2000, S. 13.

5 Rick Warren, The Purpose-Driven Life. Zondervan, Grand Rapids, MI 2002.

6 Ralph Waldo Emerson, The Conduct of Life, (1860), VIII: Beauty.

7 Der Satz wird zitiert von Ralph Waldo Emerson in seinem Aufsatz »Goethe; or,
the Writer« in: Representative Men. University Press of the Pacific, 1. August
2001. Er wird dem deutschen Dichter und Dramatiker Johann Wolfgang von
Goethe zugeschrieben.

8 Ed Fuller, You Can't Lead with Your Feet on the Desk. Wiley, Hoboken, NJ 2011,
S. 45 f.

9 Aus einem Gespräch mit dem Autor, das zwischen November 2010 und Januar
2011 geführt wurde.

3 Sprechen Sie die Wünsche anderer an

1 Josh Quittner und Rebecca Winters, »Apple's New Core«. Time, 14. Januar
2002.

2 Aus einem Gespräch mit dem Autor vom 14. Februar 2011.

3 Richard Norton Smith, »The Reagan Revelation: At 100, Why He Still Matters«.
Time, 7. Februar 2011. www.time.com/time/nation/article/
0,8599,2044565,00.html.

4 Michael Scherer und Michael Duffy, »The Role Model«. Time, 7. Februar 2011.

5 Smith, »The Reagan Revelation«, a. a. O.

6 Harry Allen Overstreet, *Influencing Human Behavior*. W. W. Norton, New York 1925.
7 Todd Duncan, *Killing the Sale*. Nelson Business, Nashville 2004.
8 Dr. Theodore Zeldin, *Conversation: How Talk Can Change Our Lives*. Harvill Press London, 1998.
9 Duncan, *Killing the Sale*. Die Beschreibung wurde mit Erlaubnis des Autors leicht verändert.
10 David Shaner, *The Seven Arts of Change*. Union Square Press, New York 2010.
11 Bericht eines ehemaligen Redenschreibers des Präsidenten, der für dieses Buch interviewt wurde.

Zweiter Teil:
Sechs Möglichkeiten, einen bleibenden Eindruck zu hinterlassen

1 Zeigen Sie Interesse für die Belange anderer

1 Inschrift am Denkmal für einen Neufundländerhund: »A Memorial to Boatswain« von Lord Byron. Newstead Abbey, 30. November 1808.
2 *Matthäus 23,12.*
3 Wir danken Steve Beecham für diese Formulierung aus seinem erfrischenden Business-Aufsatz »Bass Ackward Business«. Home Town Marketing, Alpharetta, GA 2009.
4 Aus einem Gespräch zwischen einem ehemaligen Redenschreiber des Präsidenten und Andrew Sullivan, wie dem Autor berichtet.
5 Webseite von Anne Rice: www.annerice.com.
6 Ebd.
7 Anne Rice' Facebook-Seite. http://www.facebook.com/pages/Anne-Rice/112356685446315.
8 Beecham, »Bass Ackward Business«, a. a. O.
9 Ebd.
10 Kris Ruby, »20 Best-Branded Women on Twitter«. *Forbes*, 5. August 2010. http://www.forbes.com/2010/08/05/twitter-followers-social-media marketing-online-community-forbes-woman-entrepreneurs-best-branded-women.html.
11 Amy Jo Martin, »Give NASCAR a Chance«, 25. Februar 2011, *Digital Royalty*. Blog. www.amyjomartin.com/2011/give-nascar-a-chance.

2 Lächeln Sie

1 »Could Moon Landings Have Been Faked? Some Think So«. *CNN*, 17. Juli 2009, http://edition.cnn.com/2009/TECH/space/07/17/moon.landing.hoax.
2 »Landing a Man on the Moon: The Public's View«. Gallup, 20. Juli 1999. http://www.gallup.com/poll/3712/landing-man-moon-publics-view.aspx.
3 Thomas Hargrove, »Third of Americans Suspect 9–11 Government Conspiracy«. *Scripps Howard News Service*, 1. August 2006. http://www.scrippsnews.com/911poll.
4 »Social Values, Science, and Technology«. Europäische Kommission, Juni 2005. http://ec.europa.eu/public_opinion/archives/ebs/ebs_225_report_en.pdf.
5 »Teeth Whitening«. American Academy of Cosmetic Dentistry. http://www.aacd.com/index.php?module=cms&page=procedures/teeth whitening.asp&CTGTZO=-420&CTGTZL=-480.
6 »Charlie Bit My Finger – Again!« YouTube. http://www.youtube.com/watch?v=_OBlgSz8sSM.

7 »Hahaha«. YouTube. http://www.youtube.com/watch?v=5P6UU6m3cqk.

8 »The Truth Behind The Smile and Other Myths: When Body Language Lies«.
   Working Knowledge for Business Leaders. Blog. Harvard Business School,
   30. September 2002. http://hbswk.hbs.edu/archive/3123.html.

9 Nicholas A. Christakis und James Fowler, »Social Networks and Happiness«.
   Edge, 2008, http://www.edge.org/3rd_culture/christakis_fowler08/christakis_
   fowler08_index.html.

10 Ebd.

11 »How Many Emails Are Sent Every Day?«. Aboout.com.
   http://email.about.com/od/emailtrivia/f/emails_per_day.htm.

12 Kit Eaton, »New Twitter Research: Happy Tweeting Could Win Business«. *Fast
   Company*, 16. März 2011, http://www.fastcompany.com/1739325/attention-
   corporate-tweetersbe-happy-when-twittering-it-could-win-business.

13 Rosalind Picard, »*Affective Computing*«. MIT Press, Cambridge, MA, 2000.

14 Chris Brogan, »*Emotions at a Distance*«. 3. Januar 2010. http://www.chris
   brogan.com/emotions-at-a-distance/.

15 Wisdom Commons. http://www.wisdomcommons.org/wisbits/1274-a-smile-
   costs-nothing-but-gives.

3 Sprechen Sie andere Menschen mit ihrem Namen an

1 Rene Lynch, »The Pioneer Woman, An Internet and Publishing Sensation«.
   Los Angeles Times, 23. September 2009. http://www.latimes.com/features/
   food/la-fo-pioneer23-2009sep23,0,623229.story.

2 »How Much Do Bloggers Make? Case Study: Ree Drummond AKA The Pioneer
   Woman«. ABDPBT. http://www.abdpbt.com/personalfinance/how-much-
   do-bloggers-make-case-study-ree-drummond-aka-the-pioneer-woman.

3 Saddleback Leather. http://www.saddlebackleather.com/19-saddleback-
   story#bag.

4 Aus einem Interview mit Dave Munson am 18. April 2011.

5 Saddleback Leather. http://www.saddlebackleather.com/19-saddleback-
   story#bag.

6 Ralph Waldo Emerson, »*Letters and Social Aims*«. James R. Osgood, Boston
   1876.

7 Nagesh Belludi, »The Art of Remembering Names«. *Right Attitudes and
   Ideas for Impact*. http://www.rightattitudes.com/2007/12/11/the_art_of_
   remembering_names/.

8 Nicholas Carr, »The Web Shatters Focus, Rewires Brains«. *Wired*, 24. Mai 2010.

9 Roger Ebert, »The Quest for Frisson«. *Chicago Sun-Times*, 29. Mai 2010.
   http://blogs.suntimes.com/ebert/2010/05/the_french_word_frisson_
   descri.html.

10 Abgedruckt mit freundlicher Erlaubnis von Dr. Howard Fine und J. D. Kuo,
   einem seiner Gehirntumorpatienten.

4 Hören Sie zu

1 »*Story*«. Dave Caroll Music. http://www.davecarrollmusic.com/ubg/story.

2 Ebd.

3 Chris Ayres, »Revenge Is Best Served Cold – on YouTube«. *Times* (London),
   22. Juli 2009. http://www.timesonline.co.uk/tol/comment/columnists/
   chris_ayres/article6722407.ece.

4 »Campaigns No Longer Matter: The Importance of Listening«. *Social Media
   Today*. http://socialmediatoday.com/index.php?q=SMC/194763.

5 Ebd.

6 Clifton Fadiman und André Bernard (Hg.), »*Bartlett's Book of Anecdotes*«. Little, Brown, New York 2000, S. 139.

7 Abgedruckt aus dem Originalmanuskript von »*How to Win Friends and Influence People*«.

8 Shankar Vedantam, »Social Isolation Growing in U. S., Study Says«. *Washington Post*, 23. Juni 2006. http://www.washingtonpost.com/wp-dyn/content/article/2006/06/22/AR2006062201763.html.

9 Ebd.

10 Jim Elliot und Elisabeth Elliot, »*The Journals of Jim Elliot*«. Revell, Old Tappan, NJ 1978.

11 Aus einem Gespräch mit dem Autor. Die Fakten der Geschichte sind unverändert, der Erzähler möchte jedoch aus persönlichen Gründen anonym bleiben.

12 United bot Carroll nachträglich eine Entschädigung von 3000 Dollar an, die er an eine Wohltätigkeitsorganisation spenden ließ.

5 Sprechen Sie von Dingen, die Ihre Mitmenschen interessieren

1 Clifton Fadiman und André Bernard (Hg.), »*Bartlett's Book of Anecdotes*«, a. a. O., S. 489.

2 Ebd., S. 525.

3 Dank an die Bloggerin Valeria Maltoni für ihre Erwähnung von Doc Searls Weblog vom 21. März 2005. http://doc-weblogs.com/2005/03/21#because CustomerRelationshipManagementIsAboutManagementMoreThanCustomers.

4 Valeria Maltoni, »Everyone Is Wrong about Influence«. *Conversation Agent*. Blog, 7. Juli 7 2010. http://www.conversationagent.com/2010/07/everyone-is-wrong-about-influence.html.

5 Aus einem Gespräch mit dem Autor im Januar 2011.

6 Mitch Joel, »*Making Sense of the Mess*«, 8. März 2011. http://www.twist image.com/blog/archives/making-sense-of-the-mess/.

7 Nach dem Bericht eines ehemaligen Redenschreibers des Präsidenten, der für dieses Buch interviewt wurde.

8 Chris Gourlay, »OMG: Brains Can't Handle All Our Facebook Friends«. *Times* (London), 24. Januar 2010. http://technology.timesonline.co.uk/tol/news/tech_and_web/the_web/article6999879.ece.

9 Joel, »*Making Sense of the Mess*«.

6 Achten Sie auf die kleinen Dinge

1 Aus einer Reihe von Gesprächen mit dem Autor in den Jahren 2010 und 2011. Mehr Informationen zu Steve Scanlon unter: www.buildingchampions.com und www.realityandhope.com.

2 Caroline Wyatt, »Fans Hail Mona Lisa's New Setting«. *BBC*, 6. April 2005. http://news.bbc.co.uk/2/hi/europe/4418425.stm.

3 Aus einem Gespräch mit dem Autor am 28. Dezember 2010.

4 David Brooks, »High Five Nation«. *New York Times,* 15. September 2009. http://www.nytimes.com/2009/09/15/opinion/15brooks.html?_r=2&ref=opinion.

5 Ebd.

6 Sprichwort, abgeleitet aus der Luther-Übersetzung der Bergpredigt, *Matthäus 7,12.*

7 Richard Norton Smith, »Reagan Revelation: At 100, Why He Still Matters«. *Time*, 6. Februar 2011. http://www.time.com/time/nation/article/0,8599,2044565,00.html.

Dritter Teil:
Wie Sie das Vertrauen anderer Menschen gewinnen und behalten

1 Vermeiden Sie unnötige Auseinandersetzungen

1 Nancy Gibbs und Michael Duffy, *The Preacher and the Presidents*. Center Street, New York 2007, S. 46 ff.
2 »Embattled BP Chief: I Want My Life Back«. *Times Online*, 31. Mai 2010. http://business.timesonline.co.uk/tol/business/industry_sectors/natural_ resources/article7141137.ece.
3 Liz Robbins, »BP Chief Draws Outrage for Attending Yacht Race«. *New York Times*, 19. Juni 2010.
4 »Lula, In his Own Words«. *Time*, 19. September 2008. http://www.time.com/ time/world/article/0,8599,1842949,00.html.
5 »Times Topics: Luiz Inácio Lula da Silva«. *New York Times*, 3. Januar 2011. http://topics.nytimes.com/top/reference/timestopics/people/d/luiz_ inacio_lula_da_silva/index.html.
6 Aus einem Gespräch mit dem Autor am 25. März 2011. Mehr über Esther Jeles auf www.Ayletinc.com.

2 Sagen Sie nie: »Sie haben unrecht«

1 Deepak Malhotra, »Mistaking Mistrust for Greed: How to Solve the NFL Dispute«. *Forbes*, 14. März 2011. http://www.forbes.com/2011/03/14/nfl-nhl-contracts-opinions-contributors-deepak-malhotra.html.
2 Wisdom Commons. http://www.wisdomcommons.org/virtue/56-friendliness/ quotes.
3 Aus einem Gespräch mit dem Autor am 25. März 2011. Mehr über Esther Jeles auf www.Ayletinc.com.
4 Francis Collins, »Has the Revolution Arrived?«. *Nature* 464, 674 f., 1. April 2010. http://www.nature.com/nature/journal/v464/n7289/full/464674a.html.
5 J. Madeleine Nash, »Francis Collins: DNA Helmsman«. *Time*, 25. Dezember 2000. http://www.time.com/time/magazine/article/0,9171,998873,00.html.

3 Geben Sie Fehler schnell und offen zu

1 Mike Sunnucks, »PR experts: Tiger Woods Could Lose Endorsements, Needs to Show Sincerity in Wake of Affairs«, *Phoenix Business Journal*, 2. Dezember 2009.
2 Ebd.
3 Richard Norton Smith, *»Reagan Revelation: At 100, Why He Still Matters«*, *Time*, 7. Februar 2011, http://www.time.com/time/nation/article/ 0,8599,2044565,00.html.
4 Chris Harry, »Jim Joyce, Armando Galarraga Real Sportsmen of the Year«, 29. Dezember 2010, AOL News, http://www.aolnews.com/2010/12/29/ jim joyce armando galarraga-real-sportsmen-of-the-year/.

4 Beginnen Sie mit Freundlichkeit

1 John C. Maxwell, *The 21 Irrefutable Laws of Leadership*. Thomas Nelson, Nashville 1999, S. 105 f.
2 David Shaner, *The Seven Arts of Change*. Union Square Press, New York 2010.
3 Sisella Bok, *Lying: Moral Choice in Public and Private Life*. Pantheon Books, New York 1978, S. 26.
4 Shaner, *The Seven Arts of Change*.
5 Wisdom Commons. http://www.wisdomcommons.org/wisbits/2448-i-don-t-like-that-mani-must.

6 Gary Vaynerchuk, »Building a Business in the ›Thank You‹ Economy«.
  Entrepreneur, 16. März 2011. http://www.entrepreneur.com/article/219296.
7 Ebd.
8 Der Satz wird Basilius dem Großen zugeschrieben.
9 Vaynerchuk, »Building a Business«.

5 Schaffen Sie Nähe

1 John C. Maxwell, *The 21 Irrefutable Laws of Leadership*. Thomas Nelson,
  Nashville 1998.
2 Josh Bernoff und Ted Schadler, *Empowered*. Harvard Business School Press,
  Boston 2010, S. 95.
3 Chris Brogan, »The Snowfall of Communication«. 4. Februar 2011.
  http://www.chrisbrogan.com/thesnowfall.

6 Geben Sie anderen ehrliche und aufrichtige Anerkennung

1 August Turak, »Giving Away Credit; Is It Worth It?«. *Forbes.com*, 8, November
  2010. http://blogs.forbes.com/augustturak/2010/11/08/giving-away-credit-
  is-it-worth-it.
2 Clifton Fadiman und André Bernard (Hg.), *Bartlett's Book of Anecdotes*. Little,
  Brown, New York 2000, S. 545.
3 Richard Norton Smith, »Reagan Revelation: At 100, Why He Still Matters«.
  Time, 7. Februar 2011. http://www.time.com/time/nation/article/
  0,8599,2044565,00.html.

7 Seien Sie empathisch

1 Gerald Nirenberg, *Getting Through to People*. Prentice Hall, Engledwood Cliffs,
  NJ, 1963, S. 31).

8 Appellieren Sie an das »bessere Ich«

1 John Eldredge, *Wild at Heart*. Thomas Nelson, Nashville 2001, S. 18.
2 Amy Jo Martin, »The Business of Humanity«. *Digital Royalty*. Blog.
  http://www.thedigitalroyalty.com/2011/the-business-of-humanity. Abgedruckt mit Genehmigung der Autorin.

9 Teilen Sie Ihre Erlebnisse mit anderen

1 Jennifer Collins, »Making Cotton ›the Fabric of Our Lives‹«. *NPR*, 15. November 2010. http://marketplace.publicradio.org/display/web/2010/11/15/
  pm-making-cotton-the-fabric-of-our-lives.
2 Ebd.
3 Ebd.
4 Bob Brown, »Apple, Google Top Fortune's Most Admired Companies
  Ranking«. *Network World*, 3. März 2011. http://www.networkworld.com/
  news/2011/030311-apple-google-admired-fortune.html.
5 »Buy One, Give One Free: TOMS Shoes«. *Conversation Agent*.
  http://www.conversationagent.com/2011/03/buy-one-give-one-free-toms-
  shoes.html.
6 Amy Jo Martin, »Live Streaming. Ah, the Possibilities …«. *Digital Royalty*. Blog,
  7. März 2011. http://www.thedigitalroyalty.com/2011/live-streaming-ah-the-
  possibilities/.

10 Fordern Sie andere zum Wettbewerb heraus

1 Larry Bird und Earvin Johnson Jr., *When the Game Was Ours*. Houghton Mifflin Harcourt, Boston 2009.

2 *Die Bibel*: Buch der Sprüche 27,17.

3 Justin Levy, »Coca-Cola's Happiness Machine«, 20. Januar 2011. http://justinrlevy.com/2010/01/20/coca-colas-happiness-machine/.

4 Peter Lewis, »AOL vs. Microsoft: Now It's War«. *CNN Money*, 23. Juli 2001. http://money.cnn.com/magazines/fortune/fortune_archive/2001/07/23/307401/index.htm.

5 Edmund Morris, *The Rise of Theodore Roosevelt*. Random House, New York 2010, S. 32.

6 Ebd.

7 Ebd.

8 Tamara Audi, »Latest Prize in Celebrity Auctions Is a Tweet, Not a Meet-and-Greet«. *Wall Street Journal*, 23. September 2010. http://online.wsj.com/article/SB10001424052748703860104575507581416301748.html?mod=wsj_share_twitter.

9 Amy Jo Martin, »TwitChange Takes Over Times Square«. *Digital Royalty*. Blog, 21. Januar 2011. http://www.thedigitalroyalty.com/2011/twitchange-takes-over-times-square/.

Vierter Teil:
Menschen führen in Zeiten der Veränderungen

1 Beginnen Sie positiv

1 Max DePree, *Leadership Is an Art*. Doubleday Business, New York 1989.

2 Sanjiv Ekbote: »Dale Carnegie Lesson 1: Begin with Praise and Honest Appreciation«. *BookClub*, 22. August 2005. http://omnikron.typepad.com/bookclub/2005/08/sanjiv_ekbote_d.html.

3 Ray B. Williams, »Why We Love Bad News«. *Psychology Today.com*, 30. Dezember 2010.

4 Wie Meinungen sich bilden, wird seit den 1950er Jahren untersucht. Das Hauptinteresse war wohl früher stärker auf negative Eigenschaften gerichtet, wie neuere Untersuchungen ergaben. Doch auch kürzlich veröffentlichte Studien deuten darauf hin, dass negative Verhaltensweisen oder Charakterzüge die Meinungsbildung in höherem Maße als positive beeinflussen.

5 J. Sidney Shrauger und Saul E. Rosenberg, »Self-Esteem and the Effects of Success and Failure Feedback on Performance«, *Journal of Personality*, 38, 3 (1970), 404–17.

6 Trent Lorcher, »Leadership Principles for Teachers«, *Bright Hub*, 31. Mai 2009. http://www.brighthub.com/education/k-12/articles/8881.aspx.

7 Robert Sutton, *Good Boss, Bad Boss*. Business Plus, New York 2010, S. 235.

8 Sidney Rosen und Abraham Tesser, »On Reluctance to Communicate Undesirable Information: The MUM Effect«. *Sociometry* 33, 3 (September 1970).

9 Robert Sutton, »The Mum Effect and Filtering in Organizations: The ›Shoot the Messenger‹ Problem«. *PsychologyToday.com*, 5. Juni 2010.

10 Dale Carnegie & Associates, »The Leader in You«. Pocket, New York 1995.

2 Geben Sie eigene Fehler zu

1 Marshall Goldsmith, *What Got You Here Won't Get You There*. Hyperion, New York 2007, S. 85 f.

2 »Leaders Who Admit Mistakes Can Quickly Advance Their Careers«. *Institue for Health and Human Potential*, 21. Mai 2010. www.ihhp.com / speaking-coaching-training-blog / leadership-training / leaders-admit-mistakes-quickly-advance-careers.

3 John Maxwell, *Failing Forward*. Thomas Nelson, Nashville 2000, S. 52.

4 Portia Nelson, *There's a Hole in My Sidewalk*. Atria Books, New York 1994.

5 Marshall Goldsmith, *What Got You Here Won't Get You There*, S. 95.

3 Sprechen Sie Fehler sachlich an

1 *Los Angeles Times*, 6. August 1982.

2 John C. Maxwell, *The 21 Irrefutable Laws of Leadership*. Thomas Nelson, Nashville 2007, S. 157 f.

3 Kerry Patterson, Joseph Grenny, David Maxfield, Ron McMillan, Al Switzler, *Influencer*. McGraw-Hill, New York 2008.

4 Ebd., S. 221.

4 Stellen Sie Fragen, anstatt direkte Anweisungen zu geben

1 D. Michael Abrashoff, *It's Your Ship*. Business Plus, New York 2002), S. 44.

2 Ed Fuller, *You Can't Lead with Your Feet on the Desk: Building Relationships, Breaking Down Barriers, and Delivering Profits*. Wiley, Hoboken, NJ, 2011, S. 101.

3 Herbert H. Meyer, »Self-Appraisal of Job Performance«. *Personnel Psychology 33*, 2, (Juni 1980).

5 Lassen Sie andere ihr Gesicht wahren

1 Clifton Fadiman und André Bernard (Hg.), *Bartlett's Book of Anecdotes*. Little, Brown, New York 2000, S. 123.

2 Robert Sutton, *Good Boss, Bad Boss*. Business Plus, New York 2010, S. 77.

3 Fiona Lee, »The Fear Factor«. *Harvard Business Review*, Januar 2001.

4 Brian O'Keefe, »Battle-Tested: From Soldier to Business Leader«. *Fortune*, 8. März 2010.

5 Amy C. Edmondson, »Strategies for Learning from Failure«. *Harvard Business Review*, April 2011.

6 Dale Carnegie & Associates, *The Leader in You*. Pocket, New York 1995, S. 150.

6 Loben Sie jede Verbesserung

1 »Chicago Hotel Combines Social Media and Employee Recognition«. *PR Web*, 5. August 2010. http://www.prweb.com / releases / chicagohotel / socialmedia / prweb4347154.htm.

2 Gerald H. Graham, *Understanding Human Relations: The Individual, Organization, and Management*. Science Research Associates, Chicago 1982.

3 Center for Management & Organization Effectiveness, »5 Ways to Give Praise: Small Efforts With a Huge Return«. http://www.cmoe.com / blog / 5-ways-to-give-praise-small-efforts-with-a-huge-return.htm.

4 D. Michael Abrashoff, *It's Your Ship*. Business Plus, New York 2002, S. 142 f.

5 Timothy Evans, »The Tools of Encouragement«, *CYC-Online. The International Child and Youth Care Network*, Ausgabe 73, Februar 2005. http://www.cyc-net.org / cyc-online / cycol-0205-encouragement.html.

6 Jon Carlson, L. Sperry und D. Dinkmeyer, »Marriage Maintenance: How to Stay Healthy«. *Topics in Family counseling & Psychology*, 1, (1992), S. 84–90.

7 Zeigen Sie Ihre Wertschätzung
1 Rosamund Stone Zander and Benjamin Zander, *The Art of Possibility*. Penguin, New York 2002, S. 27 f.
2 Ebd., S. 26.

8 Schaffen Sie Gemeinsamkeiten
1 Kerry Patterson, Joseph Grenny, Ron McMillan, Al Switzer, *Crucial Conversations*. McGraw-Hill, New York 2002, S. 73.
2 Amy Jo Martin, »Celebrity Shares Phone Number with 4.3+ Million Fans«. *Digital Royalty*. Blog, 30. August 2010. www.thedigitalroyalty.com/2010/celebrity-shares-phone-number-with-4-3-million-fans-2/.
3 Greg Ferenstein, »How Dana White Built a UFC Empire with Social Media«. *Mashable*. Blog, 8. Juni 2010. www.mashable.com/2010/06/08/dana-white-ufc-social-media.
4 Dr. Tim Irwin, »The Compass of a Leader«. 21. Dezember 2009. http://www.drtimirwin.com/newsletter-122109.html.
5 Yvon Choinard, *Let My People Go Surfing*. Penguin, New York 2005, S. 177 f.
6 Richard Branson, »Richard Branson on ›Social Relations‹«. *Entrepreneur*, 8. Februar 2011. http://www.entrepreneur.com/article/218098.

Adressen

Deutschland: www.dalecarnegie.de

(Alte Bundesländer)
DCD Training GmbH
Stefan-George-Ring 24
81929 München
Tel.: +49 89 23 88 99 0
Fax: +49 89 23 88 99 11
info@dalecarnegie.de

(Neue Bundesländer)
DC Berlin Training GbR
Friedrichstraße 200
10117 Berlin
Tel.: +49 33 76 222 8 555
Fax: +49 33 76 222 8 558
berlin@dalecarnegie.com

Österreich: www.dale-carnegie.at

DCA Training GmbH
Rahlgasse 3/3
A-1060 Wien
Tel.: +43 1 98 50 523 0
Fax: +43 1 98 50 523 33
info@dale-carnegie.at

Schweiz: www.dalecarnegie.ch

Dale Carnegie Schweiz
Giebelweg 3, PF 213
CH-6343 Rotkreuz
Tel.: +41 41 790 2282
Fax: +41 41 790 3283
info@dalecarnegie.ch

Dale Carnegie
Besser miteinander reden
Band 19055

Dieses Buch vermittelt das notwendige Selbstvertrauen, um

- sicher und gewinnend aufzutreten
- frei und unbefangen im kleinen oder
  größeren Kreis zu sprechen
- mögliches Lampenfieber zu überwinden
- die eigenen Anliegen packend zu formulieren
- Ideen und Vorschläge wirkungsvoll zu präsentieren
- auf andere und ihre Bedürfnisse einzugehen
- die Aufmerksamkeit anderer zu fesseln
- zu motivieren, zu begeistern und zu kritisieren,
  ohne zu verletzen
- Visionen zu vermitteln und Anerkennung und
  Sympathie zu gewinnen.

Fischer Taschenbuch Verlag

Voller magischer Momente für Leser

Buchbewertungen und Buchtipps von leidenschaftlichen Lesern, täglich neue Aktionen und inspirierende Gespräche mit Autoren und anderen Buchfreunden machen Lovelybooks.de zum größten Treffpunkt für Leser im Internet.

LOVELYBOOKS.de
weil wir gute Bücher lieben